公路工程监理技术与实践

董 婷 张 龙 王海波 主编

H.P.H 哈尔滨出版社
HARBIN PUBLISHING HOUSE

图书在版编目（CIP）数据

公路工程监理技术与实践 / 董婷，张龙，王海波主编．— 哈尔滨 : 哈尔滨出版社，2023.7

ISBN 978-7-5484-7419-7

Ⅰ．①公… Ⅱ．①董… ②张… ③王… Ⅲ．①道路施工-施工监理 Ⅳ．①U415.1

中国国家版本馆 CIP 数据核字（2023）第 134352 号

书　　名：公路工程监理技术与实践

GONGLU GONGCHENG JIANLI JISHU YU SHIJIAN

作　　者：董　婷　张　龙　王海波　主编

责任编辑：韩伟锋

封面设计：张　华

出版发行：哈尔滨出版社（Harbin Publishing House）

社　　址：哈尔滨市香坊区泰山路 82-9 号　**邮编：**150090

经　　销：全国新华书店

印　　刷：廊坊市广阳区九洲印刷厂

网　　址：www.hrbcbs.com

E - mail：hrbcbs@yeah.net

编辑版权热线：（0451）87900271　87900272

开　　本：787mm×1092mm　1/16　**印张：**12.25　**字数：**270 千字

版　　次：2023 年 7 月第 1 版

印　　次：2023 年 7 月第 1 次印刷

书　　号：ISBN 978-7-5484-7419-7

定　　价：76.00 元

前　言

随着经济水平的不断提高，人们对于公路的建设也越来越重视，施工中需要重视工程隐患，不断在实践中创新、探索，从而提升公路工程质量。通过科学管理、提升技术水平，能够提升建设水平，将公路工程建设推向更高的发展阶段，从而严格掌控好施工的质量及安全问题，确保公路工程可以顺利进行，以便交通运输行业能够获得良好的运转。

为提高监理工程师的业务素质和专业技术水平，同时也为了使建设、设计、施工等各方面人员了解和熟悉监理管理模式，结合最近几年新颁布的一系列公路工程技术标准、规范等内容编写了本书。随着公路事业的发展，人们对公路工程质量要求不断提高，公路建设新技术、新工艺、新材料的不断涌现以及新规范和新标准的不断推出，对公路工程监理工作的制度化和规范化的要求也越来越高。

本书是研究公路工程监理技术与实践的著作，主要内容是公路工程材料质量监理、公路工程质量监理、桥梁工程质量监理、隧道工程质量监理、交通安全施工质量监理、工程投资控制、进度控制、招投标与合同管理的监理等。在公路施工监理中，监理工程师要认真负责，整个的监理过程要严格地按照设计图纸的相关要求，认真做好工程数据的比对。对于出现的质量问题，要严格地按照合同和设计图纸的相关要求进行修正，确保整个公路工程施工的顺利进行，质量得到保证。本书可供公路工程监理人员、施工企业人员、质量监督人员或其他相关人员参考使用，也可供公路工程监理人员作为培训资料使用。

编 委 会

主　编

董　婷　山东华潍工程监理咨询有限公司

张　龙　山东华潍工程监理咨询有限公司

王海波　潍坊交通发展集团有限公司

副主编

陈　华　山东华潍工程监理咨询有限公司

付婧含　山东华潍工程监理咨询有限公司

刘　帅　山东华潍工程监理咨询有限公司

吕　超　山东华潍工程监理咨询有限公司

秦　雨　山东华潍工程监理咨询有限公司

邱伟伟　山东华潍工程监理咨询有限公司

王学飞　山东华潍工程监理咨询有限公司

王一丹　山东华潍工程监理咨询有限公司

（以上副主编排序以姓氏首字母为序）

目　录

第一章　公路工程监理

第一节　公路工程监理概述

一、工程监理的概念

工程监理是监理人员依据监理合同对工程质量、安全、费用、进度实施的监督和管理活动。具体来讲是监理单位依据法律、法规、文件，以及监理合同和施工合同中相关条款约定的职责与权限，对工程质量、安全、环保、费用、进度实施监督管理。

监理单位是具有法人资格并取得交通主管部门颁发的公路工程监理资质证书的企业，是依法成立的、独立的、智力密集型的、从事工程监理业务的经济实体，与建设单位签订合同，并受委托承担工程建设单位的监理业务。

二、工程监理的工作性质

1. 工程监理是针对项目建设实施的监督管理

工程监理是围绕着工程项目建设而展开的，离开了工程项目，其行为就不属于工程监理的范围。监理单位代表业主的利益，依据法律法规、合同文件、科学技术、现代方法和手段，对工程项目建设进行程序化管理。

2. 工程监理的行为主体是监理单位

工程监理的行为主体是明确的，即监理单位。监理单位是具有社会化、专业化特征的，专门从事工程监理技术服务活动的组织。监理单位受业主的委托，履行合同中规定的职权，对工程施工质量、安全、环保、进度、费用等方面实施监督和管理。因此，工程监理的行为主体只能是监理单位。

3. 工程监理的实施需要业主委托和授权

工程监理的产生源于市场经济条件下社会的需求，由于业主的委托和授权，从而监理发展成为一项制度。通过业主委托和授权方式实施工程监理，是工程监理与政府对工程建设所进行的行政性监督管理的重要区别。这种方式决定了在实施工程监理的项目中，业主与监理的关系是委托与被委托、授权与被授权的关系；也决定了业主与监理是合同关系，是需求与供给关系，是一种委托与服务的关系。

4. 工程监理是有明确依据的工程建设行为

工程监理实施的依据主要有：国家和交通主管部门颁发的法律、法规、规章和有关政策；国家有关部门颁发的技术规范、技术标准；政府主管部门批准的工程项目建设文件；监理合同；施工合同；工程设计文件和图纸等。

5. 现阶段工程监理主要发生在项目建设的实施阶段

在项目建设实施阶段，监理单位的服务活动是否是监理活动，还要看业主是否授予监理单位监督管理权。因为工程监理是“第三方”的监督管理行为，它的发生不仅要有委托方，与项目业主建立委托与服务关系，而且要有被监理方，与只在项目实施阶段才出现的设计、施工和材料设备供应单位等承包商建立监理与被监理关系。同时，工程监理的目的是协助业主在预定的质量、进度、投资目标内建成项目，主要内容是进行质量、进度、投资控制及合同管理、组织协调，这些活动也主要发生在项目建设的实施阶段。

6. 工程监理是微观性质的监督管理活动

工程监理活动是针对个别具体工程项目展开的。项目业主委托监理的目的就是期望监理单位能够协助业主实现项目投资目标，它是紧紧围绕工程项目建设的各项投资活动和生产活动所进行的监督管理，并注重具体工程项目的实际效益。当然，根据工程监理制的宗旨，在开展这些活动的过程中应体现出对社会公众利益和国家利益的维护。

三、工程监理中各方的关系

1. 与工程监理有关的行为主体

（1）建设单位。建设单位有时也称为业主，在招标阶段则称“招标单位”。建设单位是指某项工程的投资者或资金筹集者，并在工程建设的前期和实施阶段对工程建设的费用、进度、质量等重大问题有决策权的国有单位、集体单位或个人。

（2）承建单位。承建单位又称承包单位或承包商，在招标阶段则称“投标单位”，中标后称为“中标单位”。承建单位是指通过投标或其他方式取得某项工程的施工权，材料、设备的制造、供应权，并和建设单位签订合同承担工程费用、进度、质量责任的单位或个人。

（3）监理单位。监理单位是指依法成立的、独立的、智力密集型的、从事工程监理业务的社会经济实体，是受建设单位的委托与其签订监理合同，并承担工程建设监理业务的单位。

2. 工程监理中行为主体之间的相互关系

（1）业主与监理单位的关系。业主与监理单位应签订监理合同，二者是委托与被委托的合同关系，应做到各负其责、独立工作，相互尊重、密切合作。业主不得干涉监理工作，否则为侵权违约；监理单位必须保持工作，不得与承包人有经济联系，更不得串通承包人侵犯业主利益，否则业主将根据合同采取法律手段，追究监理单位的经济和法律责任。

（2）业主与承包人的关系。业主与承包人应签订施工合同，二者是发包与承包的合同关系。业主将工程发包给承包人，承包人按合同约定完成工程，双方必须按合同履行所有的承诺，违约者要承担相应的违约责任。

（3）监理单位与承包人的关系。监理单位与承包人不签订任何合同，二者是监理与被监理的关系，这个关系在业主与承包人签订的施工合同中予以明确。监理单位代表业主对承包人的建设行为进行监理，但也要维护承包人的合法权益；承包人应按合同规定接受监理单位的监督和管理。若监理人员的行为不公正，承包人有权向有关部门申诉。

需要特别指出的是，作为行使政府监督职能的各级质量监督机构在整个工程建设活动中将对业主、承包人和监理单位实施有效的监督。

四、国内外监理制度的产生和发展

1. 国外监理制度的产生和发展

工程监理作为建设领域的一项科学管理制度，起源于产业革命以前 16 世纪的欧洲。工程监理的产生和发展与商品经济的发展、建设领域的专业化分工、社会化大生产相伴随，并日趋完善。

16 世纪以前，建筑师就是总营造师，受雇于业主，负责工程设计、购买材料、雇佣工匠，并组织、管理工程的施工。16 世纪以后，欧洲出现了设计考究、施工技术复杂的华丽建筑，因而建筑师队伍出现了设计与施工的专业分工，并且还有一部分建筑师专门向社会传授技艺，为业主提供建筑咨询或接受业主的聘请专门监督、管理施工，这就是监理行业的萌芽。但这时的监理业务仅仅局限于施工过程中的质量监督和工程量计算与检验。

18 世纪 60 年代的英国产业革命，大大地促进了欧洲工业化的发展进程，社会上大兴土木带来了建筑业的空前繁荣，工程建设规模不断扩大，建筑技术日趋复杂，质量要求也越来越高。业主也越来越感觉到，单靠自己来监督、管理工程建设已力不从心，监理服务的必要性已逐步为人们所认识。

19 世纪初，随着建设领域商品经济关系的日益复杂，为了维护各方经济利益并加快工程进度，明确业主、设计者、施工者之间的责任界限，英国政府于 1830 年推出了总合同制度，要求每个建设项目由一个承包商进行总包。总包制度的实施，促进了招标投标交易方式的出现，也促进了工程监理制度的发展。此时，工程监理的业务内容得到进一步扩充，其主要任务是帮助业主计算标底，协助招标，控制费用、进度、质量，进行合同管理以及项目的组织和协调等。

20 世纪 50 年代末 60 年代初，随着科学技术的发展、工业与国防建设规模的扩大以及人民生活水平的不断提高，需要建设许多大型、巨型工程，如航天工程、大型水利工程、高速公路、核电站和新型城市等。这些工程投资多、风险高、规模大、技术复杂，无论是投资者还是承包单位，都难以承担由于投资不当或管理不善造成的损失。竞争激烈的社会环境、巨大的项目风险迫使业主更加重视项目建设的科学管理。业主为减少投资风险，节约工程费用，需要聘请有经验的监理咨询人员，对工程建设前期的可行性进行研究论证，帮助其进行决策分析。这样，工程监理的业务范围由项目实施阶段向前延伸至项目决策阶段，工程监理工作便贯穿于建设活动的全过程。

20 世纪 70 年代以后，欧、美、日等工业发达国家和地区的工程监理制度向法制化、规范化发展。美国的《统一建筑管理法规》、日本的《建筑师法》及《建筑基准法》、还有我国香港地区的《建筑条例》和《建筑管理法规》等，都对工程监理的内容、方法以及从事监理的社会组织做了详尽的规定。工程监理制度逐步成为工程建设管理组织体系的重要组成部分，在西方国家的工程建设中形成了业主、承包商和监理工程师三足鼎立的基本格局。

20 世纪 80 年代以来，工程监理制度在国际上有了很大的发展。一些发展中国家也开始效仿发达国家的做法，结合本国实际，建立或引进监理机构，对工程项目建设实施监理。世界银行和亚洲开发银行等国际金融组织，也都把实行工程监理作为提供贷款的必备条件之一，工程监理已成为国际惯例和工程建设必须遵循的制度。

2. 我国监理制度的产生和发展

20 世纪 80 年代，我国的世界银行贷款项目开始实行监理制度。为此，1984 年 9 月国务院即颁发“关于改革建筑业和基本建设管理体制若干问题的暂行规定”，明确提出了改变工程质量监督制度，并在地方上建立了有权威的各级政府工程质量监督机构。

我国建设监理制度的发展分为四个阶段：工程监理准备阶段（1988）、工程监理试点阶段（1989—1992）、工程监理稳步推行阶段（1993—1995）以及工程监理全面推行阶段（1996 年至今）。

（1）工程监理准备阶段。1988 年，建设部分别在北京和上海召开了两次建设监理试点工作会议，商讨监理试点工作的目的、要求，确定监理试点单位的条件等事宜，并确定了试点城市和部门，原交通部的公路系统和原能源部的水电系统被作为监理试点。根据会议精神，原建设部于 1988 年 1 月 12 日印发了《关于开展建设监理试点工作的若干意见》。自此，试点地区和部门开始组建监理单位，为工程建设监理试点工作的开展做好了准备。

（2）工程监理试点阶段。1989 年 7 月 28 日，建设部颁发了《建设监理试行规定》，这是我国开展建设监理工作的第一个法规性文件，全面地规范了参与建设监理各方的行为。原交通部和原能源部作为建设工程监理的试点单位，先后在世界银行贷款项目陕西省西安至三原一级公路、京津塘高速公路和天津港东突堤工程以及布鲁格水电站等项目实行了国际招标及工程监理制。原交通部于 1992 年 5 月制定了《公路工程施工监理办法》，同时废止了1989年4月制定的《公路工程施工监理暂行办法》。经过几年的试点工作，原建设部于1993年在天津召开了第五次全国建设监理工作会议，总结了试点工作的经验，对各地区、各部门的建设监理工作给予了充分肯定，并决定在我国结束建设监理制度的试点工作。工程建设监理制度在当年转入稳定发展阶段。

（3）工程监理稳步推行阶段。从1993年工程监理进入稳步发展阶段以来，我国工程建设监理工作得到了很大发展。截至1995年年底，全国23个省、自治区、直辖市和国务院工业、交通等39个部门推行了工程监理制度。全国已开展监理工作的地级以上的城市有153个，占总数的76%；已成立的监理单位有1500家，其中甲级监理单位有64家；监理从业人员达8万人，其中有1180多名监理工程师获得了注册证书。一支具有较高素质的监理队伍正在形成，全国累计受监理的工程投资规模达5000多亿元，在全国受监理工程的覆盖率约有20%。

（4）工程监理全面推行阶段。1995年12月，建设部在北京召开了第六次全国建设监理工作会议，会上，建设部和国家计划委员会联合颁布了737号文件，即《工程建设监理规定》，并总结了7年来工程建设监理工作的成绩和经验，对今后的监理工作进行了全面的部署。这次会议的召开标志着我国建设监理工作已进入全面推行的新阶段。

第二节　公路工程质量保证体系

为了适应我国公路工程建设管理体制改革的需要，提高工程质量管理水平，保护国家及社会公共利益，交通运输部在总结我国过去公路建设历史经验的基础上，根据公路建设的特点，科学地制定了公路工程的“政府监督、法人管理、社会监理、企业自检”的质量保证体系。

一、政府监督

政府监督是指政府建设主管部门对参与建设各方的建设行为实行的强制性监理和对社会监理单位实行的监督管理。政府监督是公路工程质量保证体系中极其重要的质量监督环节之一，是政府部门强化对工程质量管理的具体体现。

1. 政府监督部门

我国从1983年开始对工程质量实行政府监督制度。就公路工程来说，由原交通部主管全国公路工程质量监督工作。

按照“统一规划、分级管理”的原则，交通部于1987年10月设立了基本建设工程质量监督总站，并指令各省、自治区、直辖市交通部门设交通（或公路）基本建设工程质量监督站（简称省级质监站）；各省、自治区、直辖市交通主管部门根据当地工程实际情况确定是否设立地、州、市交通（或公路）基本建设工程质量监督分站（简称市级质监分站）或派出质监机构。

各级质监站为独立核算的事业单位，隶属同级政府交通主管部门，业务上受上一级质监站指导。

各级质监站要按监督工程范围配备质量监督人员，其岗位分为监督工程师和监督员，直接从事工程质量监督工作的工程技术人员不得少于该站人员总数的70%。

2. 政府监督的性质

（1）强制性。政府的管理行为象征着国家机器的运转，国家机构的管理职能是通过授权于法来实现的。因此，政府实施的管理监督行为，对于被管理、被监督者来说，只能是强制性的、必须接受的。

（2）执法性。政府监督主要依据国家法律、法规、方针、政策和国家及交通运输部颁布的技术规范、标准进行监督，并严格遵照有关规定的监督程序行使监督、检查、许可、纠正、强制执行等权力。监督人员每一种具体的监督行为都有充分的依据，带有明显的执法性，显著区别于通常的行政领导和行政指挥等一般性的行政管理行为。

（3）全面性。政府监督是对整个工程建设活动的监督。就管理空间来说，覆盖了社会；就一个工程项目的建设过程来说，则贯穿于工程建设的全过程。但是，在我国工程建设的决策咨询、施工监理等不同阶段的监督管理，则是由我国不同的政府职能部门分别负责共同完成的。

（4）宏观性。政府监督侧重于宏观的社会效益，主要保证工程建设行为的规范性，维护社会公众的利益和工程建设各参与者的合法权益。就一项具体的工程建设来说，政府监督不同于后述监理工程师直接的、连续的、不间断的监理。

3. 政府监督的依据、职责及内容

（1）政府监督的依据。

1）国家有关公路工程建设的方针、政策、法律、法规和规章。

2）政府批准的工程建设计划、规划、设计文件。

3）国家和交通运输部等有关部委颁发的相关技术标准、规范和规程等。

（2）政府监督的职责。

1）监督国家有关公路建设工作方针、政策和法律、法规、规章及强制性技术标准的执行。

2）监督公路建设者履行国家基本建设程序。

3）监督公路建设市场秩序。

4）监督公路工程质量和工程安全。

5）监督公路建设资金的使用。

6）依法查处公路建设中的违法行为。

（3）政府监督的内容。

1）工程质量管理的法律、法规、规章、技术标准和规范的执行情况。

2）从业单位的质量保证体系及其运转情况。

3）勘察、设计质量情况，工程施工质量情况，使用的材料、设备的质量情况。

4）工程试验检测工作情况。

5）工程质量资料的真实性、完整性、规范性、合法性等情况。

6）从业单位在工程实施过程中的行为。

7）完工项目的质量检测和质量鉴定等。

二、法人管理

为了建立投资约束机制，规范业主的行为，建设工程应当按照政企分开的原则，组建项目法人，实行项目法人责任制，即由项目法人对项目的策划、资金筹措、建设实施、生产经营、债务偿还和资产的保值增值，实行全过程负责的制度。

实行项目法人责任制，贯彻执行“谁投资、谁决策、谁承担风险”市场经济条件下的基本原则。项目法人作为工程建设投资行为的主体，应当承担投资风险，承担公路建设相关责任和义务，承担建设项目质量、投资、工期等的管理责任。工程建设项目管理是一项专业性很强的工作，对于工程项目法人而言，通常缺乏工程建设方面的专业知识，以及工程项目管理的经验。因此，为了提高工程建设投资效益，确保工程质量、进度、费用等目标的实现，项目法人必然要根据需要和有关法律法规的规定，委托高智能的监理单位，将公路施工活动中的各项管理工作交给监理单位。监理单位根据项目法人的授权，发挥专长优势，有效地对工程质量、施工安全、环境保护、进度、费用等进行监控，使工程项目的建设总目标得以最优实现。

法人管理是项目法人通过招标择优选择监理单位、承包人，以合同的形式，明确建设各方的质量、进度、费用、安全、环保等职责，并通过对监理单位、承包人履约检查来对工程质量、进度、费用、安全、环保等进行管理和承担管理责任，确保质量等目标的实现。因此，项目法人在质量保证体系中处于主体地位。

项目法人的职责如下：

（1）筹措建设资金。

（2）编制项目实施计划和年度计划。

（3）依法选择勘察、施工、监理单位和设备、材料供应单位。

（4）向交通主管部门办理开工报告。

（5）按照合同约定，对工程质量、进度、投资、安全生产和环境保护进行监督管理，审查施工组织设计、重要施工工艺和标准试验，以及工程分包等事项，保证工程处于受控状态。

（6）接受交通主管部门和公路工程质量监督机构的监督检查，按时报送项目建设的有关信息资料。

（7）执行国家档案管理规定，建立健全建设项目的所有档案。

（8）及时组织交工验收，做好竣工验收的准备工作。

（9）组织项目后评价，提出项目后评价报告。

（10）按照有关技术标准和规范的要求，做好公路养护管理工作，负责收费管理，按期偿还贷款。

三、社会监理

社会监理是具有法人资格的社会监理单位对工程实施的监理。这是随着我国经济体制改革的深化、在引进国外建设资金的过程中，逐步认识并结合我国国情而实施的一种工程建设管理的新体制和新模式。

1. 社会监理的实质

社会监理的实质就是树立监理工程师在工程施工管理过程中的核心地位。作为建设单位、承包单位以外独立的第三方，监理工程师运用建设单位委托所赋予的权力，对工程质量、工程进度、工程费用实行全面监理。

在总监理工程师或专业监理工程师的指导下，监理员按照设计图及相关标准，对承包单位的施工进度、工程计量情况、工程施工工艺或施工工序进行监理，以保证工程施工符合工程建设三大目标。

2. 社会监理的依据

公路工程施工监理是业主委托监理工程师监督承包人执行其与业主形成的施工契约，即签订的合同。它是依法成立的反映工程费用、进度及按国家有关部委颁布的技术规范标准和质量要求，或者由业主提出的要求而规定的工程质量三大目标的文件。

工程监理的依据，除了前述国家有关公路工程建设的政策、法律、法规以及政府批准的建设计划、规划、设计文件之外，更重要的是业主和承包人签订的合同文件。监理工程师应按照与业主签订的监理委托合同，在委托的范围内执行，否则，应事先征得业主的同意。

另外，在合同执行期间凡是监理工程师和承包人围绕工程实施的有关的会议记录、函电和其他文字记载，以及经监理工程师同意的所有图纸、监理工程师发出的所有指令等都是工程监理的依据。

3. 社会监理的性质

社会监理是业主（或建设单位）委托社会监理单位从事工程建设项目授权范围内的监

督和管理。因此，社会监理具有服务性、独立性、公正性和科学性等显著特点。

（1）服务性。监理单位是智力密集型的组织，本身不是建设产品的直接生产者和经营者，为建设单位提供的是智力服务。监理工程师通过对工程施工进行组织、协调、监督和控制，保证工程施工合同的顺利实施，达到建设单位的建设意图。

监理单位的劳动与相应的报酬是技术性服务，与施工企业不同。监理单位不承包工程，不参与工程承包的盈利分配，而是根据支付技术服务劳动量的大小取得相应的监理报酬。

（2）公正性和独立性。公正性和独立性是监理单位顺利实施监理职能的重要条件。监理单位在工程监理中必须具备组织各方协作配合以及调解各方利益的职能，要求监理单位必须坚持公正性原则，而公正性又必须以独立性为前提。因此，监理单位首先必须保持其独立性。

监理单位在人际关系、业务关系和经济关系上必须独立，不得同参与工程建设的各方发生利益关系，以免监理单位和其他单位之间发生利益牵制，从而无法保持其公正性和独立性。

监理单位与建设单位的关系是平等的合同约定关系。监理单位可以不承担合同以外建设单位随时指定的任务。监理委托合同一经确定，建设单位就不得干涉监理工程师的正常工作。

在实施监理的过程中，监理单位是处于工程承包合同签约双方，即建设单位和施工单位之间的独立一方，依法行使所签订的监理委托合同中确认的职权，承担相应的职业道德责任和法律责任。

（3）科学性。监理单位必须能发现并解决工程建设中所存在的技术和管理方面的问题，能够提供高水平的专业服务，这是监理单位区别于其他一般服务性组织的重要特征，也是赖以生存的重要条件。

监理人员的高素质是监理单位科学性的前提条件。监理工程师必须具有相当高的学历，并有长期从事工程建设工作的丰富实践经验，精通技术与管理，通晓经济与法律，否则，监理单位将不能正常开展业务。

四、企业自检

1. 企业自检的含义

企业自检，是施工企业按照与业主签订的施工合同文件的要求，为保证工程质量，通过建立内部质量自检系统，开展工程质量控制与质量管理的活动。

公路工程施工企业作为公路工程建设的主要参与主体之一，是公路工程建筑产品的直接生产者，对保证公路工程的建设质量具有决定性的作用。公路工程施工企业建立良好的工程质量自检系统是形成公路工程质量保证体系的前提，是政府监督和社会监理职能体现的基础。

2. 施工企业自检系统的建立

为了按照合同约定实现建设工程项目的目标，施工企业必须根据工程的具体情况，建立健全工程质量自检系统。

（1）确定质量控制的目标。施工企业应根据施工合同中对工程质量的要求，确定质量自控的总目标，然后将其分解，明确各职能部门及各施工班组的质量自控目标，从而形成质量自控的目标体系。

（2）建立质量控制的组织机构。施工企业应根据工程项目规模大小、结构特点、质量自控目标等建立质量控制的组织机构。各职能部门及各施工班组也应根据各自承担的质量目标建立相应的自控小组，同时制定工作制度，从而建立一个上下贯通的质量自检组织体系。

（3）配备相应职称的自检人员。施工企业应根据工程规模的大小和工程结构特点等确定质量负责人，配备相应职称的自检人员，明确各自检人员的职责分工。施工的每一道工序都应由施工企业的自检人员按照监理工程师规定的程序提供自检报告和试验报表。

（4）配备能满足要求的试验检测设备。作为工程质量控制的技术手段，施工企业必须配备与工程规模和结构特点相适应的试验设备。试验设备的类型、规格应符合合同文件中有关试验标准的规定，并应对一些关键性设备，如核子密度仪、压力机等进行核定。此外，施工企业应对某些试验设备的数量进行核实，分析其在施工高峰期能否满足工程试验和检测的需要。

（5）明确质量检验标准。企业自检应以国家和交通运输部颁布的有关标准、规范、规程、规定、办法等为依据，明确相应的工作方法和手段，使企业自检工作标准化、规范化。

第三节　公路工程监理人员与组织

一、监理工程师

（一）监理工程师的分类

监理机构中具有交通运输部核准的公路工程监理工程师或专业监理工程师资格的人员统称为监理工程师。监理工程师按岗位职责和专业性质一般可分为总监理工程师、驻地监理工程师、专业监理工程师。总监理工程师是具有交通运输部公路工程监理工程师资格，经项目建设单位同意，在监理机构中负责项目工程全部监理工作的总负责人。驻地监理工程师是具有交通运输部公路工程监理工程师资格，经总监理工程师授权，负责项目部分工程监理工作的驻地监理负责人。专业监理工程师是根据项目监理岗位职责分工，经总监理工程师或驻地监理工程师的授权，负责实施某一专业或某一方面监理工作的监理工程师。

（二）监理工程师的素质要求

工程监理是高层次的咨询工作，也是一项技术性、政策性、经济性、社会性很强的综合管理工作，这就要求从事监理工作的监理工程师必须具备较高的职业素质。

1. 具有较高的知识理论水平

随着现代科学技术的发展，建设工程项目的规模越来越大、结构越来越复杂，项目管理所涉及的领域和理论也越来越广泛，因此，监理工程师必须具备较高的专业知识理论水平，才能对监理过程中所出现的复杂技术、经济问题进行深入分析，抓住事物的本质，从根本上处理、解决问题。此外，监理工程师不仅应具有深厚的专业理论知识、经济管理理论知识和一定的法律知识，还要具有较高的政策理论水平，能正确理解有关工程建设的方针、政策，高水平地处理监理工作中的有关政策问题。

2. 具有较高的专业技术水平和能力

监理工程师除要具有较高的知识理论水平外，还应具有较高的专业技术水平和能力，在实施监理的过程中，不仅应及时发现工程设计单位和承包人未能发现的技术问题，而且应及时有效地解决工程实施中出现的各种复杂的技术、经济、安全等问题。

3. 具有合理的知识结构

建设工程监理不仅仅是技术服务，还具有管理职能，因此，作为监理工程师既要懂技术，还要懂经济、懂管理、懂法律，其知识结构包括专业技术、经济、管理和法律四个方面。例如，在专业技术方面，主要是指路基、路面、桥梁结构、隧道、机电、试验检测等相关的专业知识；在经济方面，主要是指进行技术方案的经济比较，进行可行性研究、概预算的编制与审核等有关的知识；在管理方面，主要是指项目管理的知识，如组织学、控制论等；在法律方面，是指与工程监理有关的法律、法规和各项规章等，如《公路法》《合同法》《招标投标法》《建设工程质量管理条例》《建设工程安全生产管理条例》《公路工程施工监理规范》《公路工程施工监理招标投标管理办法》等。

4. 具有较强的组织协调能力和良好的协作精神

监理工程师在项目建设中责任大、任务繁重，因而较强的组织协调能力和良好的协作精神是监理工程师的必备素质。监理工程师要把参加工程建设的各方组织成一个集体，要处理各种矛盾、纠纷，就必须要具备较强的组织协调能力和良好的协作精神。

5. 具有较高的外语水平和涉外工作经验

监理工程师如果从事国际工程的监理，则必须具备较高的外语水平和涉外工作经验，即具有会话、谈判、阅读（招标文件、合同条件、技术规范等）以及写作（公函、合同、电传等）方面的外语能力。同时，还要具有国际工程合同管理的经验以及国际金融、国际贸易和国际经济技术合作有关的法律方面的基础知识。随着我国对外开放的进一步扩大，对监理工程师的外语水平和涉外工作经验提出了更高的要求。

6. 具有健康的体魄和充沛的精力

尽管工程监理是一种高智能的技术服务，以脑力劳动为主，但是，也要求监理人员必须具有健康的身体和充沛的精力，才能胜任繁忙、严谨的监理工作。尤其在工程施工阶段，由于露天作业，工作条件艰苦，工期紧迫，业务繁忙，更需要有健康的身体，否则，难以胜任工作。

（三）监理工程师的职业道德准则

各行各业都有职业道德规范，这些规范都是由职业特点所决定的。为了确保公路工程监理事业的健康发展，监理工程师应遵守以下职业道德准则：

（1）热爱工作，认真负责，具有对工程建设的高度责任感。

（2）坚持严格按照合同实施对工程项目的监理，既要保护业主的利益，又要公平合理地对待承包人。

（3）监理工程师自身要严格地遵守国家以及地方的各种法律、法规的规定，同时也要要求承包人严格地遵守，以此保护业主的正当权益。

（4）监理工程师要严格为业主保密。监理工程师了解和掌握业主的相关资料，必须严格保密，不得泄露。

（5）当监理工程师认为自己正确的判断或决定被业主否决时，监理工程师应阐明自己的观点，并以书面的形式通知业主，说明可能给业主一方带来的不良后果。如认为业主的判断或决定不可行时，应书面向业主提出劝告。

（6）当监理工程师发现自己处理问题有错误时，应及时向业主承认错误，并同时提出改进意见。

（7）监理单位和监理工程师个人，不得经营或参与经营承包施工，也不得参与采购营销设备和材料，更不得在政府部门、承包人和设备、材料供应单位任职或兼职。

（8）监理工程师不得以个人名义接受委托，工程监理任务只能由监理单位承担。

（9）为监理的工程项目聘请外单位监理人员时，必须征得业主的同意。

（10）应接受职业继续教育，努力学习专业技术和监理知识，不断提高业务能力和监理水平。

（四）监理工程师违规行为的处罚

监理工程师在执业过程中必须严格遵纪守法。政府建设行政主管部门对于监理工程师的违法违规行为，将追究其责任，并根据不同情节给予必要的行政处罚。监理工程师违规行为的处罚在相关的法律、法规和部门规章中都有明确的规定。

（1）《建设工程质量管理条例》规定，监理工程师等注册执业人员因过错造成质量事故的，责令停止执业 1 年；造成重大质量事故的，吊销执业资格证书，5 年以内不予注册；

情节特别恶劣的，终身不予注册。

（2）《建设工程安全生产管理条例》规定，监理工程师等注册执业人员未执行法律、法规和工程建设强制性标准的，责令停止执业3个月以上1年以下；情节严重的，吊销执业资格证书，5年内不予注册；造成重大安全事故的，终身不予注册；构成犯罪的，依照刑法有关规定追究刑事责任。

（3）《公路建设监督管理办法》规定，监理工程师具有索贿、行贿、受贿行为，损害国家和单位合法权益的，依法给予行政处分，构成犯罪的依法追究刑事责任。

（4）《公路工程施工监理办法》规定，监理单位或监理人员营私舞弊，损害建设单位（业主）、施工单位（承包人）利益或因监理人员失职造成重大事故和经济损失的，除按法律规定承担法律责任外，其行政、资质主管机关可视情节轻重，分别给予扣减监理服务费、责令停业整顿、警告、降低资质等级、吊销监理资格证书的处罚。

（5）《注册监理工程师管理规定》规定，注册监理工程师在执业活动中有下列行为之一的，由县级以上地方人民政府建设主管部门给予警告，责令其改正；没有违法所得的，处以1万元以下罚款，有违法所得的，处以违法所得3倍以下且不超过3万元的罚款；造成损失的，依法承担赔偿责任；构成犯罪的，依法追究刑事责任。

1）以个人名义承接业务的。

2）涂改、倒卖、出租、出借或者以其他形式非法转让注册证书或者执业印章的。

3）泄露执业中应当保守的秘密并造成严重后果的。

4）超出规定执业范围或者聘用单位业务范围从事执业活动的。

5）弄虚作假提供执业活动成果的。

6）同时受聘于两个或者两个以上的单位，从事执业活动的。

7）其他违反法律、法规、规章的行为。

二、监理单位

（一）监理单位的概念

监理单位是具有法人资格并取得交通主管部门颁发的公路工程监理资质证书的企业。监理单位必须具有自己的名称、组织结构和场所，有与承担监理业务相适应的经济、法律、技术及管理人员，有完善的组织章程和管理制度，并具有一定数量的资金和设施。

（二）监理单位的组织形式

按照我国现行法律、法规的规定，工程监理企业有可能存在的企业组织形式包括公司制监理企业、合伙监理企业、个人独资监理企业、中外合资经营监理企业和中外合作经营监理企业。下面主要介绍公司制监理企业、中外合资经营监理企业和中外合作经营监理企业的特点。

1. 公司制监理企业

监理公司是以盈利为目的，依照法定程序设立的企业法人。我国公司制监理企业的特征为：必须是依照《中华人民共和国公司法》的规定设立的社会经济组织；必须是以盈利为目的的独立企业法人；自负盈亏，独立承担民事责任；是完整纳税的经济实体；采用规范的成本会计和财务会计制度。

我国监理公司的种类有两种，即监理有限责任公司和监理股份有限公司。

（1）监理有限责任公司。监理有限责任公司是指由 50 人以下的股东共同出资，股东以其所认缴的出资额对公司行为承担有限责任，公司以其全部资产对其债务承担责任的企业法人。

监理有限责任公司有如下特征：

1）公司不对外发行股票，股东的出资额由股东协商确定。

2）股东交付股金后，公司出具股权证书，作为股东在公司中拥有的权益凭证，这种凭证不同于股票，不能自由流通，必须在其他股东同意的条件下才能转让，且要优先转让给公司原有股东。

3）公司股东所负责任仅以其出资额为限，即把股东投入公司的财产与其个人的其他财产脱钩，公司破产或解散时，只以公司所有的资产偿还债务。

4）公司具有法人地位。

5）在公司名称中必须注明“有限责任公司”字样。

6）公司股东可以作为雇员参与公司经营管理。通常公司管理者也是公司的所有者。

7）公司账目可以不公开，尤其是公司的资产负债表一般不公开。

（2）监理股份有限公司。监理股份有限公司是指全部资本由等额股份构成，并通过发行股票筹集资本，股东以其所认购的股份对公司承担责任，公司以其全部资产对公司债务承担责任的企业法人。

设立监理股份有限公司可以采取发起设立或者募集设立方式。发起设立是指由发起人认购公司应发行的全部股份而设立公司。募集设立是指由发起人认购公司应发行股份的一部分，其余部分向社会公开募集而设立公司。

监理股份有限公司的主要有如下特征：

1）公司资本总额分为金额相等的股份。股东以其所认购的股份对公司承担有限责任。

2）公司以其全部资产对公司债务承担责任。公司作为独立的法人，有自己独立的财产，公司在对外经营业务时，以其独立的财产承担公司债务。

3）公司可以公开向社会发行股票。

4）公司股东的数量有最低限制，应当有 5 个以上发起人，其中必须有过半数的发起人在中国境内有住所。

5）股东以其所持有的股份享受权利和承担义务。

6）在公司名称中必须标明股份有限公司字样。

7）公司账目必须公开，便于股东全面掌握公司情况。

8）公司管理实行两权分离。董事会接受股东大会委托，监督公司财产的保值增值，行使公司财产所有者职权；经理由董事会聘任，掌握公司经营权。

2. 中外合资经营监理企业与中外合作经营监理企业

中外合资经营监理企业是指以中国的企业或其他经济组织为一方，以外国的公司、企业、其他经济组织或个人为另一方，在平等互利的基础上，根据《中华人民共和国中外合资经营企业法》，签订合同，制定章程，经中国政府批准，在中国境内共同投资、共同经营、共同管理、共同分享利润、共同承担风险，主要从事工程监理业务的监理企业，其组织形式为有限责任公司。在合营企业的注册资本中，外国合营者的投资比例一般不得低于25%。

中外合作经营监理企业是指中国的企业或其他经济组织同外国的企业、其他经济组织或者个人，按照平等互利的原则和中国的法律规定，用合同约定双方的权利义务，在中国境内共同举办的、主要从事工程监理业务的经济实体。

（三）监理单位的设立

1. 监理单位设立的基本条件

（1）有自己的名称和固定的办公场所。

（2）有自己的组织机构，如领导机构、财务机构、技术机构等；有一定数量的专门从事监理工作的工程监理、技术人员，而且专业基本配套，技术人员数量、业绩和职称符合要求。

（3）有符合国家规定的注册资金。

（4）有完善的企业章程和制度。

（5）有主管单位的，要有主管单位同意设立监理单位的批准文件。

（6）拟从事监理工作的人员中，有一定数量的人已取得国家交通行政主管部门颁发的监理工程师资格证书。

（7）有符合要求的公路工程试验检测设备和测量放样等仪器，具备建立工地试验室条件。

2. 监理单位设立的申报与许可程序

工程建设监理单位的设立应先申领企业法人营业执照，再申报专业资质。

新设立的工程监理单位，应根据法人设立的条件，先向工商行政管理部门申请登记注册，工商行政管理部门对申请登记注册监理单位进行审查，经审查合格者，给予登记注册，并填发企业法人营业执照，监理单位营业执照的签发日期为监理单位的成立日期。

监理单位资质是监理企业的人员组成、专业配置、测试仪器的配备、财务状况、管理水平、管理业绩等方面的综合实力的体现。新设立的工程监理单位在获得营业执照后，应向交通行政主管部门的资质许可机关提交申请，交通行政主管部门按照行政许可流程对具备条件的申请单位进行审核，核定监理企业的业务范围和资质等级，颁发相应的监理资质证书。

（四）监理单位资质等级和从业范围

公路工程专业监理资质分为甲、乙、丙三个等级和特殊独立大桥专项、特殊独立隧道专项、公路机电工程专项。

（1）获得公路工程专业甲级监理资质，可在全国范围内从事一、二、三类公路工程、桥梁工程、隧道工程项目的监理业务。

（2）获得公路工程专业乙级监理资质，可在全国范围内从事二、三类公路工程、桥梁工程、隧道工程项目的监理业务。

（3）获得公路工程专业丙级监理资质，可在企业所在地的省级行政区域内从事三类公路工程、桥梁工程、隧道工程项目的监理业务。

（4）获得公路工程专业特殊独立大桥专项监理资质，可在全国范围内从事特殊独立大桥项目的监理业务。

（5）获得公路工程专业特殊独立隧道专项监理资质，可在全国范围内从事特殊独立隧道项目的监理业务。

（6）获得公路工程专业公路机电工程专项监理资质，可在全国范围内从事各等级公路、桥梁、隧道工程通信、监控、收费等机电工程项目的监理业务。

（五）监理单位经营活动的基本准则

监理单位从事工程监理活动，应当遵循“守法、诚信、公正、科学”的基本准则。

1. 守法

守法即遵守国家的法律、法规。对于工程监理单位来说，守法就是要依法经营，主要体现在以下方面：

（1）只能在核定的业务范围内开展经营活动。

（2）不伪造、涂改、出租、转让、出卖《监理资质证书》。

（3）按照合同的规定认真履行义务，不无故或故意违背自己的承诺。

（4）遵守国家关于企业法人的其他法律、法规的规定。

（5）在工程监理活动中，自觉接受政府主管部门的监督。

2. 诚信

简单地讲，诚信就是诚实、守信用。监理单位是向社会提供技术服务的，而技术服务水平的高低，弹性变化很大，在通常情况下，很难做出全面合理的合同约定，所以，诚信准则对实施监理活动具有重要意义。

监理单位在承揽监理业务时，不得夸大自己的能力，不得擅自分包或转让监理业务。

在监理活动中，监理单位应当做到忠诚老实、重信誉、竭诚为业主服务，提供与其资质水平相适应的技术服务。信用是企业的一种无形资产，良好的信用能为企业带来巨大的效益。监理单位应当树立良好的信用意识，使企业成为讲道德、讲信用的市场主体。

3. 公正

公正是指监理单位在监理活动中既要维护业主的权益，又不能损害承包人的合法权益，并依据合同公平合理地处理业主与承包商之间的矛盾和争议。监理单位要做到公正，必须做到以下几点：

（1）培养监理人员良好的职业道德，不接受可能导致判断不公的报酬，不为私利而违心地处理问题。

（2）要求监理人员坚持实事求是的原则，不偏袒任何一方。

（3）全面提高监理人员的专业技术和综合分析问题的能力，正确处理工程监理中出现的各种技术问题。

（4）要不断提高自己的专业技术能力和合同意识，尤其是要尽快提高综合理解、熟练运用工程建设项目合同条款的能力，以合同为依据，恰当地协调、处理问题。

公正性以独立性为前提，所以，监理单位必须保持自己的独立性。

4. 科学

监理单位应当按照科学的思想、理论、方法和手段开展工程建设监理活动及其他技术服务活动。在实施某项具体的监理活动时要有科学的方案，要运用科学的手段，采取科学的方法。工程项目监理结束后，还要进行科学的总结。只有这样，才能提供高智能的、科学的服务，并符合工程监理事业发展的需要。

（六）监理单位违规行为的处罚

（1）工程监理单位超越本单位资质等级承揽工程监理业务的，责令其停止违法行为，并处合同约定的监理酬金 1 倍以上 2 倍以下的罚款；未取得资质证书承揽工程监理业务的，予以取缔，依照上述规定处以罚款；有违法所得的，予以没收；以欺骗手段取得资质证书承揽工程监理业务的，吊销资质证书，并依照上述规定处以罚款，有违法所得的，予以没收。

（2）工程监理单位允许其他单位或者个人以本单位名义承揽工程的，责令改正，没收违法所得，并处合同约定的监理酬金 1 倍以上 2 倍以下的罚款；可以责令停业整顿，降低资质等级；情节严重的，吊销资质证书。

（3）工程监理单位转让工程监理业务的，责令改正，没收违法所得，处合同约定的监理酬金 25% 以上 50% 以下的罚款；可以责令停业整顿，降低资质等级；情节严重的，吊销资质证书。

（4）工程监理单位有下列行为之一的，责令改正，处 50 万元以上 100 万元以下的罚款，降低资质等级或者吊销资质证书；有违法所得的，予以没收；造成损失的，承担连带赔偿责任：

1）与建设单位（业主）或者施工单位（承包人）串通，弄虚作假，降低工程质量的。

2）将不合格的建设工程、建筑材料、建筑构配件和设备按照合格签字的。

（5）工程监理单位与被监理工程的施工承包单位以及建筑材料、建筑构配件和设备供应单位有隶属关系或者其他利害关系，承担该项建设工程监理业务的，责令改正，处5万元以上10万元以下的罚款，降低资质等级或者吊销资质证书；有违法所得的，予以没收。

（6）工程监理单位违反国家规定，降低工程质量标准，造成重大安全事故的，对直接责任人员追究刑事责任。

三、监理机构

（一）监理机构的概念及设置

监理机构是由监理单位派出并代表监理单位履行合同的现场监理组织。

监理单位与业主签订监理合同后，应根据监理合同规定的监理服务任务、服务内容、服务期限、工程组成、工程规模、技术复杂程度、现场条件及施工条件等因素，建立现场监理机构。现场监理机构组织形式和规模可视工程情况设置一级监理组织机构或二级监理组织机构。

一级监理机构设置总监理工程师办公室（简称“总监办”）。

二级监理机构设置总监理工程师办公室和驻地监理工程师办公室（简称“驻地办”）。

《公路工程施工监理规范》（JTGG10）规定，高速公路和一级公路可设置二级监理机构，开工里程在20km以下的可设置一级监理机构。

二级和二级以下的低等级公路可根据工程规模、难易程度、合同工期安排、现场条件等因素设置一级监理机构或二级监理机构。

独立大桥或独立隧道工程可设置一级监理机构。

（二）监理机构的基本模式

1. 直线式监理模式

直线式监理模式适用于能划分为若干相对独立的合同段的工程。总监理工程师负责整个工程的规划、组织和指导，并负责整个工程范围内各个方面的指挥、协调工作，各合同段分别负责各合同段的目标值控制，具体领导现场专业工程的施工。

直线式监理模式结构简单，但呆板、权力集中、命令统一、决策迅速、指挥灵便，专业分工差、横向联系困难，适用于技术简单、专业分工不细的中小型项目。

2. 职能式监理模式

职能式监理组织设置时，需注意各职能办公室的职责与权限划分，以免各职能办公室间职责不清，协调困难。公路工程监理组织采用此种组织模式，可以充分发挥监理机构内各职能办公室的作用。

职能式监理模式能发挥各职能部门的专长，有利于生产专业化和人才培养，适用于工作内容多、技术专业化强、管理分工细的企业组织。

3. 直线 – 职能式监理模式

这种公路工程监理组织模式，既可以发挥监理机构内各职能部门的作用，又可以发挥上级机构的领导、协调作用。我国有关世界银行贷款公路项目的监理组织普遍采用此种组织模式。

直线 – 职能式监理模式可以集中领导、统一指挥、分工明确、高效有序，但是信息差、部门间易产生矛盾，应注意协调，适用范围十分广泛。

4. 矩阵式监理模式

当监理单位承担一个大型项目或同时承担多个项目，对专业技术和管理人才需要量很大，而单位人才资源又有一定限度，且复杂项目又要求多部门、多专业配合实施，对人才资源利用率要求很高时，最适合采用矩阵式监理模式。

矩阵式监理模式有弹性，适用于资源不均衡，高效、协调要求高，以及大型复杂的项目。

（三）监理人员配备

《公路工程施工监理规范》规定，监理机构中监理人员的数量和结构，应根据监理内容、工程规模、合同工期、工程条件和施工阶段等因素，按保证对工程实施有效监理的原则确定。高速公路、一级公路工程每年 5000 万元建安费宜配备交通运输部核准资格的监理工程师 1 名；独立大桥、特长隧道工程每年 3000 万元建安费宜配备交通运输部核准资格的监理工程师 1 名。根据工程特点和实际需要，上述配置可在 0.8 ~ 1.2 的系数范围内调整。

高速公路机电工程，每 50km 每系统宜配备已核准资格的监理工程师 1 名，根据工程情况，如系统复杂或隧道机电工程内容较多时，可适当增加。

如遇重大工程变更等特殊情况，上述人员配备应根据需要进行调整，并就工程内容的变化、人员的调整事宜签订补充合同。

总监办应配备 1 名总监理工程师和若干名专业监理工程师。总监理工程师应具有相应专业的高级技术职称、5 五年以上的现场工程监理经历、担任过 2 项以上同类工程的驻地或总监职务。

驻地办应根据工程复杂程度配备 1 ~ 2 名驻地监理工程师和若干名专业监理工程师。驻地监理工程师应具有相应专业的中级或高级技术职称、同类工程 3 年以上监理经历。

（四）监理机构的职责

《公路工程施工监理规范》（JTGG10）规定，当采用二级监理机构和监理总承包时，应由中标的监理单位划分各级监理机构及监理人员的职责和权限；当对监理机构分别招标时，应由建设单位划分确定监理机构各自的职责和权限。

1. 总监办的职责

（1）主持编制监理计划。

（2）主持召开监理交底会议、第一次工地会议。

（3）按合同要求建立中心试验室。

（4）审批施工组织设计及总体进度计划、重要工程材料及混合料配合比。

（5）签发支付证书、合同工程开工令、单位或合同工程的暂停令和复工令。

（6）审核变更单价和总额以及延期与费用索赔。

（7）协助建设单位审查交工验收申请，评定工程质量。

（8）组织编制监理月报、监理竣工文件、监理工作报告。

2. 驻地办的职责

（1）主持编制监理细则。

（2）主持召开工地会议。

（3）按合同要求建立工地试验室。

（4）审批一般工程原材料和混合料配合比、施工单位的机械设备、施工方案。

（5）审批施工单位测量基准点的复测、原地面线测量及施工放线成果。

（6）审批分项工程开工申请，签发分项和分部工程暂停令和复工令。

（7）组织、安排日常巡视、旁站、抽检，检查相关记录、日志。

（8）核算工程量清单，负责对已完工程进行计量。

（9）组织分项、分部工程中间验收和质量评定，签发中间交工证书。

（10）审批月进度计划，编制合同段监理工作报告。

（五）各级监理人员的职责

监理人员是工程监理的主体，岗位不同，其知识结构要求亦不相同，配备的监理人员应满足工程监理的需要。监理机构设置岗位分为总监理工程师、驻地监理工程师、监理工程师（包括专业监理，如测量、试验、计量、环保、安全等）、监理员（主要指现场旁站人员）和行政文秘人员。各个岗位上的监理人员必须在总监理工程师的统一领导下开展工作，既分工负责，又相互配合。

1. 总监理工程师的职责

（1）全面负责和领导所在项目的监理工作。

（2）负责向公司提出总监代表、驻地监理组织的任免建议，确定各监理机构的人员编制。

（3）行使对整个监理工作的最终认证与否决权。

（4）审批施工单位的重要报告，签发各种指令、证书和文件。

（5）审批监理代表处、驻地监理组的重要报告和文件。

（6）主持重大质量事故的调查和处理。

（7）负责各种监理规章制度的制定、修改补充和解释。

（8）副总监理工程师按总监理工程师授权的职责范围，协助总监理工程师工作，总监理工程师不在时，代行总监理工程师职责。

2. 驻地监理工程师的职责

（1）驻地监理工程师对总监理工程师代表负责，全面负责和领导本合同段的监理工作。

（2）对合同中出现的问题和异议提出解释与修正意见，并报总监理工程师代表处。

（3）详审施工单位的施工组织、施工方案和施工工艺，提出审查意见报总监理工程师代表批准。

（4）核实施工单位主要管理人员和技术人员组成，核实并随时监督施工单位人员及劳动力进场和在场情况。

（5）核实施工单位施工机械，并随时监督施工单位机械进场情况和完好率。

（6）核实施工单位开工准备，审批施工单位施工图，签批分项工程开工申请报告。

（7）签发中间交工证书，核实并签认中间计量证书，提出付款证书。

（8）尽可能地防止索赔，对发生的索赔、工期延误、争端等问题及时做出反应，同时上报总监理工程师代表处，并收集和提供所有相关资料，提出处理意见。

（9）对所有工程变更及时呈报总监理工程师代表处，提供所需资料，提出处理建议。

（10）监督施工单位的施工管理和施工安全，控制、评价工程质量和工程进度，及时向总监理工程师代表处汇报有关情况。

（11）审查施工单位材料来源和进场材料。

（12）初审施工单位的工程分包，并提出审查意见。

（13）对工程质量事故及时做出反应，并协助总监理工程师代表妥善处理。

（14）下令使用计日工，同时上报总监理工程师代表处备案（事先经总监理工程师代表处同意）。

（15）执行总监理工程师代表处的一切业务指示。

3. 监理员的职责

（1）一级监理机构。在驻地监理工程师的领导下完成以下工作：

1）负责所辖合同段各分项工程的现场监理工作。

2）熟悉合同条款、规范及设计文件，在施工过程中对进度质量进行全面控制，对施工中出现的问题，要按规范要求提出处理意见。

3）填写监理日志和监理日报，并负责制定施工过程中的监理细则。

4）审查施工单位的施工计划、施工组织、施工方案，提出审查意见，供驻地工程师审批时参考，并对计划的执行情况进行检查和监督。

5）对施工单位提供的测量资料、设计图纸及工程位置进行审查，检查施工单位的测量成果及绘制的施工和竣工图纸等。

6）负责审查施工单位的检验申请单，对施工单位施工的工程进行检验，对施工单位施工中出现的问题建议驻地监理工程师签发工作指令或监理通知单。

7）审查施工单位提出的各项资料，安排制定控制施工质量及施工进度的各种图表，管理好施工监理原始记录、技术档案。

8）现场核实工程数量，做好合同计量支付工作，审查施工单位的支付月报，审查计日工的数量，经驻地工程师审查后上报。

9）对施工中发生的工程问题以及涉及合同索赔、延期等问题，应及时提出处理意见供驻地工程师处理参考，并上报总监理工程师代表处。

10）对工程重点部位和重点路段要制订详细的施工技术方案、技术措施和质量保证措施。办理驻地监理工程师交办的其他工作。

（2）二级监理机构。在驻地监理工程师的领导下，完成以下工作：

1）协助驻地监理工程师工作。

2）负责对现场施工全过程及各工序施工质量的旁站监督。

3）检查并记录施工单位的工序施工质量。

四、监理设施

为确保公路工程质量控制的检验测试及各项管理工作的顺利进行，必须在监理单位所承担的工程项目工地，配备足够数量和相应质量水平的监理设施。监理设施包括办公设施及用品、生活设施及用品、试验设施、测量和气象仪器、交通设施及通信设施等。

1. 办公及生活设施

办公设施除一般办公条件（办公桌椅、文具等）外，应配备计算机、打印机、复印机、传真机、照相机、摄像机、资料柜及必要的气象设备等。生活设施除一般生活用品（床、棉被、蚊帐等）外，应有洗衣机、电风扇、空调（少量）、淋浴器、冰柜、消毒柜等设施。

办公生活场所宜选在距离所监理工程工地较近、交通便利的路段中间位置，具备通信和水、电、暖供应条件（试验室应具备三相电条件），应有安置压力机、万能试验机等大型设备用房（必要时可建临时简易用房），并尽量将生活、办公、试验区分开设置。

2. 交通及通信设施

公路工程施工路线长、内容多、任务重、要求严、时间紧，为了有效地对工程实施监理，随时沟通各方信息，及时协调配合处理问题，应配置必要的监理用车和通信设备。

交通工具配备数量根据工程情况确定，车型以越野车、双排座客货车为主，不宜配备轿车。对于长 100km 左右的公路工程项目，在采用二级监理机构时，总监理工程师办公室可配备车辆 5 部；负责 20km 左右路段（约两个施工合同段）的驻地工程师办公室，可配备车辆 3 ~ 4 部。

一般情况下，总监理工程师办公室配备程控电话 2 部，驻地工程师办公室配备程控电话 1 部，总监理工程师、总监代表（副总监）、驻地监理工程师、副驻地监理工程师应配有手机等通信设备。

3. 试验室设备

在公路工程中要想把好试验关，只有通过可靠的试验设备、严格的试验操作和符合规范要求的试验成果才能实现。为此，总监理工程师办公室、驻地工程师办公室均应设置独立的中心试验室和工地试验室，并拥有相应的试验检测资质。

（1）试验仪器设备。试验仪器设备应满足路基、路面、桥涵、隧道、防护、交通工程等试验检测工作的需要（个别频率较低的试验可以采用对外委托方式），保证规范规定的独立、平行的试验检测频率。

（2）测量仪器及设备。公路路线的平纵指标、大中桥隧、路基、路面等工程几何尺寸的控制是否符合标准、工程量的收方计量，都必须进行测量检查、验收，为此，配备各类精密的测量仪器和设备是监理工作的重要保证之一。

（3）气象设备。公路工程施工受气候条件影响较大，监理工程师要随时掌握和记录施工期间的气温及降水信息，以便要求施工单位采取相应的施工措施，避免不必要的损失。同时，恶劣的气候条件也是造成施工单位提出工程延期的主要因素之一，因此，可视现场具体情况设立气象观测人员，配备适当气象设备。在有气象台站的地区，各施工合同段的气象资料应由建设单位、监理工程师与当地气象部门签订合同，由当地气象部门提供距合同段最近的气象站（哨）的气象资料。

（4）照相、摄像器材。施工现场、施工过程、施工技术以及覆盖前的隐蔽工程和基础状况，都需要一定数量的工程照片或录像作为原始记录和档案保存下来，为此，可视项目情况配置适当的摄像、录像设备。一般照相设备是监理组必须配置的。

各种监理设备的规格和数量，应根据工程规模、工程种类、监理数额及通行条件等实际情况，由监理工程师与建设单位共同商定，在施工合同文件或监理合同文件中列出清单。监理设施一般应在施工合同规定的实际开工期以前基本准备完善，以保证监理工作中的正常使用。

第四节　公路工程监理阶段划分

公路工程项目施工监理一般划分为三个阶段：施工准备阶段监理、施工阶段监理、交工及缺陷责任期阶段监理。

一、施工准备阶段监理

从监理合同签订之日起至总监理工程师签发合同工程开工令之日止为施工准备阶段。监理服务合同签订后，即进入施工准备阶段监理。

1. 准备工作

（1）配备试验室设备。总监办中心试验室应按监理合同要求配备常规的试验检测设备，驻地试验室应按监理合同要求配备现场抽查常用的试验检测设备。

（2）熟悉合同文件。《公路工程施工监理规范》（JTGG10）规定，监理机构应组织监理人员熟悉以下法律、法规及文件：

1）国家和地方法律、法规。

2）国家和行业、地方有关标准、规范、规则。

3）监理合同。

4）施工合同。

5）工程前期有关文件。

6）工程设计文件和图纸。

7）工程实施过程中有关的函件。

当发现有关文件不一致或有错误时，应及时书面报告建设单位。

（3）调查施工环境条件。监理工程师应对施工合同规定的施工条件进行调查，掌握有关情况。

（4）编制监理计划。总监理工程师应在合同规定的期限内主持编制监理计划，按合同规定报批后执行。编制监理计划应明确监理目标、依据、范围和内容，监理机构各部门及岗位职责，监理人员和设备的配备及进退场计划，监理方案，监理制度，监理程序及表格，监理设施等。

（5）编制监理细则。驻地监理工程师应根据监理计划在相应工程开工前主持编制监理细则，明确监理的重点、难点、具体措施及方法步骤，经总监理工程师同意后实施。

2. 监理工作内容

按照《公路工程施工监理规范》（JTGG10）规定，监理工作内容如下：

（1）参加设计交底。监理工程师应参加设计交底，掌握本工程的设计意图、设计标准和要点；熟悉对材料与工艺的要求、施工中应特别注意的事项，以及对施工安全、环保工作的要求等；澄清有关问题，收集资料并记录。

（2）审批施工组织设计。总监理工程师应在合同规定的期限内及时审批施工单位提交的施工组织设计，重点包括以下内容：

1）施工组织设计的审批手续是否齐全有效。

2）施工质量、安全、环保、进度、费用目标是否与合同一致。

3）质量、安全和环保等保证体系是否健全有效。

4）安全技术措施、施工现场临时用电方案及工程项目应急救援抢险方案是否符合要求。

5）施工总体部署与施工方案和安全、环保等应急预案是否合理可行。技术复杂或采用新技术、新工艺或在特殊季节施工的分项、分部工程和危险性较大的分部工程，应要求施工单位编制专项施工方案，并由驻地监理工程师审核、总监理工程师批准后实施。

（3）检查保证体系。监理工程师应检查施工单位质量、安全和环保等保证体系是否落实，重点检查项目经理、技术负责人、工地试验室负责人的资格及质量、安全、环保人员的履约情况。

（4）审核工地试验室。监理工程师应审核施工单位工地试验室的人员、设备和试验检测能力是否满足合同要求，管理制度是否健全。

（5）审批复测结果。监理工程师应对施工单位提交的原始基准点、基准线和基准高程的复测结果进行审核和平行复测。当双方复测结果一致并满足规范要求时，监理工程师应在合同规定的期限内批复。

（6）验收地面线。监理工程师应监督施工单位在原始地面线未被扰动前测定地面线，并对测定结果进行抽测。抽测频率应能判定施工单位测定结果是否真实可靠，且不低于施工单位测点的 30%。监理工程师应对施工单位提交的土石方工程量计算资料进行审核。

（7）审批工程划分。总监理工程师应于总体工程开工前对施工单位提交的分项、分部、单位工程划分予以批复并报建设单位备案。

（8）确认场地占用计划。监理工程师对施工单位提交的场地占用计划及临时增减的用地计划予以确认，并及时提报建设单位。

（9）核算工程量清单。监理工程师应对工程量清单复核结果进行核算。

（10）签发开工预付款支付证书。总监理工程师应在施工单位提交预付款担保后，按合同规定的金额签发开工预付款支付证书，报建设单位审批。

（11）召开监理交底会。总监理工程师应在合同工程开工前主持召开由施工单位项目经理、技术负责人及相关人员参加的监理交底会，介绍监理计划的相关内容。

（12）召开第一次工地会议。总监理工程师应主持召开第一次工地会议。会议的组织和要求应符合以下规定：

1）在第一次工地会议上，各方应介绍各自的人员、组织结构、职责范围及联系方式。建设单位应宣布对监理工程师的授权；总监理工程师应宣布对驻地监理工程师的授权；施工单位应书面提交对工地代表（项目监理）的授权书。

2）施工单位应陈述开工的各项准备情况，监理工程师应就施工准备以及安全、环保等予以评述。

3）建设单位应就工程占地、临时用地、临时道路、拆迁、工程支付担保情况以及其他与开工条件有关的内容及事项进行说明。

4）监理单位应就监理工作准备情况及有关事项做出说明。

5）监理工程师应就主要监理程序、质量和安全事故报告程序、报表格式、函件往来程序、工地例会等进行说明。

6）总监理工程师应进行会议小结，明确施工准备工作存在的主要问题及解决措施。

（13）签发合同工程开工令。监理工程师收到施工单位提交的合同工程开工申请后，应对合同工程的开工条件进行核查。具备开工条件的，由总监理工程师签发合同工程开工令，并报建设单位备案。

二、施工阶段监理

工程施工阶段监理的主要任务是监理工程师必须抓好质量控制、安全控制、环境保护控制、费用控制、进度控制、合同管理、信息管理和组织协调等工作。根据监理工作职责，认真履行施工合同规定的具体要求，充分运用建设单位授权，采取符合施工合同规定的组织、技术、合同和经济措施，对工程质量、安全、环保、费用、进度实行全面监理，严格合同管理和高效的信息管理，保证合理地实现工程建设的质量、安全、环保、费用、进度五大预期目标。

1. 质量监理

工程建设的关键是质量，由于影响工程质量的因素很多，因此，监理工程师应按照合同规定和要求对影响工程质量的各个因素从原材料、施工工艺等方面进行全过程检查、监督和管理控制，任一环节疏忽大意都会对公路工程的质量造成影响。监理工程师必须对工程实行全过程监理，以确保施工单位提交的工程符合合同、技术规范中使用要求和验收标准的规定。《公路工程施工监理规范》（JTGG10）规定，质量监理工作内容如下：

（1）审查工程分包。监理工程师应按规范规定对工程分包进行审查。

（2）审批施工测量放线。监理工程师应检查施工单位使用的测量仪器是否按规定进行了校准，审查其提交的施工测量放线数据、图表及放线成果并予以批复。

监理工程师应对基准点引出的工程控制桩位进行复测，对施工放线的重点桩位 100% 复测，其他桩位不低于 30% 抽测。

（3）审批工程原材料与混合料。监理工程师应审查施工单位申报的原材料、混合料试验资料，对原材料应独立取样进行平行试验；对混合料可在施工单位标准试验的基础上进行试验验证，必要时做标准试验，在合同规定的期限内予以批复。

监理工程师应对施工单位申请使用的商品混凝土或商品混合料配合比进行审查，并进行试验验证。

（4）审查施工组织及人员配备。分项工程开工前，监理工程师应审查该分项工程的施工组织，包括项目负责人、技术负责人及质量、安全、环保等施工管理、自检人员及主要施工操作人员的配备是否符合合同要求并满足施工要求。

（5）审查施工机械设备。监理工程师应审查施工单位进场的施工机械设备是否满足合同要求，重点审查机械设备是否满足施工质量、安全、环保、进度等要求。施工单位如使用合同约定外的施工机械设备，监理工程师应要求施工单位另行提出使用申请。

（6）审查施工方案及主要工艺。监理工程师应审查施工单位提交的分项、分部工程的施工方案及主要工艺，对技术复杂或采用新技术、新工艺、新材料、新设备的工程，应根据试验工程结果进行审批。

（7）审批分项、分部工程的开工申请。监理工程师应要求施工单位提交分项、分部工程的开工申请，在合同规定的时间内重点按上述第（1）~（6）条规定审查其是否具备开工条件，以确定是否批复其开工申请。

（8）验收构、配件或设备。对施工单位外购或定做用于永久工程的构、配件或设备，监理工程师应要求施工单位提交产品合格证和自检报告。可采用常规仪器设备进行检测的，监理工程师应按不低于施工单位自检频率的 20% 进行抽检，合格后方准予使用。

（9）巡视。监理人员应重点巡视的有：正在施工的分项、分部工程是否已批准开工；质量检测、安全管理人员是否按规定到岗；特种作业人员是否持证上岗；现场使用的原材料或混合料、外购产品、施工机械设备及采用的施工方法与工艺是否与批准的一致；质量、安全及环保措施是否实施到位；试验检测仪器、设备是否按规定进行了校准；是否按规定进行了施工自检和工序交接。

（10）旁站。监理人员应对试验工程、重要隐蔽工程和完工后无法检测其质量或返工会造成较大损失的工程进行旁站。旁站监理人员应重点对旁站项目的工艺过程进行监督，并按上述第（9）条进行检查，对发现的问题应责令立即改正。当可能危及工程质量、安全或环境时，应予以制止并及时向驻地监理工程师或总监理工程师报告。

旁站监理人员应如实、准确、详细地做好旁站记录。

旁站项目完工后，监理工程师应按规定格式组织检查验收，验收合格方可进行下道工序施工。

（11）抽检。监理工程师应按规定重点对施工过程中使用的水泥、钢材、沥青、石灰、粉煤灰、砂砾、碎石等主要原材料及各种混合料进行抽检，抽检频率应不低于施工单位自检频率的 20%，其余材料应不低于 10%。对已完工程实体质量的抽检频率应不低于施工单位自检频率的 20%。

监理工程师对材料或工程的质量有怀疑时应进行进一步的判定。

（12）关键工序签认。完工后无法检验的关键工序，须经监理工程师签认，并留存相应的图像资料，未经签认不得进行下道工序施工。

（13）质量事故处理。当发生可由监理工程师机构处理的质量缺陷、质量隐患时，监理工程师应立即向施工单位发出工程暂时停工指令，并要求其立即书面报告质量缺陷、质量隐患的发生时间、部位、原因及已采取的措施和进一步处理方案；监理工程师应对处理方案进行审核后报建设单位批准，对处理方案的实施进行监理并予以验收，处理合格、隐患消除的可发出复工指令。

当发生不属于监理机构处理的质量事故时，监理工程师应要求施工单位按规定速报有关部门。监理机构应和施工等单位一起保护事故现场，抢救人员和财产，防止事故扩大，积极配合调查。对加固、返工或重建的工程，除特殊规定外，应视同正常施工工程进行监理。总监办应建立专门台账，记录质量事故发生、处理和返工验收的过程和结果。

（14）中间交工验收。监理工程师收到分项工程中间交工申请后，应检查各道工序的施工自检记录、交接单及监理工程师签认的关键工序的交验单，检查分项工程的质量自检和质量等级评定资料，检查质量保证资料的完整性。驻地办应按合同规定对交工的分项工程进行质量等级评定并签发《中间交工证书》。

（15）质量评定。监理工程师应按有关规定及时对已完工程进行质量评定。

2. 安全生产监理

监理工程师应审批施工方提交的安全生产保证体系，并要求其有效、可行、可靠，以达到安全生产的目标。《公路工程施工监理规范》（JTGG10）规定，安全生产监理具体工作内容如下：

（1）工程开工前，监理工程师应审查施工单位编制的施工组织设计中的安全技术措施或专项施工方案是否符合强制性标准，审查合格后方可同意工程开工。审查重点包括：

1）安全管理和安全保证体系的组织机构，包括项目经理、专职安全管理人员、特种作业人员配备的数量及安全资格培训持证上岗情况。

2）是否制定了施工安全生产责任制、安全管理规章制度、安全操作规程。

3）施工单位的安全防护用具、机械设备、施工机具是否符合国家有关安全规定。

4）是否制定了施工现场临时用电方案的安全技术措施和电气防火措施。

5）施工现场的布置是否符合有关安全要求。

6）生产安全事故应急救援预案的制定情况，针对重点部位和重点环节制定的工程项目危险源监控措施和应急预案。

7）施工人员安全教育计划、安全交底安排。

8）安全技术措施费用的使用计划。

（2）监理工程师应审查分包合同中是否明确了施工单位与分包单位各自在安全生产方面的责任。

（3）监理工程师在巡视、旁站过程中应监督施工单位是否按专项安全施工方案组织施工，当发现施工单位未按有关安全法律、法规和工程强制性标准施工、违规作业时，应予以制止。对危险性较大的工程作业等要定期巡视检查，如发现安全事故隐患，应立即书面指令施工单位整改；情况严重的应签发《工程暂停令》要求施工单位暂停施工，并及时报告建设单位。施工单位拒不整改或者不停止施工的，监理工程师应及时向有关主管部门报告。

（4）督促施工单位进行安全生产自查工作，落实施工生产安全技术措施，参加施工现场的安全生产检查。

（5）建立施工安全监理台账。监理机构应建立施工安全监理台账，并由专人负责。监理人员应将每次巡视、检查、旁站中发现的涉及施工安全的情况、存在的问题、监理的指令及施工单位处理的措施和结果及时记入台账。总监理工程师及驻地监理工程师应定期检查施工安全监理台账记录情况。

（6）分项、分部工程交工验收时，如安全事故的现场处理未完成，不得签发《中间交工证书》。

3. 环境保护监理

《公路工程施工监理规范》（JTGG10）规定，监理工程师应审查施工组织设计是否按设计文件和环境影响评价报告的有关要求制定施工环境保护措施，以满足公路施工环境保护的要求，具体工作内容如下：

（1）监理工程师在巡视、旁站中，应随时检查施工单位制定的环境保护措施的落实情况，检查的主要内容包括：

1）是否落实了施工环境保护责任人。

2）是否对施工人员进行了环保教育。

3）施工现场的布设是否符合相关环保要求。

4）职业危害的防护措施是否健全。

5）施工现场（含临时便道、拌和站、预制场等）和料场等是否洒水防尘。

6）是否按有关要求采取降噪措施。

7）材料堆场设置环境的合理性及是否采取措施减少运输漏洒情况。

8）施工废水、渣土、生活污水、垃圾的处理是否合理。

9）是否按照批准在拟定的取弃土场取弃土，取土结束后是否采取了有效的排水防护和植被恢复措施。

（2）如发现施工中存在违反有关环保规定、未按合同要求落实环保措施的情况，监理工程师应书面指令施工单位整改；情况严重的应签发《工程暂停令》要求施工单位暂时停工，并及时报告建设单位。

（3）施工中发现文物时，监理工程师应要求施工单位依法保护现场，并报告有关部门和建设单位。

（4）监理工程师应要求施工单位依法取得砍伐许可后方可按照砍伐许可的面积、株数、树种进行砍伐，并注意保护野生动物、植物。

4. 工程费用监理

监理工程师应在工程质量、工期符合合同要求的基础上，对工程费用进行监理。工程费用包括合同文件中工程量清单内所列，以及因工程变更、施工单位的索赔或建设单位未履行义务所涉及的一切费用，监理工程师应尽可能减少工程量清单中所列费用以外的附加支出，使工程总费用控制在预定额度之内。《公路工程施工监理规范》（JTGG10）中规定，工程费用监理工作内容如下：

（1）监理工程师必须以质量合格、手续齐全，且符合安全和环保要求，作为计量与支付的先决条件。未经总监理工程师批准不得支付。

（2）监理工程师在计量与支付时应符合合同规定，并做到客观、公正、准确、及时。计量与支付的项目与数量应不漏、不重、不超。

（3）对实体质量合格、存在外观质量缺陷但不影响使用和安全的工程，监理工程师可依据合同规定折减计量与支付，并报建设单位批准。

（4）监理工程师应建立计量与支付台账，根据施工单位的申请和有关规定及时登账记录，实现动态管理。当有较大差异时应报建设单位。

（5）监理工程师收到施工单位计量申请后应及时计量，对路基基底处理、结构物基础的基底处理及其他复杂、有争议需要现场确认的项目，应会同建设、设计、施工等单位现场计量。

（6）监理工程师须依据《公路工程施工监理规范》（JTGG10）中规定和经监理工程师签发的《中间交工证书》及核定的工程量清单等资料进行计量。

（7）监理工程师应对施工单位提交的工程支付申请进行审核，确认无误后签发支付证书并报建设单位。

5. 进度监理

一个工程项目在合同文件内规定具体的施工工期，施工单位根据实际情况制定出切实可行的工程进度计划，提交监理工程师进行审批。监理工程师根据施工合同规定的工期对施工单位、施工组织、资源投入、施工方案、工期安排进行监督与管理，采取具体措施努力减小计划进度和实际进度的差距，协调整条路线的平衡进度，保证在合同期限内全面完成并交付工程。《公路工程施工监理规范》（JTGG10）规定，进度监理具体工作内容如下：

（1）监理原则。进度监理应在确保质量和安全的基础上，以计划控制为主线进行。监理工程师应要求施工单位按时提交进度计划，严格进度计划审批，及时收集、整理、分析进度信息，发现问题应及时按照合同规定纠正。

（2）计划编制。监理工程师应要求施工单位在合同规定的期限内编制并提交进度计划。进度计划应有文字说明、进度图表和保证措施等。总体进度计划中宜绘制网络图，标注关键路线和时间参数。总体进度计划和月进度计划应绘制资金流量 S 形曲线图。

（3）计划审批。监理工程师应在合同规定的期限内审批施工单位提交的进度计划。总体进度计划应由总监理工程师审批，月进度计划等应由驻地监理工程师审核并报总监办。

把经批准的进度计划作为进度监理的依据。

（4）计划检查。监理工程师应根据进度计划检查工程实际进度，并通过实际进度与计划进度的比较，对每月的工程进度进行分析和评价，评价结论写入工程监理月报。

（5）计划调整。

1）当对总体工程进度起控制作用的分项工程的实际工程进度明显滞后于计划进度且施工单位未获得延期批准时，监理工程师必须签发监理指令，要求施工单位采取措施加快工程进度。需要调整进度计划的，调整后的工程进度计划必须报监理工程师重新审核。

2）施工单位获得延期批准后，监理工程师应要求施工单位根据延期批复调整工程进度计划。调整后的工程进度计划应报监理工程师审批。

3）施工单位自身原因造成工程进度延误的，在监理工程师签发监理指令后施工单位未有明显改进，致使合同工程在合同期内难以完成时，监理工程师应及时向建设单位提交书面报告，并按合同规定处理。

4）建设单位或施工单位提出工程进度重大调整时，应按合同或签订的补充合同执行。

6. 合同管理及其他事项管理

监理工程师应依照合同约定，对在执行施工合同过程中发生的包括工程分包、工程变更、工程延期、费用索赔、争端与仲裁、工程保险、违约和转让等有关合同的问题进行检查和处理。《公路工程施工监理规范》（JTGG10）规定，合同管理及其他事项管理工作内容如下：

（1）工程变更。施工单位要求工程变更时，应提交变更申报单，报监理工程师审核，按施工合同要求须由建设单位批准的隐蔽工程的变更，还应会同建设、设计、施工等单位现场共同确认；建设单位要求工程变更时，监理工程师应按施工合同规定下达工程变更令。费用变更应按施工合同约定计算，合同未约定的应由合同双方协商确定。

（2）工程延期。监理工程师应对符合合同规定的延期意向或事件做好现场调查和记录，在施工单位提出正式延期申请后，对延期原因、发展情况、结果测算等资料进行审核并报建设单位。

（3）费用索赔。监理工程师应对施工单位提出的符合合同规定条件的费用索赔意向和申请予以受理，对索赔发生的原因、发展情况、结果测算等资料进行审核。审核后应编制费用索赔报告报建设单位。

（4）价格调整和计日工。价格调整和计日工应由监理工程师按合同规定予以核定。

（5）工程暂停。监理工程师签发的工程暂停令，应明确工程暂停范围、期限及工程暂停期间施工单位应做的工作，并报建设单位。

（6）工程复工。由于施工单位原因引起的工程暂停需复工时，监理工程师应要求施工单位提出复工申请并签发复工指令。由于非施工单位原因引起的工程暂停，在暂停原因消失后具备复工条件时，监理工程师应及时签发复工指令。

（7）工程分包。

1）监理工程师应当加强对施工单位分包的管理，并按合同规定对工程分包计划和协议进行审查，报建设单位批准。

2）如监理工程师发现有非法分包、转包时，应指令施工单位纠正并报告建设单位。

（8）工程保险。监理工程师应根据合同规定，对工程保险办理情况进行检查。

（9）违约处理。

1）监理工程师认为违约事件可能发生时，应及时提示施工单位和建设单位。

2）如违约事件已发生，监理工程师应调查分析，掌握情况，依据合同规定和有关证据评估损失，提出处理意见。

（10）争端协议。

1）监理工程师应受理争端一方或双方提出的协调申请，并及时调查和收集相关资料，提出解决建议，对双方进行调解。

2）仲裁或诉讼时，监理工程师有义务作为证人向仲裁机关或法院提供有关证据。

三、交工验收与缺陷责任期阶段监理

自合同工程交工验收申请受理之日起至缺陷责任终止证书签发之日止为交工验收与缺陷责任期阶段。交工验收是检查施工合同的执行情况，评价工程质量是否符合技术标准及设计要求，是否可以移交下一阶段施工或是否满足通车要求，从而对各参建单位进行的初步评价。设计缺陷责任期的主要目的是要工程在使用条件下，证明合同的各项规定已得到遵守。在此，承包人除必须完成工程交工证书中所列的尚未完成的工作项目外，还必须修补在使用条件下因施工质量而出现的任何缺陷。《公路工程施工监理规范》（JTGG10）规定，交工验收与缺陷责任期阶段监理内容如下：

（1）监理工程师应按合同及有关规定要求，审查施工单位提交的合同工程交工验收申请。重点检查：合同约定的各项内容的完成情况；施工自检结果；各项资料的完整性；工程数量核对情况；工程现场清理情况。

（2）监理工程师应及时汇总、整编监理资料，对工程的质量等级进行评定，按有关规定编制监理工作报告，并提交建设单位。

（3）监理工程师应参加建设单位组织的合同工程交工验收，接受对监理独立抽检资料、监理工作报告及质量评定资料的检查，协助建设单位检查施工单位的合同执行情况，核对工程数量，评定各合同段的工程质量。

（4）合同工程交工验收证书签发后，监理工程师应认真审核施工单位提交的合同工程交工结账单，并在规定期限内签认合同工程交工结账证书，报建设单位审批。

（5）在合同工程的缺陷责任期内，监理工程师应检查施工单位剩余工程的实施情况；

巡视检查已完工程；记录发生的工程缺陷，指示施工单位进行修复，并对工程缺陷发生的原因、责任及修复费用进行调查、确认；督促施工单位按合同规定完成竣工资料。

（6）在合同工程缺陷责任期结束，收到施工单位向建设单位提交的终止缺陷责任的申请后，监理工程师应进行检查。符合条件时，经建设单位同意，监理工程师应在合同规定的时间内签发合同工程缺陷责任终止证书，并按规定向建设单位提交缺陷责任期监理工作总结。

（7）监理工程师收到施工单位提交的最后结账单及所附资料后应进行审核。审核后的最后结账单经施工单位认可后，由总监理工程师签认并报建设单位审批。

（8）监理单位应参加工程竣工验收工作，负责提交监理工作报告，提供工程监理资料，配合竣工验收检查工作。

第二章　公路工程材料质量监理

第一节　填方用土的质量监理

一、土料的选用与处理

1. 土料的选用

为了保证填方工程的强度和稳定性必须正确地选择土料和填筑方法。填土的土料应符合设计要求。如设计无要求可按下列规定：

（1）级配良好的碎石类土、砂土和爆破石渣可做表层以下填料，但其最大粒径不得超过每层铺筑厚度的2/3。

（2）以砾石、卵石或块石做填料时，分层夯实最大料径不宜大于400mm，分层压实不得大于200mm，尽量选用同类土填筑。

（3）含水量符合压实要求的黏性土，可用作各层填料。

（4）碎块草皮类土，仅用于无压实要求的填方。

不能作为填土的土料：含有大量有机物、石膏和水溶性硫酸盐（含量大于5%）的土以及淤泥、冻土、膨胀土等。含水量大的黏土也不宜做填土用。

2. 填筑要求

土方填筑前，要对填方的基底进行处理，使之符合设计要求。如设计无要求，应符合下列规定：

（1）基底上的树墩及主根应清除，坑穴应清除积水、淤泥和杂物等，并分层回填夯实。基底为杂填土或有软弱土层时，应按设计要求加固地基，并妥善处理基底的空洞、旧基、暗塘等。

（2）如填方厚度小于0.5m，还应清除基底的草皮和垃圾。当填方基底为耕植土或松土时，应将基底碾压密实。

（3）在水田、沟渠或池塘填方前，应根据具体情况采用排水疏干、挖出淤泥、抛填石块、砂砾等方法处理后，再进行填土。

应根据工程特点、填料种类、压实系数、施工条件等合理选择压实机具，并确定填料含水量的控制范围、铺土厚度和压实遍数等参数。

二、填土及压实方法

1. 填土方法

填土应分层进行，并尽量采用同类土填筑。当选用不同类别的土料时，上层宜填筑透水性较小的填料，下层宜填筑透水性较大的土料。不能将各类土混杂使用，以免形成水囊。压实填土的施工缝应错开搭接，在施工缝的搭接处应适当增加压实遍数。

当填方位于倾斜的地面时，应先将基底斜坡挖成阶梯状，阶宽不小于 1m，然后分层回填，以防填土侧向移动。

填方土层应接近水平地分层压实。在测定压实后土的干密度，并检验其压实系数和压实范围符合设计要求后，才能填筑上层。由于土的可松性，回填高度应预留一定的下沉高度，以备行车碾压和自然因素作用下，土体逐渐沉落密实。其预留下沉高度（以填方高度为基数）：砂土为 1.5%，亚黏土为 3% ~ 3.5%。

如果回填土湿度大，又不能采用其他土换填，可以将湿土翻晒晾干、均匀掺入干土后再回填。

冬雨季进行填土施工时，应采取防雨、防冻措施，防止填料（粉质黏土、粉土）受雨水淋湿或冻结，并防止出现“橡皮土”。

2. 压实方法

填土压实的方法一般有碾压、夯实、振动压实等几种。

（1）碾压法

碾压机械有平碾（光轮压路机）、羊足碾、振动碾等。砂类土和黏性土用平碾的压实效果好；羊足碾只适宜压实黏性土；振动碾是一种振动和碾压同时作用的高效能压实机械，适用于碾压爆破石渣、碎石类土等。

用碾压机械进行大面积填方碾压时，宜采用“薄填、低速、多遍”的方法。碾压应从填土两侧逐渐压向中心，并应至少有 15 ~ 20cm 的重叠宽度。机械的开行速度不宜过快，一般不应超过下列规定：平碾、振动碾为 2km/h，羊足碾为 3km/h。除了按规定的速度行驶，还应有一定的压实遍数才能保证压实质量。为了保证填土压实的均匀和密实度的要求，提高碾压效率，宜先用轻型机械碾压，使其表面平整后，再用重型机械碾压。

（2）夯实法

夯实法是用夯锤自由下落的冲击力来夯实土壤，主要用于小面积回填土。其优点是可以夯实较厚的黏性土层和非黏性土层，使地基原土的承载力加强。方法有人工夯实和机械夯实两种。人工夯实用木夯和石夯，机械夯实有夯锤和蛙式打夯机等。夯锤借助起重设备提起落下，其重力大于 15kn，落距 2.5 ~ 4.5m，夯实厚度可达 1.5 ~ 2.0m，但是费用高，常用于夯实黏性土、砂砾土、杂填土及分层填土施工等。蛙式打夯机轻巧灵活、构造简单、操作方便，在小型土方工程中应用最广。夯打遍数依据填土的类别和含水量确定。

（3）振动压实法

振动压实法是借助振动机构令压实机振动，使土颗粒发生相对位移而达到密实状态。振动压路机是一种振动和碾压同时作用的高效能压实机械，比一般压路机功效提高 1 ~ 2 倍。这种方法更适用于填方为爆破石渣、碎石类土、杂填土等。

三、影响填土压实的因素

填土压实的影响因素为压实功、土的含水量及每层铺土厚度。

1. 压实功的影响

当土的含水量一定，开始压实时，土的密度急剧增加。当接近土的最大密度时，虽经反复压实，压实功增加很多，但土的密度变化很小。因此，在实际施工中，不要盲目地增加填土压实遍数。

2. 含水量的影响

填土含水量的大小直接影响碾压（或夯实）遍数和质量。

较为干燥的土，由于摩阻力较大，而不易压实。当土具有适当含水量时，土的颗粒之间因水的润滑作用使摩阻力减小，在同样压实功作用下，得到最大的密实度，这时土的含水量称作最佳含水量。

为了保证填土在压实过程中具有最佳含水量，土的含水量偏高时，可采取翻松、晾晒、掺干土等措施；如含水量偏低，可采用预先洒水湿润、增加压实遍数等措施。

3. 铺土厚度的影响

在压实功作用下，土中的应力随深度增加而逐渐减小。其影响深度与压实机械、土的性质及含水量有关。铺土厚度应小于压实机械的有效作用深度。铺得过厚，要增加压实遍数才能达到规定的密实度。铺得过薄，机械的总压实遍数也要增加。恰当的铺土厚度才能使土方压实而机械的耗能最少。

对于重要填方工程，达到规定密实度所需要的压实遍数、铺土厚度等应根据土质和压实机械在施工现场的压实试验来决定。

（四）填土压实的质量检查

1. 填土压实的质量控制

填土经压实后必须达到要求的密实度，以避免建筑物产生不均匀沉陷。填土密实度以设计规定的控制干密度 ρ_d 作为检验标准。土的控制干密度 ρ_d 与最大干密度 $\rho_{d\max}$ 之比称为压实系数 λ_c 。

填土压实的最大干密度一般在试验室由击实试验确定，再根据规范规定的压实系数，即可算出填土控制干密度 ρ_d 值。在填土施工时，土的实际干密度 ρ_d' 大于或等于控制干密度 ρ_d 时符合质量要求，即：

$$\rho_d' \geqslant \rho_d = \lambda_c \rho_{d\max}$$

式中：λ_c——要求的压实系数；

$\rho_{d\max}$——土的最大干密度，g/cm³。

2. 填土压实的质量检验

（1）填土施工过程中应检查排水措施、每层填筑厚度、含水量控制和压实程序。

（2）填土经夯实或压实后，要对每层回填土的质量进行检验，一般采用环刀法（或灌砂法）取样测定土的干密度，符合要求后才能填筑上层。

（3）按填土对象不同，规范规定了不同的抽取标准：基坑回填，每 100 ~ 500m² 取样一组（每个基坑不少于一组）；基槽或管沟，每层按长度 20 ~ 50m 取样一组；室内填土，每层按 100 ~ 500m² 取样一组；场地平整填方每层按 400 ~ 900m² 取样一组。取样部位在每层压实后的下半部，用灌砂法取样应为每层压实后的全部深度。

（4）每项抽检的实际干密度应有 90% 以上符合设计要求，其余 10% 的最低值与设计值的差不得大于 0.08g/cm³，且应分散，不得集中。

（5）填土施工结束后应检查标高、边坡坡高、压实程度等，均应符合规范标准。

第二节　基层材料的质量监理

一、建筑工程材料的分类

建筑工程材料是建筑结构物中使用的各种材料及制品，是一切建筑工程的物质基础。正确选择和合理使用建筑材料，对建筑结构物的安全、实用、美观、耐久以及降低造价都有重要意义。掌握各种建筑工程材料的性能及适用范围，选择最合适的品种，是工程技术人员的主要任务。

建筑工程材料有不同的分类方法。按建筑工程材料的用途分类，可分为结构材料、墙体材料、屋面材料、地面材料、饰面材料以及其他用途的材料等；按材料的功能分类，可分为承重和非承重材料、保温和隔热材料、吸声和隔声材料、防水材料、装饰材料等；按化学成分分类，可分为无机材料、有机材料和复合材料。

（二）建筑工程材料的标准化

目前，我国绝大多数建筑材料都有相应的技术标准，包括产品规格、分类、技术要求、验收规则、代号与标志、运输与贮存及抽样方法等。

建筑材料生产企业必须按照标准生产，并控制其质量。建筑材料使用部门则应按照标准选用、设计、施工，并按标准验收产品。

我国的建筑材料标准分为国家标准、行业标准、地方标准和企业标准。国家标准是全国通用标准，是国家指令性文件，各级生产、设计、施工等部门均必须严格遵照执行。按要求执行的程度分为强制性标准和推荐标准（以“GB/T”表示）。

建筑材料有关的标准及其代号主要有：国家标准 GB；建筑工程国家标准 GBJ；住建部行业标准 JGJ；建筑工业行业标准 JG；国家建筑材料工业协会标准 JC；地方标准 DB；企业标准等。

标准的表示方法由标准名称、部门代号、标准编号、批准年份四部分组成。如《低合金高强度结构钢》（GB/T 1591—2018）、《通用硅酸盐水泥》（GB 175—2020）等。

工程中使用的建筑材料除必须满足产品标准外，有时还必须满足有关的设计规范、施工及验收规范（或规程）等的规定。这些规范对建筑材料的选用、使用、质量要求及验收等还有专门的规定（其中有些规范或规程的规定与建筑材料产品标准的要求相同）。如混凝土用砂、石，除满足《建设用砂》（GB/T 14684—2011）、《建设用卵石、碎石》（GB/T 14685—2011）外，还须满足《普通混凝土用砂、石质量及检验方法标准》（JGJ 52–2006）的规定。又如各防水材料除满足其产品质量要求外，当用于屋面工程时还须满足《屋面工程质量验收规范》（GB 50207—2012）的规定。

工程中还可能采用国际标准和其他先进国家的技术标准，例如 ISO——国际标准，ANS——美国国家标准，ASTM——美国材料与试验学会标准，JIS——日本工业标准，BS——英国标准，NF——法国标准，DIN——德国工业标准。

三、建筑工程材料的基本物理性质

建筑工程采用的各种材料种类繁多，表现的性质也各不相同，归纳起来有物理性质、力学性质和化学性质等。建筑工程材料可以用其基本状态参数表达出它的某些性质。

（一）不同状态下材料的密度

1. 密度

材料在绝对密实状态下（材料内部不含任何孔隙），单位体积的质量称为材料的密度。材料的密度大小取决于材料的组成与材料的微观结构。当材料的组成与微观结构一定时，材料的密度为常数。

除钢、铝合金、玻璃等外，大多数建筑材料均含有一定数量的孔隙。为测得含孔材料的绝对密实体积，须将材料磨成细粉末，使材料内部的所有孔隙外露（全部成为开口孔隙），用排开液体的方法来测定。

2. 表观密度

材料在自然状态下，单位体积的质量称为材料的表观密度。

材料在自然状态下的体积又称表观体积。对于规则形状的材料，直接测定外观尺寸即可；对于不规则形状的材料，须在材料表面涂蜡后（封闭开口孔隙）用排水法测定。当材料的孔隙内含有水分时，其质量和体积均发生变化，故在测定表观密度时，必须注明材料的含水情况。通常，材料的表观密度是指在气干状态（长期在空气中干燥）下测得的表观密度。在烘干状态下的表观密度称为干表观密度。

材料表观密度的大小不仅与材料的微观结构和组成有关，还与其宏观结构特征及含水状况等有关。因此，材料在不同的环境状态下，表观密度的大小可能不同。

3. 堆积密度

散粒材料或粉末状材料在自然堆积状态下，单位体积的质量称为材料的堆积密度。

测定材料的堆积密度时，材料的质量可以是任意含水状态下的，但须说明材料的含水率。通常所指的堆积密度是在气干状态下的，称为气干堆积密度，简称堆积密度。材料在绝干状态时，称为绝干堆积密度。

材料的堆积密度与材料的表观密度、含水率、堆积的紧密程度等有关。

在建筑工程中，计算材料用量、构件自重、配料及确定堆放空间时经常要用到材料的密度、表观密度和堆积密度等。

（二）材料的密实度和孔隙率

1. 密实度

材料体积（自然状态）内被固体物质的充实程度称为材料的密实度。密实度反映材料的密实程度，其值越大，材料越密实。

2. 孔隙率

孔隙率是指材料内部孔隙体积占材料在自然状态下体积的百分率，可分为总孔隙率（简称孔隙率）、开口孔隙率和闭口孔隙率。

（1）总孔隙率。材料内部所有孔隙的体积与材料在自然状态下体积的百分率称为材料的孔隙率。

（2）开口孔隙率。材料内部开口孔隙的体积占材料在自然状态下体积的百分率称为材料的开口孔隙率。

（3）闭口孔隙率。材料内部闭口孔隙的体积占材料在自然状态下体积的百分率称为材料的闭口孔隙率。

（4）空隙率。散粒材料在堆积状态下，颗粒间空隙的体积占堆积体积的百分率称为空隙率。空隙率的大小反映了散粒材料颗粒间相互填充的密实程度。在配制混凝土时，空隙率可作为控制混凝土骨料级配与计算砂率的重要依据。可以通过压实或振实的方法获得较小的空隙率，以满足工程的需要。

例如，在配制混凝土、砂浆等材料时，为节约水泥等胶凝材料，改善材料的性能，宜选用空隙率小的砂石。

（三）材料与水有关的性质

1. 亲水性和憎水性

水分子与不同固体材料表面之间相互作用的情况不同。当固体材料与水接触时，在材料、水和空气三相交叉点处沿水滴表面做切线，此切线与材料和水接触面的夹角 θ 称为润湿角。润湿角越小，浸润性越好。如果润湿角为零，则表示该材料完全被水浸湿。一般认为，当 $\theta \leqslant 90°$ 时，水分子之间的内聚力小于水分子与材料之间的相互吸引力，这种材料称为亲水材料。当 $\theta > 90°$ 时，水分子之间的内聚力大于水分子与材料之间的相互吸引力，材料表面不会被水浸润，这种材料称为憎水材料。

2. 吸水性

材料在水中吸入水分的能力称为吸水性。材料的吸水性用吸水率表示。

材料的吸水性大小不仅与材料的亲水性或憎水性有关，而且与孔隙率的大小及孔隙特征有关，材料中的孔隙细微而连通，其吸水率较大；粗大的封闭的孔隙，其吸水率较低。各种材料的吸水率相差较大。例如，普通混凝土的吸水率为 2% ~ 3%，黏土砖的吸水率为 8% ~ 20%。

材料吸水后，表观密度和导热性增大，强度降低，体积膨胀且易受冰冻破坏。因此，吸水率大对材料性质是不利的。

3. 吸湿性

材料在潮湿的空气中吸收水分的性质称为材料的吸湿性。材料吸湿性的大小用含水率表示。含水率是指材料内部所含水的质量占材料干燥质量的百分率。例如，木材的吸湿性较大，这不仅增加其重量，还会降低材料的强度。保温材料吸湿性大将大大降低其保温隔热的性能，故对保温材料应采取有效的防潮措施。

4. 耐水性

材料长期在饱和水作用下不被破坏，其强度也不显著降低的性质称为材料的耐水性。材料的耐水性用软化系数表示，即材料在吸水饱和状态下的抗压强度与材料在干燥状态下的抗压强度之比。软化系数的大小表明材料浸水后强度降低的程度。一般情况下，材料随含水量的增加，其强度都有不同程度的降低，软化系数的范围一般在 0 ~ 1 之间波动。通常工程中软化系数大于 0.85 的材料可看作是耐水材料，可以用于水中或潮湿环境中的重要结构。

5. 抗渗性

材料抵抗压力水（或其他液体）渗透的性质称为材料的抗渗性。材料的抗渗性一般用抗渗系数表示。抗渗系数越小，表示材料的抗渗性越差。有些材料（如混凝土、砂浆等）

的抗渗性也常用抗渗等级来表示。抗渗等级是材料在标准试验方法下，用规定的试件进行透水试验，由试件在透水时所能承受的最大水压力来确定的。抗渗等级越高，材料的抗渗性越好。

材料的抗渗性与材料的孔隙率和孔隙特征有关。孔隙率低而且是封闭孔隙的材料具有较高的抗渗性。水的渗透会对材料的性质和使用带来不利的影响，尤其当材料处于压力水中时，材料的抗渗性是决定其工程使用寿命的重要因素。因此，对于地下建筑及水工构筑物来说，因常受到压力水的作用，故要求材料具有好的抗渗性；而对于防水材料，则要求具有更高的抗渗性。

6. 抗冻性

材料在水饱和状态下，能够经受多次冻融循环作用而不被破坏，也不严重降低强度的性质，称为材料的抗冻性。材料的抗冻性用抗冻等级表示。即以规定的试件，在规定的试验条件下，测得其强度的降低不超过规定值，并无明显损坏和剥落时，所能经受的冻融循环次数，以此作为抗冻等级。例如混凝土抗冻等级 F50，表示混凝土所能承受的最大冻融循环次数为 50 次，强度下降不超过 25%，质量损失不超过 5%。

材料的抗冻性主要与孔隙率、孔隙特性、抵抗胀裂的强度等有关，工程中常从这些方面改善材料的抗冻性。材料强度越高，抗冻性越好；孔隙率越小、封闭孔隙含量越多的材料，抗冻性越好。冬季室外温度低于 -15℃的地区，其主要工程材料必须进行抗冻性试验。

抗冻性良好的材料，对于抵抗大气温度变化、干湿交替等风化的能力较强。所以，材料的抗冻性常作为评估材料耐久性好坏的一项指标。

（四）材料的基本力学性质

材料的力学性质是指材料在外力作用下，抵抗破坏能力和变形能力的性质。它是建筑工程材料最重要的技术性质。

1. 强度和变形

材料在外力作用下抵抗破坏的能力称为材料的强度。材料受外力作用时，其内部产生应力。外力增加，应力相应增大，直至材料内部质点间结合力不足以抵抗所承受的外力时，材料即发生破坏。材料破坏时，应力达到极限值，这个极限应力即为材料的强度。根据所受外力作用形式不同，材料的强度分为抗拉强度、抗压强度、抗弯强度和抗剪强度等。

材料在外力作用下产生变形，当外力撤除后能完全恢复到原始状态的性质称为材料的弹性。这种可恢复的变形称为弹性变形。衡量材料抵抗变形能力的指标是弹性模量。弹性模量越大，材料越不容易变形，即材料的刚度好。另外，材料在外力作用下产生变形，当外力撤除后有部分变形不能恢复，这种性质称为材料的塑性。这种不能恢复的变形称为塑性变形。在实际工程中，完全弹性变形的材料是不存在的，大多数材料的变形既有弹性变形，也有塑性变形。例如建筑钢材在受力不大的情况下，仅产生弹性变形；当受力超过一定值后产生塑性变形。再如混凝土在受力时弹性变形和塑性变形同时发生，当取消外力后，弹性变形可以恢复，而塑性变形则不能恢复。

2. 硬度和耐磨性

材料的硬度是指材料表面抵抗硬物压入或刻画的能力。材料的硬度越大，其耐磨性越好。工程中有时也可用硬度来间接推算材料的强度。材料的耐磨性与材料的组成成分、结构、强度、硬度等有关。在建筑工程中，对于用作踏步、台阶、地面、路面等的材料，一般都应具有较高的耐磨性。

3. 脆性和韧性

材料在外力作用下，当外力达到一定数值时，材料发生突然破坏，且破坏时无明显的塑性变形，这种性质称为材料的脆性。具有这种性质的材料称为脆性材料。一般地说，脆性材料的抗压强度远远高于其抗拉强度，它对承受振动和冲击作用是极为不利的。土木工程材料中的砖、石、陶瓷、玻璃和铸铁等属于脆性材料。

材料在冲击或振动荷载作用下，能吸收较大的能量，产生较大的变形而不破坏的性质，称为材料的韧性。具有这种性质的材料称为韧性材料。材料的韧性是用冲击试验来检验的，因而又称为冲击韧性，它用材料受荷载作用达到破坏时所吸收的能量来表示。韧性材料抵抗冲击荷载和振动作用的能力强，可用于桥梁、吊车梁等能够承受冲击荷载的结构和有抗震要求的结构。钢材、木材等属于韧性材料。

（五）材料的耐久性和装饰性

1. 耐久性

材料的耐久性是指用于建筑工程的材料，在环境的多种因素作用下经久不变质、不破坏，长久地保持其使用性能的性质。

材料在建筑物使用过程中，除内在原因使其组成、构造发生变化以外，还要长期受到使用条件及各种自然因素的作用，例如物理作用、化学作用、机械作用和生物作用等。

材料的耐久性是一项综合性质，各种材料耐久性的具体表现因其组成和结构不同而异。例如，金属材料主要受化学作用而被腐蚀，无机非金属材料（如砖、石材、混凝土等）主要受大气的物理作用而被破坏，木材、竹材等植物纤维材料常因昆虫、菌类的蛀蚀而被腐朽破坏，沥青和高分子材料在阳光、空气及辐射的作用下会逐渐变得硬脆、老化，从而被破坏。因此，选用材料时必须考虑其耐久性因素，这对于节约建筑材料及保证建筑物长期正常使用、减少维修费用、延长使用寿命等都具有十分重要的意义。

2. 装饰性

建筑是技术与艺术相结合的产物，而建筑艺术的发展，除依靠建筑设计外，在很大程度上取决于建筑材料的装饰性。

材料的装饰性通常通过材料的色彩、透明性、光泽、表面质感和形状尺寸等装饰功能达到美化建筑物的目的。

（六）材料的环境协调性

材料的环境协调性是指材料在生产、使用和废弃全寿命周期中要有较低的环境负荷，包括生产中废物的利用、减少“三废”的产生，使用中减少对环境的污染，废弃时有较高的可回收率。具有优良环境协调性的材料对资源和能源消耗少，对生态和环境污染小，再生利用率高，可降解和可循环利用，而且要求从材料制造、使用、废弃直至再生利用的整个寿命周期中，都必须具有与环境的协调共存性。

研究开发环境协调性建筑材料是 21 世纪建筑材料发展的重要课题。例如，利用工业废料、建筑垃圾等生产各种材料，研制新型保温隔热材料、绿色装饰装修材料、新型墙体材料、自密实混凝土、透水透气性混凝土、绿化混凝土、水中生物适应型混凝土以及高强度、高性能、高耐久性材料等。

第三节　水泥砂浆的质量监理

一、水泥

水泥加水拌和后，经过物理、化学反应过程能由可塑性浆体变为坚硬的石状体，它不仅能在空气中硬化，而且在水中能更好地硬化，保持并继续增长其强度，所以水泥属于水硬性胶凝材料。水泥是配制各种混凝土、钢筋混凝土和预应力混凝土建筑结构和构件的最基本的组成材料之一，因此，水泥是建筑工程中用量最大、使用最广的建筑材料。

水泥的品种很多，按用途和性能分类，有通用水泥、专用水泥和特性水泥三大类。通用水泥是指用于一般土木建筑工程的水泥，如硅酸盐水泥、普通硅酸盐水泥、矿渣硅酸盐水泥、火山灰质硅酸盐水泥、粉煤灰硅酸盐水泥等；专用水泥是适应专门用途的水泥，如低热水泥、砌筑水泥、道路水泥等；特性水泥是指具有比较突出的某种性能的水泥，如快硬硅酸盐水泥、膨胀水泥、抗硫酸盐水泥等。水泥按组成的成分分类，主要有硅酸盐水泥、铝酸盐水泥、硫铝酸盐水泥、铁铝酸盐水泥等。

（一）通用硅酸盐水泥

通用硅酸盐水泥是以硅酸盐水泥熟料和适量石膏及规定的混合材料制成的水硬性胶凝材料。按混合材料的品种和掺量分为硅酸盐水泥、普通硅酸盐水泥、矿渣硅酸盐水泥、火山灰质硅酸盐水泥、粉煤灰硅酸盐水泥和复合硅酸盐水泥。国家标准对其组分材料和技术要求等做出了相关的规定。

1. 硅酸盐水泥

硅酸盐水泥是通用硅酸盐水泥的基本品种，其他品种的通用硅酸盐水泥都是在它的基础上加入一定量的混合材料制成的。《通用硅酸盐水泥》（GB 175—2020）规定，凡由硅酸盐水泥熟料、0 ~ 5% 石灰石或粒化高炉矿渣、适量石膏磨细制成的水硬性胶凝材料，称为硅酸盐水泥（国外通称的波特兰水泥）。硅酸盐水泥分为两种类型：不掺加混合材料的为 I 型硅酸盐水泥，代号为 P · I；掺加不超过水泥质量 5% 的石灰石或粒化高炉矿渣混合材料的为Ⅱ型硅酸盐水泥，代号为 P · Ⅱ。

（1）硅酸盐水泥的生产

生产硅酸盐水泥的原料主要是石灰质原料和黏土质原料。石灰质原料可采用石灰石、白垩、石灰质凝灰岩等提供氧化钙。黏土质原料可采用黏土、页岩等，主要提供氧化硅、氧化铝及少量的氧化铁。有时还需配入辅助原料，如铁矿石、砂岩等。

生产硅酸盐水泥的过程可简单概括为“两磨一烧”，具体步骤是：将上述原料按适当的比例混合、磨细制成生料，生料均化后送入窑中煅烧至部分熔融形成熟料，熟料与适量石膏共同磨细，即得到 I 型硅酸盐水泥。若将熟料、石膏、不超过 5% 的石灰石或粒化高炉矿渣共同磨细，即可得到 II 型硅酸盐水泥。

（2）硅酸盐水泥熟料矿物的组成

硅酸盐水泥熟料的主要矿物组成是：硅酸三钙（$3CaO \cdot SiO_2$），简写为 C_3S；硅酸二钙（$2CaO \cdot SiO_2$），简写为 C_2S；铝酸三钙（$3CaO \cdot Al_2O_3$），简写为 C_3A；铁铝酸四钙（$4CaO \cdot Al_2O_3 \cdot Fe_2O_3$），简写为 C_4AF。

硅酸盐水泥各熟料矿物特性不同，因此可通过调整原材料的配料比例来改变熟料矿物组成的相对含量，制得不同性能的水泥。如提高硅酸三钙含量，可制成高强水泥；提高硅酸三钙和铝酸三钙含量，可制得快硬水泥；降低硅酸三钙和铝酸三钙含量、提高硅酸二钙含量，可制得中、低热水泥。

硅酸盐水泥熟料除以上四种主要矿物组成外，还有少量未反应的氧化钙、氧化镁、硫酸盐及硫化物等，其总含量一般不超过水泥质量的 10%。

（3）硅酸盐水泥的凝结和硬化

水泥加水拌和后成为可塑的水泥浆，由于水泥的水化作用，水泥浆逐渐变稠失去流动性和可塑性而未具有强度的过程，称为水泥的凝结。随后产生强度逐渐发展成为坚硬的人造石的过程，称为水泥的硬化。凝结和硬化是人为划分的两个阶段，实际上是一个连续而复杂的物理化学变化过程。

硅酸盐水泥颗粒与水接触时，水泥熟料矿物立即与水发生水化反应，生成水化产物并放出一定热量。充分水化的水泥浆体中，主要水化产物是水化硅酸钙（$3CaO \cdot 2SiO_2 \cdot 3H_2O$）、氢氧化钙[$Ca(OH)_2$]、水化铁酸钙（$CaO \cdot Fe_2O_3 \cdot H_2O$）和水化铝酸钙（$3CaO \cdot Al_2O_3 \cdot 6H_2O$）。另外还有水化铝酸钙与石膏反应生成的高硫型水化硫铝酸钙（又称钙矾石），它是难溶于水的针状晶体，沉淀在水泥颗粒表面，阻止了水分的进入，降低了水泥的水化速度，延缓了水泥的凝结时间。在水化产物中，水化硅酸钙所占比例最大，为 70% 以上；氢氧化钙次之，占 20% 左右。其中水化硅酸钙、水化铁酸钙为凝胶体，具有强度作用;而氢氧化钙、水化铝酸钙、钙矾石皆为晶体，会使水泥石在外界条件下变得疏松，导致水泥石强度下降，是影响硅酸盐水泥耐久性的主要因素。

影响水泥凝结硬化的因素很多。例如，水泥矿物成分的含量、水泥颗粒细度、水灰比、石膏含量、温度与湿度、龄期等。

（4）硅酸盐水泥的技术性质

根据国家标准《通用硅酸盐水泥》（GB 175—2020）的规定，对水泥的技术性质要求如下：

1）化学指标

化学指标应符合相关的规定。

2）碱含量（选择性指标）

水泥中碱含量以 $Na_2O+0.658K_2O$ 计算值表示。若使用活性骨料，用户要求提供低碱水泥时，水泥中的碱含量应不大于 0.60% 或由买卖双方协商确定。

3）细度（选择性指标）

水泥的细度是指水泥颗粒的粗细程度。水泥细度对水泥的性质影响很大。水泥颗粒越细，水化时与水接触的表面积越大，水化反应速度越快，凝结硬化越快，早期强度越高。但水泥颗粒过细时磨制过程能耗大，成本高，且用水量增加，硬化后水泥石中的毛细孔多，干缩大，后期强度低。因此，水泥颗粒应粗细适中，一般水泥颗粒粗细在 7 ~ 200/μm 范围内。

国家标准规定：硅酸盐水泥的细度用比表面积表示，硅酸盐水泥的比表面积应大于 $300m^2/kg$。

4）标准稠度及标准稠度用水量

水泥净浆标准稠度是对水泥净浆以标准方法拌制、测试并达到规定的可塑性程度时的稠度。水泥净浆标准稠度用水量是指水泥净浆达到标准稠度时所需的加水量，常以水和水泥质量之比的百分数表示。各种水泥的矿物成分、细度不同，拌和成标准稠度时的用水量也各不相同，水泥的标准稠度用水量一般为 24% ~ 33%。测定硅酸盐水泥凝结时间和体积安定性时必须采用标准稠度的水泥浆。

5）凝结时间

水泥凝结时间是指水泥从开始加水拌和到失去流动性所需要的时间，分为初凝时间和终凝时间。初凝时间为水泥从开始加水拌和起至水泥浆开始失去可塑性止所需要的时间；终凝时间是从水泥开始加水拌和起至水泥浆完全失去可塑性并开始产生强度时所需的时间。水泥的凝结时间是以标准稠度的水泥净浆在规定温度和湿度下用凝结时间测定仪测定的，试验中必须采用标准稠度的水泥净浆。

水泥的凝结时间对施工有重要的实际意义。其初凝时间不宜过早，以便在施工中有足够的时间完成混凝土或砂浆的搅拌、运输、浇捣和砌筑等操作；终凝时间不宜过迟，以使水泥能尽快硬化和产生强度，进而缩短施工工期。国家标准规定：硅酸盐水泥初凝时间不得早于 45min；终凝时间不得迟于 390min。水泥初凝时间不符合要求的为废品，终凝时间不符合要求的为不合格品。

6）体积安定性

水泥体积安定性是指水泥在凝结硬化过程中体积变化的均匀性。当水泥浆体在硬化过程中体积发生不均匀变化时，会导致水泥制品膨胀、翘曲、产生裂缝等，即所谓的体积安定性不良。水泥体积安定性不符合要求的为废品。

7）强度及强度等级

水泥的强度是水泥的重要技术指标，是评定水泥强度等级的依据。水泥强度须按国家标准《通用硅酸盐水泥》（GB 175—2020）和《水泥胶砂强度检验方法（ISO 法）》（GB/T 17671—2021）的规定来测定。依据硅酸盐水泥 3d 和 28d 的抗压强度和抗折强度，将硅酸盐水泥分为 42.5、42.5R、52.5、52.5R、62.5、62.5R 六个强度等级。水泥强度不满足要求的为不合格品。

8）水化热

水化热是指水泥在水化过程中放出的热量。水泥的水化热大部分在 3 ~ 7d 内放出，7d 内放出的热量可达总热量的 80% 左右。水化热较大的水泥有利于冬季施工，但对大体积混凝土不利。

9）密度和堆积密度

硅酸盐水泥的密度主要取决于熟料的矿物组成，一般为 3.05 ~ 3.20g/cm^3。硅酸盐水泥的堆积密度除与矿物组成和细度有关外，主要取决于水泥堆积时的紧密程度，疏松堆积时为 1000 ~ 1100kg/m^3，紧密堆积时可达 1600kg/m^3。在混凝土配合比设计中，通常取水泥的密度为 3.1g/cm^3，堆积密度为 1300kg/m^3。

（5）硅酸盐水泥的特性和应用

1）凝结硬化快、强度高

硅酸盐水泥凝结硬化速度快，早期强度和后期强度都较高，尤其适用于对早期强度有较高要求的工程，也适用于重要结构的高强度混凝土和预应力混凝土工程等。

2）水化热大、抗冻性好

硅酸盐水泥中硫酸三钙和铝酸三钙的含量高，水化时放出的热量大，有利于冬季施工，但不宜用于大体积混凝土工程。硅酸盐水泥硬化后的水泥石结构密实，抗冻性好，适用于严寒地区和抗冻性要求高的工程。

3）干缩小、耐磨性好

硅酸盐水泥硬化时干缩小，不易产生干缩裂缝，可用于环境干燥的工程。由于干缩小，表面不易起粉尘，因此耐磨性好，可用于道路与地面工程。

4）耐腐蚀性差

硅酸盐水泥石中有较多的氢氧化钙，耐软水和耐化学腐蚀性差，故硅酸盐水泥不宜用于经常与流动的淡水接触和有压力水作用的工程，也不适用于受海水、矿物水等作用的工程。

5）耐热性差

硅酸盐水泥石在温度超过250℃时水化产物开始脱水，体积产生收缩，强度开始下降。当受热温度超过600℃时，水泥石由于体积膨胀而造成破坏。因此，硅酸盐水泥不宜用于耐热要求高的工程。

6）抗碳化性好

水泥石中的氢氧化钙与空气中的二氧化碳和水作用生成碳酸钙的过程为碳化，碳化会引起水泥石内部的碱度降低。当水泥石的碱度降低时，钢筋混凝土中的钢筋便因失去钝化保护膜而锈蚀。硅酸盐水泥在水化后，水泥石中含有较多的氢氧化钙，碳化时水泥的碱度下降少，对钢筋的保护作用增强，可用于重要的钢筋混凝土结构及二氧化碳浓度较高的环境中。

2. 其他通用硅酸盐水泥

其他品种的通用硅酸盐水泥通常是在硅酸盐水泥的基础上掺加一定量的混合材料制成的，常用的有普通硅酸盐水泥、矿渣硅酸盐水泥、火山灰质硅酸盐水泥、粉煤灰硅酸盐水泥和复合硅酸盐水泥。

（1）混合材料

混合材料是指在磨制水泥时加入的各种矿物材料，可分为活性混合材料和非活性混合材料。

1）活性混合材料

活性混合材料是指能与水泥熟料的水化产物 $Ca(OH)_2$ 等发生化学反应，并形成水硬性胶凝材料的矿物质材料。常用的活性混合材料有以下几种：

① 粒化高炉矿渣

它是高炉炼铁所得的以硅酸钙和铝酸钙为主要成分的熔融物，经急速冷却而成的颗粒。由于急速冷却，粒化高炉矿渣呈玻璃体，玻璃体结构中的活性 SiO_2 和活性 Al_2O_3 与水化产物 $Ca(OH)_2$、水等作用形成新的水化产物而产生凝胶作用。

② 火山灰质混合材料

火山灰质混合材料的品种很多，天然矿物材料有火山灰、凝灰岩、浮石、硅藻土等；工业废渣和人工制造的有天然煤矸石、煤渣、硅灰等。此类材料的活性成分也是活性 SiO_2 和活性 Al_2O_3，其潜在水硬性原理同粒化高炉矿渣。

③ 粉煤灰混合材料

粉煤灰是火力发电厂用收尘器从烟道中收集的灰粉，主要成分是活性 SiO_2 和活性

Al_2O_3，其潜在水硬性原理同粒化高炉矿渣。

2）非活性混合材料

非活性混合材料是指掺入水泥后，主要起填充作用而又不损害水泥性能的矿物材料，常用的品种有磨细石英砂、石灰石、炉灰等。非活性混合材料的主要作用是改善水泥的某些性能，如调节水泥强度等级、增加水泥产量、降低水化热等。

（2）普通硅酸盐水泥

凡由硅酸盐水泥熟料、6% ~ 20% 混合材料、适量石膏磨细制成的水硬性胶凝材料，称为普通硅酸盐水泥，简称普通水泥，代号为 P · 0。掺活性混合材料时，其最大掺量不得超过 20%，其中允许用不超过水泥质量 5% 的窑灰或不超过水泥质量 8% 的非活性混合材料来代替。

普通水泥中所掺入的混合材料较少，绝大部分仍为硅酸盐水泥熟料，其成分与硅酸盐水泥相近，因而其性能和应用与同强度等级的硅酸盐水泥也极为相近，但毕竟所掺混合材料稍多一些，因而其与硅酸盐水泥相比，早期硬化速度稍慢，抗冻性与耐磨性能也略差。它被广泛用于各种混凝土或钢筋混凝土工程，是我国主要的水泥品种之一。

（3）矿渣硅酸盐水泥

凡由硅酸盐水泥熟料和粒化高炉矿渣、适量石膏磨细制成的水硬性胶凝材料称为矿渣硅酸盐水泥，简称矿渣水泥，代号为 P · S。矿渣水泥分为 A、B 两种类型，其中 P · S · A 型水泥中粒化高炉矿渣掺加量按质量百分比计为大于 20% 且不超过 50%，P · S · B 型水泥中粒化高炉矿渣掺加量按质量百分比计为大于 50% 且不超过 70%。允许用石灰石、窑灰、火山灰质混合材料中的一种代替矿渣，但代替数量不得超过水泥质量的 8%，替代后水泥中粒化高炉矿渣不得少于 20%。

矿渣硅酸盐水泥的性能及应用：① 早期强度发展慢，后期强度增长快，不适用于早期强度要求较高的工程，如现浇混凝土楼板、梁、柱等。② 耐热性好，因矿渣本身有一定的耐高温性，且硬化后水泥石中的氢氧化钙含量少，所以矿渣水泥适用于高温环境，如轧钢、铸造高温车间的高温窑炉基础等。③ 水化热小，可以用于大体积混凝土工程。④ 耐腐蚀性好，可用于海港、水工等受硫酸盐和软水腐蚀的混凝土工程。⑤ 硬化时对温度、湿度敏感性强，特别适用于蒸汽养护的混凝土预制构件。⑥ 抗碳化能力差，一般不用于热处理车间的修建。⑦ 抗冻性差，不宜用于严寒地区，特别是严寒地区水位经常变动的部位。

（4）火山灰质硅酸盐水泥、粉煤灰硅酸盐水泥、复合硅酸盐水泥

火山灰质硅酸盐水泥代号为 P · P，其中加入了大于 20% 且不超过 40% 的火山灰质混合材料；粉煤灰硅酸盐水泥代号为 P · F，其中加入了大于 20% 且不超过 40% 的粉煤灰；复合硅酸盐水泥代号为 P · C，其中加入了两种以上（含两种）大于 20% 且不超过 50% 的混合材料，并允许用不超过水泥质量 8% 的窑灰代替部分混合材料，所用混合材料为矿渣

时，其掺加量不得与矿渣硅酸盐水泥重复。

1）三种水泥的技术指标

这三种水泥的细度、凝结时间、体积安定性、强度等级、氯离子含量要求与矿渣硅酸盐水泥相同。三氧化硫含量要求不大于4.0%。氧化镁含量要求不大于6.0%，如果大于6.0%，须进行压蒸安定性试验并合格。

2）三种水泥的性能及应用

这三种水泥与矿渣硅酸盐水泥的性质和应用有很多共同点，如早期强度发展慢，后期强度增长快；水化热小；耐腐蚀性好；温、湿度敏感性强；抗碳化能力差；抗冻性差等。但由于每种水泥所加入混合材料的种类和掺加量不同，因此也各有其特点。

3. 通用硅酸盐水泥的选用

目前，硅酸盐水泥、普通硅酸盐水泥、矿渣硅酸盐水泥、火山灰质硅酸盐水泥、粉煤灰硅酸盐水泥和复合硅酸盐水泥是我国广泛使用的六种水泥，称为通用硅酸盐水泥。在实际工程中，应根据工程特点、所处环境和施工条件等，结合各种水泥的不同特性来合理选择水泥品种。

（二）其他品种水泥

1. 铝酸盐水泥

铝酸盐水泥又称高铝水泥，是以铝矾土和石灰石为原料，经高温燃烧所得以铝酸钙为主的铝酸盐水泥熟料，经磨细制成的水硬性胶凝材料，代号为CA。

（1）铝酸盐水泥的类型

按国家标准《铝酸盐水泥》（GB/T 201—2015），铝酸盐水泥根据Al_2O_3含量分为CA-50、CA-60、CA-70和CA-80四类。

（2）铝酸盐水泥的技术指标

1）细度

比表面积不小于300m²/kg，或通过细度为0.045mm的筛，筛余量不大于20%。

2）凝结时间

CA-50、CA-70、CA-80的初凝时间不得早于30min，终凝时间不得迟于6h；CA-60的初凝时间不得早于60min，终凝时间不得迟于18h。

3）强度

各类型铝酸盐水泥各龄期的强度值不得低于标准中规定的数值。

（3）铝酸盐水泥的特性与应用

铝酸盐水泥具有快凝、早强、高强、低收缩、耐热性好和耐硫酸盐腐蚀性强等特点，适用于抢修工程、冬季施工的工程和耐高温的工程，还可以用来配制耐热混凝土、耐硫酸盐混凝土等。但铝酸盐水泥的水化热大、耐碱性差，不宜用于大体积混凝土。

2. 快硬硅酸盐水泥

凡是由硅酸盐水泥熟料和适量石膏共同磨细制成的，以 3d 抗压强度表示标号的水硬性胶凝材料称为快硬硅酸盐水泥，简称快硬水泥。

快硬硅酸盐水泥的制造方法与硅酸盐水泥基本相同，不同之处是水泥熟料中铝酸三钙和硅酸三钙的含量高，两者的总量不少于 65%，因此，快硬水泥的早期强度增长快且强度高，水化热也大。为加快硬化速度，可适当增加石膏的掺量（可达 8%）和提高水泥的细度。

国家标准《快硬硅酸盐水泥》（GB 199—90）的规定：细度为 0.08mm 方孔筛，筛余量不得超过 10%；初凝不得早于 45min，终凝不得迟于 10h；按 1d 和 3d 的抗压强度、抗折强度划分为 325、375、425 三个强度等级。

快硬硅酸盐水泥的早期强度增长快，水化热高且集中，适用于早期强度要求高的工程、紧急抢修的工程和冬季施工的工程，但不宜用于大体积混凝土工程。

快硬水泥易受潮变质，故储存和运输时应特别注意防潮，且储存时间不宜超过一个月。

3. 快硬硫铝酸盐水泥

凡以适当成分的生料，经煅烧所得以无水硫铝酸钙和硅酸二钙为主要矿物成分的熟料，加入适量石膏和 0 ~ 10% 的石灰石磨细制成的早期强度高的水硬性胶凝材料，称为快硬硫铝酸盐水泥，也称早强硫铝酸盐水泥。

快硬硫铝酸盐水泥具有快凝、早强（一般 4h 即具有一定的强度，12h 的强度即可达到 3d 强度的 50% ~ 70%）、微膨胀或不收缩的特点，因此宜用于紧急抢修工程、国防工程、冬季施工工程、抗震要求较高的工程和填灌构件接头以及管道接缝等，也可以用于制作水泥制品、玻璃纤维增强水泥制品和一般建筑工程。但由于其配制的混凝土中碱度较低，使用时应注意钢筋的锈蚀问题；其主要水化产物高硫型水化硫铝酸钙在 150℃以上开始脱水，强度大幅度下降，其耐热性较差；其水化热较大，也不宜用于大体积混凝土工程。

4. 氟铝酸盐水泥

氟铝酸盐水泥是以铝质原料、石灰质原料、萤石（或再加石膏）经适当配合，煅烧成以氟铝酸钙起主导作用的熟料，再与石膏一起磨细而成的。我国的“双快”（快凝、快硬）水泥就属于这一类型。

氟铝酸盐水泥熟料的矿物组成主要是 C_3S 和早强矿物 $C_{11}A_7 \cdot CaF_2$，此外还有部分 C_2S 和少量的 GA_4F、CaS、游离石灰和游离石膏。

氟铝酸盐水泥的最大特点是具有小时强度，5 ~ 20min 即可硬化，2 ~ 3h 后抗压强度就可达 20MPa，4h 后混凝土强度可达 15MPa 以上。因此，氟铝酸盐水泥适用于煤矿井下的锚喷支护，特别适用于抢修和快速施工、雨天快速施工、堵漏和水中工程，也可用于制作钢筋混凝土预制件等。另外，氟铝酸盐水泥还具有良好的抗化学侵蚀性能。

5. 道路硅酸盐水泥

由道路硅酸盐水泥熟料、0 ~ 10% 活性混合材料和适量石膏共同磨细制成的水硬性胶凝材料，称为道路硅酸盐水泥，简称道路水泥。道路硅酸盐水泥熟料中硅酸钙和铁铝酸四钙的含量较多，要求铁铝酸四钙的含量不得低于 16.0%，铝酸三钙的含量不得大于 5.0%。

根据国家标准《道路硅酸盐水泥》(GB/T 13693—2017)，道路硅酸盐水泥分为 32.5、42.5、52.5 三个强度等级。道路硅酸盐水泥的初凝时间不得早于 1h，终凝时间不得迟于 10h；28d 干缩率不得大于 0.10%，磨损率不得大于 3.0kg/m²。体积安定性用沸煮法检验必须合格。

道路硅酸盐水泥抗折强度高，耐磨性好，干缩小，抗冻性、抗冲击性好，可减少混凝土路面的断板、温度裂缝和磨耗，减少路面维修费用，延长道路使用年限。道路硅酸盐水泥适用于公路路面、机场跑道、人流量较多的广场等工程的面层混凝土。

二、建筑砂浆

砂浆是建筑工程中用量大、用途广的建筑材料。它一方面用于砌体的承重结构，如基础、墙体等；另一方面用于建筑物内外表面的抹灰，如墙面、地面和顶棚等的装饰。砂浆是由胶凝材料、细骨料和水等材料按适当比例配制而成。细骨料多采用天然砂，胶凝材料一般为水泥、石灰等。

砂浆按用途可分为砌筑砂浆、抹灰砂浆、装饰砂浆和特种砂浆等，也可按胶凝材料的不同分为水泥砂浆、石灰砂浆、混合砂浆等。砂浆与混凝土相比，除骨料大小不同外，强度也比混凝土低很多，一般只有 2.5 ~ 10MPa。

(一)砂浆的性质

1. 和易性

砂浆的和易性是指新拌砂浆是否便于施工并保证质量的综合性质，即砂浆便于施工操作，比较容易地在砖石、砌块等表面上铺砌成均匀、连续的薄层，且与底面紧密地黏结。砂浆的和易性可根据其流动性和保水性综合评定。

(1)流动性

砂浆的流动性或称稠度，用沉入度表示。沉入度越大，说明砂浆流动性越高。影响流动性的因素有用水量，胶凝材料的种类和用量，细集料种类、颗粒形状、粗细程度和级配等。

(2)保水性

砂浆的保水性可用分层度(mm)表示。(一般在测定时将拌和好的砂浆装入内径为 150mm、高 300mm 的圆桶内，测定其沉入度。静止 30min 以后，去掉上面 200mm 厚的砂浆，剩余部分重新搅拌，再测沉入度。前后两次沉入度之差的毫米数就是分层度。)分层度越大，表明砂浆的分层离析现象越严重，保水性越差。保水性差的砂浆，在砌筑时因砖石、砌块吸水，使砂浆在短时间内变得干稠，难以铺摊成均匀而薄的砂浆层，导致砖石、砌块之间的砂浆不饱满，降低砌体强度。砂浆的分层度一般应控制在 10 ~ 30mm 之间，砌筑砂浆的分层度不得大于 30mm。砂浆的保水性主要取决于新拌砂浆组分中微细颗粒的含量。例如，胶凝材料用量少，会使保水性降低。故实际工程中常掺入石灰膏、粉煤灰、黏土或微沫剂等以提高砂浆的保水性。保水性好的砂浆，其分层度应为10mm。分层度过低时，虽然保水性很强，上下无分层现象，但这种砂浆干缩较大，影响黏结力，不宜做抹面砂浆。

2. 强度

砂浆硬化后要与砖石、砌块等黏结成整体性的砌体，它在砌体中起传递荷载的作用，并与砌体一起经受周围介质的物理化学作用，因而砂浆应具有一定的黏结强度、抗压强度和耐久性。其中，砂浆的黏结强度和耐久性随抗压强度的增大而提高。因此，实际工程中通常以抗压强度作为砂浆的主要技术指标。砂浆的强度等级是以边长为70.7mm的立方体试块，一组6块，在标准养护条件下，用标准试验方法测得28d龄期的抗压强度值（MPa）来确定的。砂浆的强度等级是按砂浆的抗压强度平均值划分的，共分为M2.5、M5.0、M7.5、M10、M15、M20六个强度等级，如M10表示砂浆的抗压强度为10MPa。

（二）常用砂浆

建筑工程中常用的砂浆有砌筑砂浆和抹灰砂浆。

1. 砌筑砂浆

砌筑砂浆是将砖石、砌块等砌体材料黏结成为整体（砌体）的砂浆。砌筑砂浆起着黏结砌体材料和传递荷载的作用，同时砂浆填满了块材之间的缝隙，还能提高砌体保温、隔声的性能。砌筑砂浆除要具有良好的和易性外，硬化后还应有一定的强度、黏结力及耐久性。

砌筑砂浆中的胶凝材料主要是水泥，细骨料宜选用中砂。有时为改善砂浆的和易性，通常加入无机的细粉掺合料，如石灰膏或黏土膏。此外，还可以加入有机的微沫剂（如引气剂等）来改善砂浆的和易性。常用的微沫剂为松香热聚物。

砌筑砂浆除水泥砂浆外，还有水泥混合砂浆。即加入适量掺合料（如石灰膏、黏土膏等）用以改善保水性的砂浆，有时简称为混合砂浆。

2. 抹灰砂浆

抹灰砂浆又称抹面砂浆，是指涂抹在建筑物或构件表面的砂浆。抹灰砂浆有保护结构基层免遭侵蚀、增加美观的作用，有的还有保温、隔热等其他功能。

抹灰砂浆按其功能的不同可分为普通抹灰砂浆、装饰抹灰砂浆和具有特殊功能的抹灰砂浆。

与砌筑砂浆相比，抹灰砂浆对强度要求不高，但要求砂浆具有良好的和易性，容易抹成均匀平整的薄层，与基层有足够的黏结力，以保证其在施工或长期自重或环境因素作用下不脱落、不开裂，且不丧失其主要功能。

（三）特种砂浆

在建筑工程中，为满足某种特殊功能需要的砂浆，称为特种砂浆。

1. 防水砂浆

用作防水层的砂浆，称为防水砂浆。用防水砂浆做成的防水层也叫刚性防水层，适用于不受振动和具有一定刚度的混凝土或砖石砌体表面，广泛应用于地下建筑和蓄水池等的防水。其施工方法有两种：一种是喷浆法，即利用高压枪将砂浆以 100m/s 的高速喷向建筑物表面，砂浆被高压空气强烈压实后，密实度增大，抗渗性好。另一种是人工多层抹压法，即将砂浆分几层抹压，以减少内部毛细连通孔，增大密实性，达到防水效果。

防水砂浆中水泥与砂之比一般不宜大于 1 ∶ 2.5，水灰比应为 0.5 ~ 0.6，稠度不大于 80mm。水泥宜选用 32.5 级以上的普通水泥，砂子应选用中砂。防水砂浆采用在水泥砂浆中掺入适量防水剂制得，也可采用膨胀剂、有机硅憎水剂、聚合物等配制。防水剂的掺量一般为水泥质量的 3% ~ 5%，常用的防水剂有氯化物、金属盐类、金属皂类、硅酸钠类、有机硅类等。常用的聚合物有天然橡胶胶乳、合成橡胶胶乳、树脂乳液、水溶性聚合物等。

防水砂浆的防水效果在很大程度上取决于施工质量，在施工中必须保证砂浆的密实性，否则难以获得理想的防水效果。防水砂浆拌和时，先把一定量的防水剂溶于拌和水中，再与事先拌匀的水泥、砂混合料拌和均匀，形成砂浆拌合物。刚性防水层应采用多层抹压的施工工艺，一般分为四层或五层施工。涂料时，每层约为 5mm，一、三层可用防水水泥净浆，二、四、五层可用防水水泥砂浆，每层在初凝前用木抹子压实一遍，最后一层要压光。抹完后要加强养护，防止脱水过快造成干裂。

2. 绝热砂浆

绝热砂浆是以水泥等胶凝材料与膨胀珍珠岩、膨胀蛭石、陶粒砂等轻质多孔骨料按一定比例配制成的砂浆。常用的绝热砂浆有水泥膨胀珍珠岩砂浆、水泥膨胀蛭石砂浆、水泥石灰膨胀蛭石砂浆等。绝热砂浆质量轻，具有良好的保温隔热性能，导热系数为 0.07 ~ 0.10W/(m•K)，可用于屋面、墙体、冷库、供热管道的保温隔热层。如在绝热砂浆中掺入或在绝热砂浆表面喷涂憎水剂，会进一步提高保温隔热效果。

3. 吸音砂浆

用水泥、石膏、砂、锯末等可配制成吸音砂浆，也可在石灰砂浆、石膏砂浆中掺入玻璃纤维、矿物棉等松软纤维材料制成吸音砂浆。另外，由轻质多孔骨料制成的绝热砂浆也具有吸声性能。吸声砂浆用于有吸声要求的室内墙壁和顶棚的抹灰。

4. 耐酸砂浆

耐酸砂浆通常用于耐酸地面和耐酸容器的内壁作为防护层。例如，在用水玻璃和氟硅酸钠配制的耐酸涂料中掺入适量石英岩、花岗岩、铸石等制成的粉及细骨料可拌制成耐酸砂浆。

5. 防辐射砂浆

防辐射砂浆是在水泥中掺入重晶石粉和重晶石砂配制成的具有防 X 射线的砂浆。其配合比一般为:水泥∶重晶石粉∶重晶石砂 =1 ∶ 0.25 ∶(4 ~ 5)。在水泥砂浆中掺加硼砂、硼酸等可配制成具有防中子辐射能力的砂浆，用于射线防护工程。

6. 聚合物砂浆

聚合物砂浆是在水泥砂浆中加入有机聚合物乳液配制而成的砂浆。常用的聚合物乳液有氯丁胶乳液、丁苯橡胶乳液、丙烯酸树脂乳液等。聚合物砂浆具有黏结力强、干缩小、脆性低、耐腐蚀性好等特性，主要用于修补和防护工程。

第四节　水泥混凝土的质量监理

一、硅酸盐水泥技术要求及应用

（一）硅酸盐水泥的生产简介

1. 原料

生产硅酸盐水泥的原料主要是石灰质原料和黏土质原料，为满足成分的要求还常用校正原料。

（1）石灰质原料主要成分为 CaO，采用石灰岩、石灰质凝灰岩等，其中多用石灰石。

（2）黏土质原料

主要成分为 SiO_2，Al_2O_3 及少量 Fe_2O_3，采用黏土、黄土、页岩、泥岩等，其中以黏土和黄土应用最广。

（3）校正原料

用铁矿粉等铁质原料补充氧化铁的含量，用砂岩、粉砂岩等硅质校正原料补充 SiO_2。

2. 生产过程

目前，常把硅酸盐水泥的生产技术简称为两磨一烧，生产水泥时先把几种原料按适当的比例混合后，在球磨机中磨成生料，然后将制得的生料在回转窑或立窑内经 1 350℃～1450℃高温燃烧，再把烧好的熟料和适当的石膏及混合材料混合，在球磨机中磨细，就得到了水泥。

水泥生料的配合比例不同，直接影响水泥熟料的矿物成分比例和主要建筑技术性能，硅酸盐水泥生料在窑内的燃烧过程，是保证水泥熟料质量的关键。

水泥生料的燃烧，在达到 1000℃时各种原料完全分解出水泥中的有用成分，主要是氧化钙、二氧化硅、三氧化二铝、三氧化二铁，其中：

800℃左右时少量分解出的氧化物已开始发生固相反应，生成铝酸一钙、少量的铁酸二钙及硅酸二钙。

900℃～1100 ℃温度范围内铝酸三钙和铁铝酸四钙开始生成。

1100℃～1200℃温度范围内大量生成铝酸三钙和铁铝酸四钙，硅酸二钙生成量最大。

1300℃～1450℃温度范围内铝酸三钙和铁铝酸四钙呈熔融状态，产生了液相，并把CaO及部分硅酸二钙溶解于其中，在此液相中，硅酸二钙吸收CaO化合成硅酸三钙。这是煨烧水泥的关键，必须停留足够的时间，使原料中游离的CaO被吸收，以保证水泥熟料的质量。

烧成的水泥熟料经过迅速冷却，即得到水泥熟料块。

3. 硅酸盐水泥熟料的矿物组成及其特性

硅酸盐水泥熟料的主要矿物组成及其含量范围见表2-1。

表2-1 硅酸盐水泥熟料的主要矿物组成及其含量

化合物名称	氧化物成分	缩写符号	含量
硅酸三钙	$3CaO·SiO_2$	C_3S	37%～60%
硅酸二钙	$3 CaO·SiO_2$	C_2S	15%～37%
铝酸三钙	$3CaO·A1_2O_3$	C_3A	7%～15%
铁铝酸四钙	$4CaO·A1_2O_3·Fe_2O_3$	C_4AF	10%～18%

硅酸盐水泥熟料的成分中，除表2-1列出的主要化合物外，还有少量游离氧化钙和游离氧化镁等。

水泥熟料是由各种不同特性的矿物所组成的混合物。因此，改变熟料矿物成分之间的比例，水泥的性质会发生相应的变化。如提高硅酸三钙的含量，可制成高强水泥；降低铝酸三钙、硅酸三钙含量，可制成水化热低的大坝水泥等。

（二）硅酸盐水泥的水化与凝结硬化

水泥用适量的水调和后，最初形成具有可塑性的浆体，随着时间的增长，失去可塑性（但尚无强度），这一过程称为初凝，开始具有强度时称为终凝。由初凝到终凝的过程称为水泥的凝结。此后，产生明显的强度并逐渐发展成为坚硬的水泥石，这一过程称为水泥的硬化。水泥石的凝结和硬化是人为划分的，实际上是一个连续、复杂的物理化学变化过程，这些变化决定了水泥石的某些性质，对水泥的应用有着重要意义。

1. 硅酸盐水泥的水化、凝结和硬化

水泥和水拌和后，水泥颗粒被水包围，表面的熟料矿物立刻与水发生化学反应生成了一系列新的化合物，并放出一定的热量。其反应式如下：

$$2(3CaO\cdot SiO_2)+6H_2O=3CaO\cdot 2SiO_2\cdot 3H_2O+3Ca(OH)_2$$

$$2(2CaO\cdot SiO_2)+4H_2O=3CaO\cdot 2SiO_2\cdot 3H_2O+Ca(OH)_2$$

$$3CaO\cdot Al_2O_3+6H_2O=3CaO\cdot Al_2O_3\cdot 6H_2O$$

$$4CaO\cdot Al_2O_3\cdot Fe_2O_3+7H_2O=3CaO\cdot Al_2O_3\cdot 6H_2O+CaO\cdot Fe_2O_3\cdot H_2O$$

为了调节水泥的凝结时间，在熟料磨细时应掺加适量（3%左右）石膏，这些石膏与部分水化铝酸钙反应，生成难溶的水化硫铝酸钙的针状晶体。它包裹在水泥颗粒表面形成保护膜，从而延缓了水泥的凝结时间。

由此可见，硅酸盐水泥与水作用后，生成的主要水化产物有水化硅酸钙、水化铁酸钙凝胶体、水化铝酸钙、氢氧化钙和水化硫铝酸钙晶体。在完全水化的水泥石中，水化硅酸钙约占 70%，氢氧化钙约占 25%。

当水泥加水拌和后，在水泥颗粒表面即发生化学反应，生成的水化产物聚集在颗粒表面形成凝胶薄膜，使水化反应减慢。表面形成的凝胶薄膜使水泥浆具有可塑性，由于生成的胶体状水化产物在某些点接触，构成疏松的网状结构时，使浆体失去流动性和部分可塑性，这时为初凝。之后，由于薄膜的破裂，使水泥与水又迅速广泛地接触，反应继续加速，生成较多的水化硅酸钙凝胶、氢氧化钙和水化硫铝酸钙晶体等水化产物，它们相互接触连生，到一定程度，浆体完全失去可塑性，建立起充满全部间隙的紧密的网状结构，并在网状结构内部不断充实水化产物，使水泥具有一定的强度，这时为终凝。当水泥颗粒表面重新为水化产物所包裹，水化产物层的厚度和致密程度不断增加时，水泥浆体趋于硬化，形成具有较高强度的水泥石。硬化水泥石是由凝胶、晶体、毛细孔和未水化的水泥熟料颗粒所组成的。

由此可见，水泥的水化和硬化过程是一个连续的过程。水化是水泥产生凝结硬化的前提，而凝结硬化是水泥水化的结果。凝结和硬化又是同一过程的不同阶段，凝结标志着水泥浆失去流动性而具有一定的塑性强度，硬化则表示水泥浆固化后所建立的网状结构具有一定的机械强度。

2. 影响硅酸盐水泥凝结硬化的主要因素

（1）熟料矿物组成的影响

硅酸盐水泥熟料矿物组成是影响水泥的水化速度、凝结硬化过程及强度等的主要因素。

硅酸三钙（C_3S）、硅酸二钙（C_2S）、铝酸三钙（C_3A）和铁铝酸四钙（C_4AF）四种主要熟料矿物中，C_3A 是决定性因素，是强度的主要来源。改变熟料中矿物组成的相对含量，即可配制成具有不同特性的硅酸盐水泥。提高 C_3S 的含量，可制得快硬高强水泥；减少 C_3A 和 C_3S 的含量，提高 C_2S 的含量，可制得水化热低的低热水泥；降低 C_3A 的含量，适当提高 C_4AF 的含量，可制得耐硫酸盐水泥。

（2）水泥细度的影响

水泥的细度即水泥颗粒的粗细程度。水泥越细，凝结速度越快，早期强度越高。但过细时，易与空气中的水分及二氧化碳反应而降低活性，并且硬化时收缩也较大，且成本高。因此，水泥的细度应适当，硅酸盐水泥的比表面积应大于 $300m^2/kg$。

（3）石膏的掺量

水泥中掺入石膏，可调节水泥凝结硬化的速度。掺入少量石膏，可延缓水泥浆体的凝结硬化速度，但石膏掺量不能过多，过多的石膏不仅缓凝作用不大，还会引起水泥安定性不良。一般掺量约占水泥质量的 3% ~ 5%，具体掺量需通过试验确定。

（4）养护湿度和温度的影响

1）湿度

应保持潮湿状态，保证水泥水化所需的化学用水。混凝土在浇筑后 2~3 周内必须加强洒水养护。

2）温度

提高温度可以加速水化反应。如采用蒸汽养护和蒸压养护，冬季施工时，须采取保温措施。

（5）养护龄期的影响

水泥水化硬化是一个较长时期不断进行的过程，随着龄期的增长水泥石的强度逐渐提高。水泥在 3 ~ 14d 内强度增长较快，28d 后增长缓慢。水泥强度的增长可延续几年，甚至几十年。

（三）硅酸盐水泥的技术性质

国家标准《通用硅酸盐水泥》（GB 175—2020）对硅酸盐水泥的技术性质要求如下：

1. 细度

细度是指水泥颗粒的粗细程度。同样成分的水泥，颗粒越细，与水接触的表面积越大，因而水化越迅速，凝结硬化快，早期强度高。但颗粒过细，硬化的体积收缩大，易产生裂缝，储存期间容易吸收水分和二氧化碳而失去活性。另外，颗粒细则粉磨过程中的能耗大，水泥成本会提高，因此细度应适宜。国家标准《通用硅酸盐水泥》（GB 175—2020）规定：硅酸盐水泥的细度以比表面积（比表面积是指单位质量水泥颗粒的总表面积）表示，不小于 300 m^2/kg。

2. 标准稠度用水量

在进行水泥的凝结时间、体积安定性测定时，要求必须采用标准稠度的水泥净浆来测定。标准稠度用水量是指水泥拌制成标准稠度时所需的用水量，以占水泥质量的百分数表示，用标准维卡仪测定。不同的水泥品种，水泥的标准稠度用水量各不相同，一般为 24% ~ 33%。

水泥的标准稠度用水量主要取决于熟料矿物的组成、混合材料的种类及水泥的细度。

3. 凝结时间

水泥的凝结时间是指水泥从加水开始到失去流动性所需的时间，分为初凝和终凝。初凝时间为水泥从开始加水拌和起到水泥浆开始失去可塑性为止所需的时间；终凝时间为水泥从开始加水拌和起至水泥浆完全失去可塑性并开始产生强度所需的时间。

水泥的凝结时间在施工中具有重要意义。

水泥的初凝时间不宜过早，以便在施工时有足够的时间完成混凝土的搅拌、运输、浇捣和砌筑等操作：水泥的终凝时间不宜过迟，以免拖延施工工期。国家标准《通用硅酸盐水泥》（GB 175—2020）规定：硅酸盐水泥初凝时间不得早于 45 min，终凝时间不得迟于 390 min。

4. 体积安定性

水泥的体积安定性是指水泥在凝结硬化过程中水泥体积变化的均匀性。如果水泥凝结硬化后体积变化不均匀，水泥混凝土构件将产生膨胀性裂缝，降低建筑物质量，甚至引起严重事故，这就是水泥的体积安定性不良。体积安定性不良的水泥做废品处理，不能用于工程中。

引起水泥体积安定性不良的原因，一般是由于熟料中含有过量的游离氧化钙（f-CaO）、游离氧化镁（f-MgO）或三氧化硫（SO_3），或者粉磨时掺入的石膏熟料中所含的 f-CaO 和 f-MgO 都是过烧的，熟化很慢，它们在水泥凝结硬化后才慢慢熟化：

$$CaO+H_2O=Ca(OH)_2$$

$$MgO+H_2O=Mg(OH)_2$$

熟化过程中产生的体积膨胀，会使水泥石开裂。过量的石膏掺入将与已固化的水化铝酸钙作用生成水化硫铝酸钙晶体，产生 1.5 倍的体积膨胀，造成已硬化的水泥石开裂。

由 f-CaO 引起的体积安定性不良可采用沸煮法检验。国家标准《通用硅酸盐水泥》（GB175—2020）规定，通用硅酸盐水泥的安定性需经沸煮法检验合格。同时规定，硅酸盐水泥中游离氧化镁含量不得超过 5.0%、三氧化硫含量不得超过 3.5%。如果水泥压蒸试验合格，则水泥中氧化镁的含量（质量分数）允许放宽至 6.0%。

5. 强度

水泥强度是表示水泥力学性能的重要指标，水泥的强度除了与水泥本身的性质（矿物组成、细度）有关外，还与水灰比、试件制作方法、养护条件和养护时间有关。

国家标准《水泥胶砂强度检验方法》（GB/T17671—1999）规定，以水泥和标准砂为 1 ∶ 3、水灰比为 0.5 的配合比，用标准方法制成 40 mm × 40 mm × 160 mm 棱柱体标准试件，在标准条件下养护，测定其达到规定龄期的抗折强度和抗压强度。

为提高水泥的早期强度，现行标准将水泥分为普通型和早强型（R 型）两个型号。硅酸盐水泥按照 3d、28d 的抗压强度、抗折强度，分为 42.5、42.5 R、52.5、52.5 R、62.5、62.5 R 六个强度等级。

6. 水化热

水泥在水化过程中所放出的热量，称为水泥的水化热。大部分水化热是在水化初期（7 d）放出的，以后则逐渐减少。水泥水化热的大小首先取决于水泥熟料的矿物组成和细度。冬季施工时，水化热有利于水泥的正常凝结硬化。但对大体积混凝土工程，如大型基础、大坝、桥墩等，水化热大是不利的，可使混凝土产生裂缝。因此对大体积混凝土工程，应采用水化热较低的水泥，如中热水泥、低热矿渣水泥等。

7. 密度与堆积密度

硅酸盐水泥的密度一般为 3.0 ～ 3.20 g/cm^3，通常采用 3.10 g/cm^3。硅酸盐水泥的堆积密度除与矿物组成及细度有关外，主要取决于水泥堆积时的紧密程度。在配制混凝土和砂浆时，水泥堆积密度可取 1 200 ～ 1 300 kg/m^3。

国家标准除了对上述内容做了规定外，还对水泥中不溶物、烧失量、碱含量、氯离子含量提出了要求。Ⅰ型硅酸盐水泥中不溶物含量不得超过 0.75%，Ⅱ型硅酸盐水泥中不溶物含量不得超过 1.5%。Ⅰ型硅酸盐水泥烧失量不得超过 3.0%，Ⅱ型硅酸盐水泥烧失量不得超过 3.5%。水泥中碱含量按 $Na_2O+0.658K_2O$ 计算值表示。若使用活性骨料，用户要求提供低碱水泥时，水泥中的碱含量应不大于 0.60% 或由买卖双方协商确定。水泥中氯离子含量不得超过 0.06%。

国家标准《通用硅酸盐水泥》（GB 175—2020）规定，通用硅酸盐水泥凡凝结时间、强度、体积安定性、三氧化硫、游离态氧化镁、氯离子、不溶物、烧失量等指标中任意一项不符合规定的，均为不合格品。

二、掺混合材料的硅酸盐水泥及应用

（一）混合材料

在硅酸盐水泥磨细的过程中，常掺入一些天然或人工合成的矿物材料、工业废渣，称为混合材料。

掺混合材料的目的是为了改善水泥的某些性能、调整水泥强度、增加水泥品种、扩大水泥的使用范围、综合利用工业废料、节约能源、降低水泥成本等。

混合材料按其掺入水泥后的作用可分为两大类——活性混合材料和非活性混合材料。

1. 活性混合材料

活性混合材料掺入硅酸盐水泥后，能与水泥水化产物中的氢氧化钙起化学反应，生成水硬性胶凝材料，凝结硬化后具有强度并能改善硅酸盐水泥的某些性质，这种混合材料称为活性混合材料。常用的有粒化高炉矿渣、火山灰、粉煤灰等。

2. 非活性混合材料

不具活性或活性很低的人工或天然的矿物质材料称为非活性混合材料。这类材料与水泥成分不起化学作用，或者化学反应微小。它的掺入仅能起调节水泥强度等级、增加水泥产量、降低水化热等作用。实质上，非活性混合材料在水泥中仅起填充料的作用，所以又称为填充性混合材料。这类材料有磨细石英砂、石灰石、黏土、慢冷矿渣及各种废渣等。

（二）掺混合材料硅酸盐水泥的种类

1. 普通硅酸盐水泥

国家标准（GB 175—2007）规定，普通硅酸盐水泥中活性混合材料掺加量应大于 5% 且不大于 20%，其中允许用不超过水泥质量 8% 的非活性混合材料或不超过水泥质量 5% 的窑灰代替。普通硅酸盐水泥代号 P · O。

2. 矿渣硅酸盐水泥

国家标准（GB 175—2007）规定，矿渣硅酸盐水泥中矿渣掺加量应大于 20% 且不大于 70%，其中允许用石灰石、窑灰、粉煤灰和火山灰质混合材料中的一种材料代替炉渣，代替数量不得超过水泥质量的 8%。矿渣硅酸盐水泥分为 A 型和 B 型。A 型矿渣掺量大于 20% 且不大于 50%，代号 P·S·A；B 型矿渣掺量大于 50% 且不大于 70%，代号 P·S·B。

3. 火山灰质硅酸盐水泥

国家标准（GB 175—2007）规定，火山灰质硅酸盐水泥中火山灰混合材料掺量应大于 20% 且不大于 40%，代号 P·P。

4. 粉煤灰硅酸盐水泥

国家标准（GB 175—2007）规定，粉煤灰硅酸盐水泥中粉煤灰掺量应大于 20% 且不大于 40%，代号 P·F。

5. 复合硅酸盐水泥

国家标准（GB 175—2007）规定，复合硅酸盐水泥中掺入两种或两种以上规定的混合材料，且混合材料掺量应大于 20% 且不大于 50%，代号 P·C。

（三）掺混合材料硅酸盐水泥的技术要求

1. 强度等级与强度

国家标准（GB 175—2007）规定，普通硅酸盐水泥的强度等级分为 42.5、42.5R、52.5、52.5R 四个等级。矿渣硅酸盐水泥、火山灰质硅酸盐水泥、粉煤灰硅酸盐水泥、复合硅酸盐水泥的强度等级分为 32.5、32.5R、42.5、42.5R、52.5、52.5R 六个等级。

2. 细度

国家标准（GB 175—2007）规定，普通硅酸盐水泥的细度以比表面积表示，不小于 300 m^2/kg；矿渣硅酸盐水泥、火山灰质硅酸盐水泥、粉煤灰硅酸盐水泥、复合硅酸盐水泥的细度以筛余表示，80 μm 方孔筛筛余不大于 10% 或 45 μm 方孔筛筛余不大于 30%。

3. 凝结时间

国家标准（GB 175—2007）规定，普通硅酸盐水泥、矿渣硅酸盐水泥、火山灰质硅酸盐水泥、粉煤灰硅酸盐水泥、复合硅酸盐水泥初凝时间不小于 45 min，终凝时间不大于 600 min。

4. 体积安定性

国家标准（GB 175—2007）规定，普通硅酸盐水泥中三氧化硫含量不得超过 3.5%。游离态氧化镁含量不得超过 5.0%，如果水泥压蒸试验合格，则水泥中氧化镁的含量允许放宽至 6.0%。

矿渣硅酸盐水泥中三氧化硫含量不得超过 4.0%。P·S·A 型矿渣硅酸盐水泥中游离态氧化镁含量不得超过 6.0%，如果水泥中氧化镁的含量大于 6.0% 时，需进行压蒸安定性试验并合格。

火山灰质硅酸盐水泥、粉煤灰硅酸盐水泥、复合硅酸盐水泥中三氧化硫含量不得超过3.5%，游离态氧化镁含量不得超过6.0%，如果水泥中氧化镁的含量大于6.0%时，需进行压蒸安定性试验并合格。

（四）掺混合材料硅酸盐水泥的性质

1. 普通硅酸盐水泥

普通硅酸盐水泥的组成为硅酸盐水泥熟料、适量石膏及少量的混合材料，故其性质介于硅酸盐水泥和其他四种水泥之间，更接近硅酸盐水泥。与硅酸盐水泥相比，普通硅酸盐水泥的具体表现为：

（1）早期强度略低。

（2）水化热略低。

（3）耐腐蚀性略有提高。

（4）耐热性稍好。

（5）抗冻性、耐磨性、抗碳化性略有降低。

普通硅酸盐水泥的应用与硅酸盐水泥基本相同，但在一些硅酸盐水泥不能使用的地方可使用普通硅酸盐水泥，这使普通硅酸盐水泥成为建筑行业应用最广、使用量最大的水泥品种。

2. 矿渣硅酸盐水泥、火山灰质硅酸盐水泥和粉煤灰硅酸盐水泥

这三种水泥与硅酸盐水泥或普通硅酸盐水泥相比，有其共同的特性：

（1）凝结硬化速度较慢，早期强度较低，但后期强度增长较多，甚至超过同强度等级的硅酸盐水泥。

（2）水泥放热速度慢，放热量较低。

（3）对温度的敏感性较高，温度低时硬化慢，温度高时硬化快。

（4）抵抗软水及硫酸盐介质的侵蚀能力较强。

（5）抗冻性比较差。

此外，这三种水泥也各有不同的特点。如矿渣硅酸盐水泥和火山灰质硅酸盐水泥的干缩大，粉煤灰硅酸盐水泥干缩小；火山灰质硅酸盐水泥抗渗性较高，但在干燥的环境中易产生裂缝，并使已经硬化的表面产生“起粉”现象；矿渣硅酸盐水泥的耐热性较好，保持水分的能力较差，泌水性较大。

这三种水泥除能用于地上外，特别适用于地下或水中的一般混凝土和大体积混凝土结构以及蒸汽养护的混凝土构件，也适用于受一般硫酸盐侵蚀的混凝土工程。

3. 复合硅酸盐水泥

复合硅酸盐水泥与矿渣硅酸盐水泥、火山灰质硅酸盐水泥和粉煤灰硅酸盐水泥相比，

掺混合材料的种类不是一种而是两种或两种以上，多种材料互掺，可弥补一种混合材料性能的不足，明显改善水泥的性能，使用范围更广。

三、通用硅酸盐水泥的应用

（一）水泥强度等级的选用

选用水泥强度等级时，应与混凝土设计强度等级相适应。一般的混凝土（如垫层）的水泥强度等级不得低于 32.5；用于一般钢筋混凝土的水泥强度等级不得低于 32.5R；用于预应力混凝土、有抗冻要求的混凝土、大跨度重要结构工程的混凝土等的水泥强度等级不得低于 42.5R。

一般来说，低强度等级的混凝土（C20 以下）所用水泥强度等级应为混凝土强度等级的 2 倍；中等强度等级的混凝土（C20 ～ C40）所用水泥强度等级为混凝土强度等级的 1.5 ～ 2 倍；强度等级高的混凝土（C40 以上）所用水泥强度等级应为混凝土强度等级的 0.9 ～ 1 倍。

（二）包装、标志、贮存

1. 包装

水泥可以袋装和散装，袋装水泥每袋净含量 50 kg，且不少于标志质量的 99%，随机抽取 20 袋总质量（含包装袋）不得少于 1 000 kg。其他包装形式由供需双方协商确定，但有关袋装质量要求必须符合上述原则。水泥包装袋应符合《水泥包装袋》（GB 9774—2010）的规定。

2. 标志

水泥包装袋上应清楚标明执行标准、水泥品种、代号、强度等级、生产者名称、生产许可证标志（QS）及编号、出厂编号、包装日期、净含量。包装袋两侧应根据水泥的品种采用不同的颜色印刷水泥名称和强度等级，硅酸盐水泥和普通硅酸盐水泥用红色，矿渣硅酸盐水泥用绿色，火山灰质硅酸盐水泥、粉煤灰硅酸盐水泥和复合硅酸盐水泥用黑色。

散装发运时应提交与袋装标志相同内容的卡片。

3. 贮存

水泥很容易吸收空气中的水分，在贮存和运输中应注意防水、防潮。贮存水泥要有专用仓库，库房应有防潮、防漏措施，存入袋装水泥时，地面垫板要离地 300 mm，四周离墙 300 mm。一般不可露天堆放，确因受库房限制需库外堆放时，也必须做到上盖下垫。散装水泥必须盛放在密闭库房或容器内，要按不同品种、标号及出厂日期分别存放。袋装水泥堆放高度一般不应超过 10 袋，以免造成底层水泥纸袋破损而受潮变质和污染损失。

水泥库存期规定为 3 个月（自出厂日期起算），超过库存期水泥强度下降，使用时应重新鉴定强度等级，按鉴定后的强度等级使用。所以贮存和使用水泥应注意先入库的先用。

（三）水泥石的腐蚀与防治

1. 水泥石的腐蚀

硅酸盐水泥在硬化后，在通常使用条件下耐久性较好。但在某些腐蚀性介质中，水泥石结构会逐渐受到破坏，强度会降低，甚至引起整个结构被破坏，这种现象称为水泥石的腐蚀。

引起水泥石腐蚀的原因很多，现象也很复杂，几种常见的腐蚀现象如下：

（1）溶解腐蚀

水泥石中的 $Ca(OH)_2$ 能溶解于水。若处于流动的淡水（如雨水、雪水、河水、湖水）中，$Ca(OH)_2$ 不断溶解流失，同时，由于石灰浓度降低，会引起其他水化物的分解溶蚀，孔隙增大，水泥石结构遭到进一步的破坏，这种现象称为溶解腐蚀，也称为溶析。

（2）化学腐蚀

水泥石在腐蚀性液体或气体作用下，会生成新的化合物。这些化合物强度较低，或易溶于水，或无胶凝能力，因此使水泥石强度降低，或使水泥石结构遭到破坏。

根据腐蚀介质的不同，化学腐蚀又可分为盐类腐蚀、酸类腐蚀和强碱腐蚀三种。

1）盐类腐蚀

盐类腐蚀主要有硫酸盐腐蚀和镁盐腐蚀两种。硫酸盐腐蚀是海水、湖水、盐沼水、地下水及某些工业污水中含有的钠、钾、铵等的硫酸盐与水泥石中的氢氧化钙反应生成硫酸钙，硫酸钙又与水泥石中的固态水化铝酸钙反应生成含水硫铝酸钙，含水硫铝酸钙中含有大量结晶水，比原有体积增加 1.5 倍以上，对已经固化的水泥石有极大的破坏作用。含水硫铝酸钙呈针状晶体，俗称“水泥杆菌”。

当水中硫酸盐的浓度较高时，硫酸钙将在孔隙中直接结晶成二水石膏，使水泥石体积膨胀，从而导致水泥石被破坏。

镁盐的腐蚀主要是海水或地下水中的硫酸镁和氧化镁与水泥石中的氢氧化钙反应，生成松软而无胶凝能力的氢氧化镁、易溶于水的氯化钙及由于体积膨胀导致水泥石被破坏的二水石膏，反应式为：

$$MgSO_4+Ca(OH)_2+2H_2O\rightarrow CaSO_4\cdot 2H_2O+Mg(OH)_2$$

$$MgCl_2+Ca(OH)_2\rightarrow CaCl_2+Mg(OH)_2$$

2）酸类腐蚀

① 碳酸腐蚀。在工业污水、地下水中常溶解有较多的二氧化碳，二氧化碳与水泥石中的氧化钙反应生成碳酸钙，碳酸钙继续与溶在水中的二氧化碳反应，生成易溶于水的重碳酸钙，因而使水泥石中的氢氧化钙溶失，导致水泥石被破坏。反应式为：

$$Ca(OH)_2+CO_2\rightarrow CaCO_3\downarrow+H_2O$$

$$CaCO_3 + CO_2 + H_2O \rightarrow Ca(HCO_3)_2$$

由于氢氧化钙浓度降低，会导致水泥中的其他水化产物的分解，使腐蚀作用进一步加剧。以上腐蚀称为碳酸腐蚀。

② 其他酸腐蚀（HCI、H_2SO_4）。其他酸的腐蚀是指工业废水、地下水、沼泽水中含有的无机酸或有机酸与水泥石中的氢氧化钙反应，生成易溶于水或体积膨胀的化合物，因而导致水泥石被破坏。如盐酸和硫酸分别与水泥石中氢氧化钙作用，其反应式如下：

$$2HCl + Ca(OH)_2 \rightarrow CaCl_2 + 2H_2O$$

$$H_2SO_4 + Ca(OH)_2 \rightarrow CaSO_4 \cdot 2H_2O$$

3）强碱腐蚀

浓度不大的碱类溶液对水泥石一般是无害的，但铝酸盐含量较高的硅酸盐水泥遇到强碱（如氢氧化钠）作用时，会生成易溶的铝酸钠。如果水泥石被氢氧化钠溶液浸透后又在空气中干燥，则氢氧化钠与空气中的二氧化碳会作用生成碳酸钠。由于碳酸钠在水泥石的毛细孔中结晶沉积，可导致水泥石因胀裂而被破坏。

2. 水泥石腐蚀的防治

（1）发生腐蚀的原因

水泥石的腐蚀过程是一个复杂的物理化学过程，它在遭受腐蚀作用时往往是几种腐蚀同时存在，互相影响。

发生水泥石腐蚀的基本原因，一是水泥石中存在引起腐蚀的氢氧化钙和水化铝酸钙；二是水泥石本身不密实，有很多毛细孔通道，侵蚀性介质容易进入其内部。

（2）相应的防治措施

1）根据腐蚀环境的特点，合理地选用水泥品种。例如，采用水化产物中的氢氧化钙含量较少的水泥，可提高抵抗淡水等侵蚀作用的能力；采用铝酸三钙含量低于 5% 的抗硫酸盐水泥，可提高抵抗硫酸盐腐蚀的能力。

2）提高水泥石的密实度。由于水泥石水化时实际用水量是理论需水量的 2 ~ 3 倍。多余的水蒸发后形成毛细管通道，腐蚀介质容易渗入水泥石内部，造成水泥石的腐蚀。在实际工程中，可采取合理混凝土配合比、降低水灰比、正确选择骨料、掺外加剂、改善施工方法等措施，提高混凝土或砂浆的密实度。

另外，也可在混凝土或砂浆表面进行碳化处理，使表面生成难溶的碳酸钙外壳，以提高密实度。

3）加做保护层。当水泥制品所处环境腐蚀性较强时，可用耐酸石、耐酸陶瓷、塑料、沥青等，在混凝土或砂浆表面做一层耐腐蚀性强而且不透水的保护层。

四、其他品种水泥技术要求及应用

（一）快硬硅酸盐水泥

国家标准《快硬硅酸盐水泥》GB 198—1990）规定，凡以硅酸盐水泥熟料和适量石膏磨细制成的，以 3 d 抗压强度表示强度等级的水硬性胶凝材料，称快硬硅酸盐水泥（简称快硬水泥）。

熟料中氧化镁含量不得超过 5.0%。如水泥压蒸性试验合格，则熟料中氧化镁的含量允许放宽到 6.0%。

水泥中三氧化硫的含量不得超过 10%。

体积安定性要求沸煮法检验合格。

快硬水泥有几个显著的特点：凝结硬化快，早期强度高；抗低温性能较好；抗冻性好；与钢筋黏结力好，对钢筋无侵蚀作用;抗硫酸侵蚀性优于普通水泥，抗渗性、耐磨性也较好。

由于以上特点，此种水泥适用于配制早强、高强度混凝土，适用于紧急抢修工程、低温施工工程和高强度混凝土预制件等。

一般水泥在凝结硬化过程中都会产生一定的收缩，使水泥混凝土出现裂纹，影响混凝土的强度及其他许多性能。而膨胀水泥则克服了这一弱点，在硬化过程中能够产生一定的膨胀，增加水泥石的密实度，消除由收缩带来的不利影响。膨胀水泥比一般水泥多了一种膨胀组分，在凝结硬化过程中，膨胀组分使水泥产生一定量的膨胀值。常用的膨胀组分是在水化后能形成膨胀生产物——水化硫铝酸钙的材料。

按膨胀值大小，可将膨胀水泥分为膨胀水泥和自应力水泥两大类。膨胀水泥的膨胀率较小，主要用于补偿水泥在凝结硬化过程中产生的收缩，因此又称为无收缩水泥或收缩补偿水泥；自应力水泥的膨胀值较大，在限制膨胀的条件下（如配有钢筋时），由于水泥石的膨胀作用，使混凝土受到压应力，不仅达到了预应力的作用，同时还增加了钢筋的握裹力。

常用的膨胀水泥及主要用途如下：

1. 硅酸盐膨胀水泥

硅酸盐膨胀水泥主要用于制造防水层和防水混凝土，加固结构、浇筑机器底座或固结地脚螺栓，并可用于接缝及修补工程。但禁止在有硫酸盐侵蚀的水中工程中使用。

2. 低热微膨胀水泥

低热微膨胀水泥主要用于要求较低的水化热和要求补偿收缩的混凝土及大体积混凝土中，也适用于要求抗渗和抗硫酸侵蚀的工程。

3. 膨胀硫铝酸盐水泥

膨胀硫铝酸盐水泥主要用于配制节点、抗渗和补偿收缩的混凝土工程。

4. 自应力水泥

自应力水泥主要用于自应力钢筋混凝土压力管及其配件。

此外，还有多种膨胀水泥，这里不再一一列举。

（二）白色硅酸盐水泥

国家标准《白色硅酸盐水泥》（GB 2015—2005）规定，由氧化铁含量少的硅酸盐水泥熟料、适量石膏及规定的混合材料磨细制成的水硬性胶凝材料称为白色硅酸盐水泥（简称“白水泥”），代号 P·W。白色硅酸盐水泥熟料中三氧化硫的含量应不超过 3.5%，氧化镁的含量不宜超过 5.0%。如果水泥经压蒸安定性试验合格，则熟料中氧化镁的含量允许放宽到 6.0%。

为了保证白色硅酸盐水泥的白度，在煅烧和磨细时应防止着色物质混入。一般在煅烧时常采用天然气、煤气或重油做燃料，磨细时在球磨机中用硅质石材或坚硬的白色陶瓷作为衬板和研磨体，磨细时还可以加入 10% ~ 15% 的白色混合材料。

白色硅酸盐水泥的细度要求 80 μm，方孔筛筛余应不超过 10%。

凝结时间要求初凝不早于 45 min，终凝不迟于 10 h。

体积安定性要求用沸煮法检验合格。

白色硅酸盐水泥的白度值应不低于 87。

用白色硅酸盐水泥熟料、石膏和耐碱矿物颜料共同磨细，可制成彩色硅酸盐水泥。白色和彩色硅酸盐水泥，主要用于建筑物装饰工程。可做成水泥拉毛、彩色砂浆、水磨石、水刷石、斩假石等饰面，也可用于雕塑及装饰构件或制品。使用白色或彩色硅酸盐水泥时，应以彩色大理石、石灰石、白云石等彩色石子或石屑和石英砂做粗细骨料。制作方法可以预制，也可以在工程的要求部位现制。

（三）中热硅酸盐水泥、低热硅酸盐水泥和低热矿渣硅酸盐水泥

1. 中热硅酸盐水泥

以适当成分的硅酸盐水泥熟料，加入适量石膏，磨细制成的具有中等水化热的水硬性胶凝材料，称为中热硅酸盐水泥，简称中热水泥，代号 P·MH。熟料中的硅酸三钙的含量应不超过 55.0%，铝酸三钙的含量应不超过 6.0%，游离氧化钙的含量应不超过 1.0%。

2. 低热硅酸盐水泥

以适当成分的硅酸盐水泥熟料，加入适量石膏，磨细制成的具有低水化热的水硬性胶凝材料，称为低热硅酸盐水泥，简称低热水泥，代号 P·LH。熟料中的硅酸二钙的含量应不超过 6.0%，游离氧化钙的含量应不超过 1.0%。

3. 低热矿渣硅酸盐水泥

以适当成分的硅酸盐水泥熟料，加入矿渣、适量石膏，磨细制成的具有低水化热的水性胶凝材料，称为低热矿渣硅酸盐水泥，简称低热矿渣水泥，代号 P·SLHO。熟料中的铝

酸三钙的含量应不超过 8.0%，游离氧化钙的含量应不超过 1.2%，氧化镁的含量不宜超过 5.0%；如果水泥经压蒸安定性试验合格，则熟料中氧化镁的含量允许放宽到 6.0%。

中热水泥和低热水泥强度等级为 42.5；低热矿渣水泥强度等级为 32.5。上述三种水泥主要适用于要求水化热低的大坝和大体积混凝土工程。

（四）铝酸盐水泥

国家标准《铝酸盐水泥》（GB 201—2015）规定，凡以铝酸钙为主的铝酸盐水泥熟料磨细制成的水硬性胶凝材料，称为铝酸盐水泥，代号 CA。铝酸盐水泥常为黄色或褐色，也有呈灰色的。铝酸盐水泥的主要矿物成分为铝酸一钙（$CaO \cdot A1_2O_3$，简写 CA）和其他的铝酸盐以及少量的硅酸二钙（$2CaO \cdot SiO_2$）等。

铝酸盐水泥的密度和堆积密度与普通硅酸盐水泥相近。其细度为比表面积不小于 300 m^2/kg 或 0.045 mm，筛余不大于 20%。铝酸盐水泥按氧化铝含量分为 CA-50、CA-60、CA-70、CA-80 四种类型，凝结时间为 CA-0、CA-70、CA-80 的胶砂初凝时间不得早于 30 min，终凝时间不得迟于 6h；CA-60 的胶砂初凝时间不得早于 60 min，终凝时间不得迟于 18 h。

铝酸盐水泥凝结硬化速度快，1 d 强度可达最高强度的 80% 以上，主要用于工期紧急的工程，如国防、道路和特殊抢修工程等。

铝酸盐水泥水化热大，且放热量集中，1 d 内放出的水化热为总量的 70% ~ 80%，使混凝土内部温度上升较高，即使在 –10℃下施工，铝酸盐水泥也能很快凝结硬化，可用于冬季施工的工程。

铝酸盐水泥在普通硬化条件下，由于水泥石中不含铝酸三钙和氢氧化钙，且密实度较大，因此具有很强的抗硫酸盐腐蚀作用。

铝酸盐水泥具有较高的耐热性，如采用耐火粗细骨料（如铬铁矿等）可制成使用温度达 1300℃ ~1400 ℃的耐热混凝土。

另外，铝酸盐水泥与硅酸盐水泥或石灰相混不但产生闪凝，而且由于生成高碱性的水化铝酸钙，使混凝土开裂，甚至被破坏。因此施工时除不得与石灰或硅酸盐水泥混合外，也不得与未硬化的硅酸盐水泥接触使用。

第五节　商品混凝土的质量监理

在正常情况下，混凝土强度的验收和评定应按现行有关国家标准执行。当对结构中的混凝土有强度检测要求时，可采用现场无损检测法，如“超声—回弹综合测强法来推定结构混凝土的强度”，作为混凝土结构处理的一个依据。此法不适用于检测因冻害、化学侵蚀、火灾、高温等已造成表面疏松、剥落的混凝土。

一、主要仪器

第一，回弹仪。数字式和指针直读式回弹仪应符合国家计量检定规程《回弹仪检定规程》（JJG 817—2011）的要求。回弹仪使用时，环境温度应为 –4℃ ~ 40℃。水平弹击时，在弹击锤脱钩的瞬间，回弹仪弹击锤的冲击能量应为 2.207J；弹击锤与弹击杆碰撞的瞬间，弹击拉簧应处于自由状态，且弹击锤起跳点应位于指针指示刻度上的“0”位；在洛氏硬度 HRC 为 60 ± 2 的钢砧上，回弹仪的率定值应为 80 ± 2。数字式回弹仪应带有指针直读示值系统，数字显示的回弹值与指针直读示值相差不超过 1。

第二，混凝土超声波检测仪。有模拟式和数字式，应符合现行行业标准《混凝土超声波检测仪》（JG/T 5004—1992）的要求，超声波检测仪器使用的环境温度应为 0℃ ~ 40℃。具有波形清晰、显示稳定的示波装置；声时最小分度值为 0.1 μs；具有最小分度值为 1dB 的信号幅度调整系统；接收放大器频响范围 10 ~ 500kHz，总增益不小于 80dB，接收灵敏度（信噪比 3 ：1 时）不大于 50/V；电源电压波动范围在标称值 ± 10% 情况下能正常工作；连续正常工作时间不少于 4h。

第三，换能器。换能器的工作频率宜在 50 ~ 100kHz 范围内，换能器的实测主频与标称频率相差不应超过 ± 10%。

二、检测步骤

结构或构件上的测区应编号，并记录测区位置和外观质量情况。对结构或构件的每一测区，应先进行回弹测试，后进行超声测试。

（一）检测数量

1. 按单个构件检测时，应在构件上均匀布置测区，每个构件上测区数量不应少于 10 个。

2. 同批构件按批抽样检测时，构件抽样数不应少于同批构件的 30%，且不应少于 10 件；对一般施工质量的检测和结构性能的检测，可按照现行国家标准《建筑结构检测技术标准》（GB/T 50344—2004）的规定抽样。

3. 对某一方向尺寸不大于 4.5m 且另一方向尺寸不大于 0.3m 的构件，其测区数量可适当减少，但不应少于 5 个。

（二）构件的测区布置

1. 测区宜优先布置在构件混凝土浇筑方向的侧面。

2. 测区可在构件的两个对应面、相邻面或同一面上布置。

3. 测区宜均匀布置，相邻两侧区的间距不宜大于 2m。

4. 测区应避开钢筋密集区和预埋件。

5. 测区尺寸宜为 200mm × 200mm，采用平测时宜为 400mm × 400mm。

6. 测试面应清洁、平整、干燥，不应有接缝、施工缝、饰面层、浮浆和油垢，并应避开蜂窝、麻面部位。必要时，可用砂轮片清除杂物和磨平不平整处，并擦净残留粉尘。

（三）回弹值测试

1. 回弹测试时，应始终保持回弹仪的轴线垂直于混凝土测试面。宜首先选择混凝土浇筑方向的侧面进行水平方向测试。如不具备浇筑方向侧面水平测试的条件，可采用非水平状态测试，或测试混凝土浇筑的顶面或底面。

2. 测量回弹值应在构件测区内超声波的发射和接收面各弹击 8 点；超声波单面平测时，可在超声波的发射和接收测点之间弹击 16 点。每一测点的回弹值，测读精确度至 1。

3. 测点在测区范围内宜均匀布置，但不得布置在气孔或外露石子上。相邻两测点的间距不宜小于 30mm ；测点距构件边缘或外露钢筋、铁件的距离不应小于 50mm，同一测点只允许弹击一次。

（四）超声波声时测试

1. 超声测点应布置在回弹测试的同一测区内，每一测区布置 3 个测点。超声测试宜优先采用对测或角测，当被测构件不具备对测或角测条件时，可采用单面平测。

2. 超声测试时，换能器辐射面应通过耦合剂与混凝土测试面良好耦合。

3. 声时测量应精确至 0.1 μs，超声测距测量应精确至 1.0mm，且测量误差不应超过 ± 1%。声速计算应精确至 0.01km/s。

三、检测结果

（一）回弹值计算

测区回弹代表值从该测区的 16 个回弹值中剔除 3 个较大值和 3 个较小值，根据其余 10 个有效回弹值按下列公式计算（精确至 0.1）：

$$R=\frac{1}{10}\sum_{i=1}^{10}R_i$$

式中：R——测区回弹代表值，取有效测试数据的平均值；

R_i——第 i 个测点的有效回弹值。

1. 非水平状态下测得的回弹值，应按下列公式修正：

$$R_{\rm a}=R+R_{{\rm a}\alpha}$$

式中：$R_{\rm a}$——修正后的测区回弹代表值；

$R_{a\alpha}$——测试角度为 α 时的测区回弹修正值。

2. 在混凝土浇筑的顶面或底面测得的回弹值，应按下列公式修正：

$$R_a = R + \left(R_a^b + R_a^t\right)$$

式中：R_a^t——测量顶面时的回弹修正值；

R_a^b——测量底面时的回弹修正值。

3. 测试时回弹仪处于非水平状态，同时测试面又非混凝土浇筑方向的侧面，则应对测得的回弹值先进行角度修正，然后对角度修正后的值再进行顶面或底面修正。

（二）超声波声速值计算

1. 当在混凝土浇筑方向的侧面对测时，测区混凝土中声速代表值应根据该测区中 3 个测点的混凝土中声速值，按下列公式计算：

$$v = \frac{1}{3}\sum_{i=1}^{3}\frac{l_i}{t_i - t_0}$$

式中：v——测区混凝土中声速代表值，km/s；

l_i——第 i 个测点的超声测距，mm，角测时测距按《超声回弹综合法检测混凝土强度技术规程》（CECS02—2005）附录 B 第 B.1 节计算；

t_i——第 i 个测点的声时读数，μs；

t_0——声时初读数，μs。

2. 当在混凝土浇筑的顶面或底面测试时，测区声速代表值应按下列公式修正：

$$v_a = \beta \cdot v$$

式中：v_a——修正后的测区混凝土中声速代表值，km/s。

β——超声测试面的声速修正系数，在混凝土浇筑的顶面和底面间对测或斜测时，0=1.034；在混凝土浇灌的顶面或底面平测时，测区混凝土中声速代表值应按《超声回弹综合法检测混凝土强度技术规程》（CECS02—2005）计算和修正。

四、混凝土强度推定

计算混凝土抗压强度换算值时，非同一测区内的回弹值和声速值不得混用。

（一）结构或构件中测区的混凝土抗压强度换算值推定（精确至 0.1MPa）

当粗骨料为卵石时：

$$f_{cu,i}^{c} = 0.0056 v_{ai}^{1.439} R_{ai}^{1.769}$$

当粗骨料为碎石时：

$$f_{cc,i}^{c}=0.0162v_i^{1.656}R_{ai}^{1.410}$$

式中：$f_{cu,i}^{e}$——第 i 个测区混凝土抗压强度换算值，MPa；

$R_{a\ i}$——测区回弹代表值；

$v_{a\ i}$——测区声速代表值，km/s。

（二）结构或构件混凝土抗压强度推定值 $f_{cu,e}$

按下列规定确定：

1. 当结构或构件的测区抗压强度换算值中出现小于 10MPa 的值时，该构件的混凝土抗压强度推定值取小于 10MPa 的。

2. 当结构或构件中测区数少于 10 个时，$f_{cu,e}$ 取结构或构件最小的测区混凝土抗压强度换算值，精确至 0.1MPa。

3. 当结构或构件中测区数不少于 10 个或按批量检测时，$f_{cu,e}$ 按下式计算：

$$f_{cu,e}=m_{f_{cu}^{c}}-1.645s_{f_{cu}^{c}}$$

式中：$m_{f_{cu}^{c}}$——结构或构件测区混凝土抗压强度换算值的平均值（精确至 0.1），MPa；

$s_{f_{cu}^{c}}$——结构或构件测区混凝土抗压强度换算值的标准差（精确至 0.1），MPa。

4. 对按批量检测的构件，当一批构件的测区混凝土抗压强度标准差出现下列情况之一时，该批构件应全部重新按单个构件进行检测：

（1）一批构件的混凝土抗压强度平均值 $m_{f_{cu}^{c}}<25.0$ MPa，标准差 $s_{f_{cu}^{c}}>4.50$ MPa；

（2）一批构件的混凝土抗压强度平均值 $m_{f_{cu}^{c}}=25.0\sim50.0$ MPa，标准差 $s_{f_{cu}^{c}}>5.50$ MPa；

（3）一批构件的混凝土抗压强度平均值 $m_{f_{cu}^{c}}>50.0$ MPa，标准差 $s_{f_{cu}^{c}}>6.50$ MPa。

第六节　沥青及沥青混合料的质量监理

一、评价指标

路面使用质量的评价指标及其关系见图 2-1。

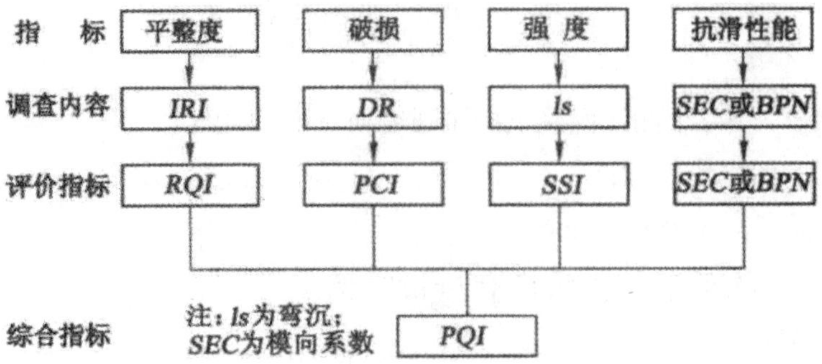

图 2–1　路况评价指标

（一）PCI 指标

1. 病害的换算系数（K）

病害的换算系数是指根据单个病害的不同严重程度，确定其对整个路面综合病害情况的影响程度，是一种权重的概念。

我国《公路技术状况评定标准》中确定的权重指标如表 2-2 所示。

表 2–2　沥青路面损坏类型和权重

类型（i）	损坏名称	损坏程度	权重（w_i）	计量单位
1	龟裂	轻	0.6	面积 /m²
2		中	0.8	
3		重	1.0	
4	块状裂缝	轻	0.6	面积 /m²
5		重	0.8	
6	纵向裂缝	轻	0.6	长度 /m（影响宽度：0.2 m）
7		重	1.0	
8	横向裂缝	轻	0.6	长度 /m（影响宽度：0.2 m）
9		重	1.0	
10	坑槽	轻	0.8	面积 /m²
11		重	1.0	
12	松散	轻	0.6	面积 /m²
13		重	1.0	
14	沉陷	轻	0.6	面积 /m²
15		重	1.0	
16	车辙	轻	0.6	长度 /m（影响宽度：0.4 m）
17		重	1.0	
18	波浪壅包	轻	0.6	面积 /m²
19		重	1.0	
20	泛油		0.2	面积 /m²
21	修补		0.1	面积 /m²

2. 路面综合破损率（DR）

DR 的计算公式如下：

$$DR = 100 \times \frac{\sum_{i=1}^{i_0} w_i A_i}{A}$$

式中：DR——路面破损率，为各种损坏的折合损坏面积之和与路面调查面积的百分比，%；

A_i——第 i 类路面损坏的面积，m^2；

A——调查的路面面积（调查长度与有效路面宽度之积），m^2；

w_i——第 i 类路面破损的权重。

3. 路面状况指数（PCI）

路面状况指数（PCI）的数值范围为 0 ～ 100，其值越大，路况越好。PCI 的计算公式为：

$$PCI = 100 - a_0 DR^{a_1}$$

式中：a_0——沥青路面采用 15.00，水泥混凝土路面采用 10.66，砂石路面采用 10.10；

a_1——沥青路面采用 0.412，水泥混凝土路面采用 0.461，砂石路面采用 0.487。

（二）RDI 指标

实际应用中，车辙指标往往取用最大车辙深度，这个指标所反映的信息是在被检测和评价的路面范围内出现的最大车辙变形，近年来发展出的多种激光检测设备一般可获得更为详细的路面横向轮廓信息。

路面车辙用路面车辙深度指数（RDI）评价，按下式计算：

$$RDI = \begin{cases} 100 - a_0 RD & RD \leqslant RD_a \\ 60 - a_1 (RD - RD_a) & RD_a < RD \leqslant RD_b \\ 0 & RD > RD_b \end{cases}$$

式中：RDI——车辙深度，mm；

RD_a——车辙深度参数，取 20mm；

RD_b——车辙深度限制，取 35mm；

a_0——模型参数，取 2.0；

a_1——模型参数，取 4.0。

（三）RQI 指标

路面的行驶质量采用行驶质量指数（RQI）作为评价指标，RQI 由国际平整度指数（IRI）计算，其关系式如下：

$$RQI = \frac{100}{1 + a_0 \mathrm{e}^{a_1 IRI}}$$

式中：IRI——国际平整度指数，m/km；

a_0——高速公路和一级公路取 0.026，其他等级公路取 0.0185；

a_1——高速公路和一级公路取 0.65，其他等级公路取 0.58。

（四）路面抗滑性能（SRI）

SRI（路面抗滑性能）的检测通常是使用基于 SFC（横向力系数）的路面抗滑性能检测仪器或者是其他能够与 SFC 实现可靠的数据标定关系的自动化检测仪器。其检测结果需要以每 20 米为单位进行长期保存。

计算如下：

$$\mathrm{SRI} = \frac{100 - \mathrm{SRI}_{\min}}{1 + a_0 e^{a_1 \cdot SFC}} + \mathrm{SRI}_{\min}$$

式中：SFC——横向系数；

SRI_{min}——标定参数，采用 35.0；

a_0——模型参数，采用 28.6；

a_1——模型参数，采用 –0.105。

（五）路面结构强度（PSSI）

PSSI（路面结构强度）通常使用弯沉值的检测结果来进行计算。目前我国相关规范中弯沉评定由回弹弯沉值作为指标，因此路面弯沉常用的自动检测设备根据规定需与贝克曼梁法检测的回弹弯沉值进行对比试验，使其获得可靠的线性相关关系，最终检测结果根据线性回归换算成回弹弯沉值进行评定。根据规定必须对路面弯沉检测设备定期标定，其标定结果的相关系数需大于 0.95。其检测结果需要以每 20 米为单位进行长期保存。

其计算公式为：

$$PSSI = \frac{100}{1 + a_0 e^{a_1 SSI}}$$

$$\mathrm{SSI} = \frac{l_d}{l_0}$$

二、养护对策

参照《公路沥青路面养护技术规范》，可根据公路等级、交通量、分项路况的评价结果，结合养护资金情况，采取如下维修养护对策：

第一，在满足强度要求的前提下（路面的结构强度系数为中等以上时），若高速公路及一级公路的路面状况指数（PCI）评价为优、良，或者二级及二级以下公路的路面状况指数评价为优、良、中时，以日常养护为主，并对局部破损进行小修；若高速公路及一级公路的路面状况指数评价为中及以下，或者二级及二级以下公路的路面状况指数评价为次及次以下，应采取中修罩面措施。

第二，在不能满足强度要求的前提下（路面的结构强度系数为中等以下时），应采取大修补强措施以提高其承载能力。

第三，若高速公路及一级公路的行驶质量指数（RQI）的评价为优、良，或者二级及二级以下的公路行驶质量指数为优、良、中时，以日常养护为主；若高速公路及一级公路的行驶质量指数评价为中及中以下，或者二级及二级以下公路的行驶质量指数评价为次及次以下时，应采取罩面等措施改善路面的平整度。

第四，高速公路及一级公路的抗滑能力不足（$SFC < 40$）的路段，或二级及二级以下公路抗滑能力不足（$SFC < 30$ 或 $BPN < 32$）的路段，应采取加铺罩面层等措施提高路表面的抗滑能力。

第五，若路面不适应现有交通量或载重的需要，应通过提高现有路面的等级，或通过加宽等改建措施提高道路的通行能力和服务质量。

三、常温混合料与低温混合料

（一）常温混合料

坑槽是沥青路面常见的病害之一。沥青路面出现坑槽的原因很多。一般来说，若在沥青路面施工中出现油石比偏小、水稳定性不良、空隙率过大、压实度不足、矿料含土量多、矿料潮湿、沥青老化、使用酸性矿料未加处理、路面基层强度不高等现象，在路面的局部就会先出现脱粒、麻面等病害，再经过行驶车辆的不断冲击、碾压，破损面会逐渐加大，最终导致出现大面积的坑槽。一旦路表面出现坑槽，就会直接影响行车速度和舒适性，若不及时修补，坑槽会越来越大、越来越深，养护起来会更困难。所以，修补坑槽是公路养护部门经常性的一项工作。

修补沥青路面出现的坑槽，自然就需要沥青混合料。目前生产修补坑槽用热拌沥青混合料的方法有三种：第一种方法是在沥青混合料拌和场用拌和机生产出成品混合料，再运到养护现场；第二种方法是在养护现场用小型可移动式拌和机或综合养护车生产出成品沥青混合料；第三种方法是在养护现场支锅加热拌和沥青混合料。

第一种方法能够切实保证沥青混合料的质量，但生产成本较高，且不适合远距离养护作业。第二种方法比较实用，但不可能每个养护道班都配备一台小型移动式拌和机，且这种机器缺少定型产品，许多是养护部门自行研制的，使用性能和可靠性很差。使用综合养护车修补坑槽是一种较好的养护工艺，但该车造价很高，很难在点多面广的公路养护部门全面配备。第三种方法环境污染与劳动强度较大，沥青混合料的级配及油石比不易严格控制，影响施工质量。这三种方法还有一个共同的缺点，就是受施工季节影响较大，沥青混合料在气温较低时不易压实。

使用常温混合料修补路面坑槽是国内目前比较先进的公路养护方法。所谓常温混合料，是相对热沥青混合料而言的。它是将级配矿料与乳化沥青按照一定的配合比拌和而成的一种材料，一般称为乳液型常温混合料，简称常温混合料。由于常温混合料可在室内气温条件下装袋或入库贮存，和热拌沥青混合料相比，具有以下优点：便于贮存、便于运输、施工简便，在5℃以上气温时均可使用，大大延长了沥青路面养护时间；沥青混合料油石比可降低0.5 ~ 1个百分点，节省沥青10% ~ 15%；可减少加热沥青的能源损耗，不需用养护工人在施工现场加热沥青、现场拌和沥青混合料，减轻了养护工人的劳动强度；可使养护用沥青混合料的生产实现工厂化，是养护作业方式的根本改进。

1. 常温混合料的生产

（1）常温混合料所用材料

常温混合料的组成和热拌沥青混合料一样，都是由级配矿料和结合料组成的。只不过热拌沥青混合料的结合料是热沥青，常温混合料的结合料是乳化沥青。在常温混合料生产前，首先要正确选择所用的各种材料。

1）矿料级配

拌制常温混合料，一定要严格保证矿料级配。根据实践经验，常温混合料矿料级配可选用AC-131型或Ⅱ型级配。

2）沥青

生产常温混合料所用沥青，应选用道路石油沥青。一般可选用A-100、A-140号中、轻交通道路石油沥青，也可选用AH-90、AH-110号重交通道路石油沥青。

3）沥青乳化剂

生产常温混合料所用乳化沥青，应选用阳离子慢裂型沥青乳化剂。

（2）拌和机械的选择

生产常温混合料，必须使用拌和机械。国内尚未生产专用的乳化沥青常温混合料拌和机，目前一般常用以下三种设备拌和乳化沥青常温混合料：

1）单卧轴或双卧轴强制式水泥混凝土拌和机

该设备的规格有JD200、JD250、JD350型等，即每一筒公称出料容量分别为200L、250L、350L，水泥混凝土理论生产率分别为12mh、15mh、21mh，生产常温混合料的产量与水泥混凝土大致相当。该设备采用液压系统上料、卸料，带有自动供水系统，可用汽车拖带到施工现场。该设备的生产效率和自动化程度均比较高，适合于集中式、大规模生产乳化沥青常温混合料。在使用中要注意，该设备自备一套定量供水设备，而一般拌制常温混合料只需要少量的水，可将原供本设备改制成供应乳化沥青设备，并加装一套清洗乳液泵及管路循环系统。然后，视需要再另外配备一套水供给系统。

2）强制式单立轴水泥砂浆拌和机

该设备结构简单、造价低廉，每筒可拌和常温混合料 200kg。缺点是不能实现自动化操作，需要预先将各种矿料、水、乳化沥青称重备好，然后再用人工依次将各种矿料及水、乳液倒入搅拌筒内，搅拌均匀后放出。所以，该设备适用于各养护道班分散式、小规模生产常温混合料。

3）二灰碎石混合料拌和机

国内也有将二灰碎石混合料拌和机改装后用来拌和常温混合料。该设备主要由沥青乳液供给系统、水供给系统、矿料供给系统、混合料拌和系统组成。其工作原理如下：沥青乳液供给系统是由二灰碎石混合料拌和机原有的供水装置改制而成的。原有的贮水罐改为沥青乳液贮罐，乳液流量的大小由调节阀 6 的开启程度控制。为防止由于乳液罐液面高低的变化引起乳液流量波动，在乳液罐 4 和乳液泵 7 中间，加一个中间贮罐 5，容积为 0.5 ~ 1.0L 左右，施工中可随时保持中间贮罐液面高度一致，以保证泵送乳液流量的稳定。为现场检测乳液流量，在乳液进入搅拌器处设一支管，以便于调整阀门 6，使乳液流量符合规定的油石比，也用于定期复查乳液的流量。计量好的乳液和拌和机同步工作，定时喷入搅拌器。每天拌制常温混合料后，应及时清洗乳液供给系统中残存的乳液，否则乳液破乳后，会影响下一班工作。为此，可在乳液泵进口处设一支管，通过一个水阀门与水罐相连。工作时将此阀门关闭，乳液泵泵送乳液；工作结束后，关闭乳液输入阀门，开启此水阀门，乳液泵将水泵到各个通路，从而起到清洗的作用。

矿料和乳液拌和前，应该喷水湿润。这是因为矿料中含有必要的水分后，可以改善常温混合料的拌和和易性，延缓破乳时间，有助于乳液与矿料拌和均匀。为此，在原有设备上加装一套供水系统。水的流量大小靠阀门 2 调节，水喷头位于搅拌器进料溜槽处。分散的水滴对准主皮带输送机卸料滚筒下来的料帘，这样可使矿料在与乳液拌和前，先与水有一段拌和过程。

不同规格的矿料分别贮存在 3 个料斗中，按照实验室确定的配合比，经水平皮带输送机、主皮带输送机并加水喷淋后进入双卧轴强制式搅拌器。在搅拌器前端设有乳液喷管，矿料与乳液在搅拌桨叶的作用下，从搅拌器进料端运动到出料端被均匀混合，最后从出料端进入成品料仓。原有的搅拌器转速较低，混合料在搅拌器中停留的时间较短，不能保证乳液均匀分散在矿料之中。为此，可将搅拌器出料端倒数第二排和第三排的桨叶反装，这样可延长混合料在搅拌器中的停留时间，保证常温混合料拌和均匀。该设备也适用于集中式、大规模生产常温混合料。

（3）包装袋的选择

为养护乳化沥青常温混合料，一般都采用袋包装。根据实践经验，应选用双层包装袋：内包装用抗拉耐压性较好的、厚度不小于 0.15mm 的聚乙烯塑料袋，外部再套 1 层塑料编织袋，以利于搬运，并保证内包装袋不破损，利于回收再用，降低混合料生产成本。

（4）生产工艺

常温混合料的配合比设计方法国家尚未制定，目前只能通过常规马歇尔试验及试拌、试铺的方法来确定常温混合料的生产配合比。一般生产工艺如下：

将额定数量、符合设计级配的矿料、矿粉投入拌和机中，干拌 1min 左右，使各种规格的矿料与矿粉混合均匀；视矿料的干湿程度，添加少量的水，将水与矿料拌匀；向拌和机中添加乳化沥青，乳化沥青用量一般为 8% ~ 12%，根据矿料级配选择具体数值；将矿料与乳化沥青搅拌 2min 左右，至矿料均匀裹覆乳液，颜色一致（深褐色），没有花白料时为止；将拌和好的混合料装入包装袋中，每袋装 20 ~ 25kg，用绳子先扎紧内包装袋，再扎紧外包装袋，即可运到养护现场使用。

应当指出，由于常温混合料生产设备不同，其生产工艺也不尽一样，具体生产工艺应结合生产设备的技术性能来制定。

（5）常温混合料的贮存

袋装乳化沥青常温混合料若密封良好，可以贮存一段时间。一般应尽量在不透光、不潮湿，且温度较低的环境下贮存。贮存时不宜堆放过高，以防挤压使混合料结块，造成破乳。根据实践经验，若达到上述要求，常温混合料可贮存 10d 左右。但最好是现拌现用，以免由于贮存不好造成混合料的浪费。在正式使用常温混合料前，应开袋检查其质量。若常温混合料的矿料由深褐色变为黑色，矿料结团，就说明乳化沥青已经破乳，这种常温混合料就应报废，不可用于施工。

2. 常温混合料修补坑槽施工工艺

用常温混合料修补坑槽时，其施工工艺如下：

在坑槽处放样，确定作业面，用切缝机在坑槽周围切缝，刨出多余的混合料。如没有切缝机，可人工刨出规整的作业面。作业面要与路面纵向平行，槽壁要垂直；彻底清扫坑槽，使槽内、槽壁无尘土、杂物；为使常温混合料与原路面结合良好，应在坑底槽壁上刷黏层油，黏层油量一般为（0.3 ~ 0.5）kg/m^2 乳液；将常温混合料在坑槽内均匀摊铺整平，松铺系数一般为 1.1 ~ 1.3。深度大于 4cm 的坑槽要分层铺筑压实；用振动夯板将混合料夯实。如没有振动夯板，可用 6 ~ 8t 压路机压实，至乳液均匀上浮为止；碾压后为防止初期松散，及早通车，可以在作业面上撒适量矿粉或石屑，以吸收水分，加快混合料成型。

常温混合料不同于热拌沥青混合料，需待乳化沥青破乳后，方能成型。为此，要加强初期养护工作。一般来说，在乳化沥青未破乳、混合料未成型时，不能让任何车辆在修补面上通行。不得已时要设专人指挥过往车辆均匀、慢速行驶，并及时处理发软、泛油等病害。使用常温混合料修补完坑槽后，应按热拌沥青混合料质量检验标准，对其施工质量进行严格检验。

3. 常温混合料快速成型的技术措施

使用乳化沥青常温混合料修补坑槽有一个很大的缺点，即初期强度低、成型慢，不能迅速开放交通，因而很难在高等级公路上应用。所以国内许多公路养护部门都开展了常温混合料快速成型技术措施的研究。在这方面，可用慢裂快凝型沥青乳化剂生产常温混合料用乳化沥青。所谓慢裂快凝，是指该乳化剂是慢裂型的，但破乳时间非常短，若用其拌制常温混合料，铺到路面后，30 ~ 45min 即可通车。

生产乳化沥青的工艺条件为：乳化剂用量 0.6% ~ 1.5%，pH 值 2.0 ~ 2.5，沥青加热温度 120℃ ~ 140℃，乳化剂水溶液加热温度 50℃ ~ 60℃。

实践证明，用慢裂快凝型乳化沥青拌制的常温混合料，在气温 20℃时压实后，约 30min 即可破乳，所修补的坑槽完全成型，大大缩短了封闭交通的时间。所以，今后在生产常温混合料用乳化沥青时，应该用慢裂快凝型乳化剂取代目前通用的木质胺类慢裂型乳化剂。

（二）低温混合料

在寒冷地区，每年 5 月至 10 月间，因气温较高，对于松散、坑槽等病害，公路养护部门可以随时采用热拌沥青混合料或乳化沥青常温混合料进行修补，恢复路况，防止病害进一步发展。每年 11 月至次年 4 月，因气温较低，常规修补措施无法实施，只有等到气温达到 10℃以上时才能修复。但是，沥青路面破损的发展速度是越来越快的。这期间产生的松散、坑槽，如不及时处理，积雪融化后化成的雪水将沿着路表面的裂缝不断渗入路基，会导致路基出现翻浆等更为严重的病害。此外，坑槽还会引起行车颠簸、震动，其产生的冲击荷载是正常荷载的 1.5 ~ 2.0 倍。在冲击荷载的作用下，松散、坑槽很快就将连成一片，致使局部路段大面积损坏，影响道路使用寿命及车辆行驶。

为解决冬季沥青路面养护这一难题，许多公路养护部门研制开发了低温混合料，取得了良好效果。所谓低温混合料，是由沥青、级配矿料、溶剂（有时还掺加某种添加剂）按照一定的配合比拌和而成的材料。

低温混合料和热拌沥青混合料相比，初期稳定度低，只有随着混合料中溶剂的逐渐挥发，稳定度才能提高。低温混合料具有贮藏性并能在低温下进行施工的原理是：在沥青中加入一定数量的溶剂后，沥青的黏度暂时降低，用其拌制的混合料短时间内不致硬化，保持着良好的施工性能，在施工后随着溶剂的挥发，混合料的强度逐渐增加。显然，生产低温混合料的技术关键是溶剂的选择。在该混合料中，对所使用的溶剂通常有下列基本要求：对石油沥青具有较大的溶解能力；具有适当的挥发性；对周围环境及人体无害；价格便宜。

溶剂种类的选择及用量的决定是较为复杂的问题。溶剂用量多时沥青黏度低，能获得良好的施工性及贮藏性，但直接影响了混合料的稳定性。反之，当溶剂用量减少时，沥青黏度增大，混合料的稳定性提高，但因快速硬化，施工性及贮藏性不好。此外，使用不同种类的溶剂，施工后挥发速度不同，因而强度增长各异。所以，选择适当的溶剂和溶剂用量对低温混合料的质量影响很大，必须通过一系列的试验来确定。目前国内对低温混合料的各项技术指标和试验方法尚无统一规定，现根据有关试验研究资料建议采用如下指标：

1. 对沥青与溶剂混合液的技术要求

（1）黏度：60℃的运动黏度为（250×10^{-6} ～ 400×10^{-6}）m^2/s。

（2）混合温度：应控制在动力黏度为 0.1 ～ 0.4Pa · s 所相应的温度范围内进行混合，混合温度一般为 100℃ ~ 130℃。

（3）闪点：为保证安全，要求沥青与溶剂混合液的闪点在 130℃以上。

（4）黏附性能：应对沥青与溶剂混合液和矿料的黏附性能进行检验，该混合液在矿料表面的裹覆面积应达到 90% 以上。

2. 低温混合料的马歇尔试验

（1）作业稳定度

为保证低温混合料具有良好的施工性，故提出了作业稳定度要求。在 60℃时制成马歇尔试件，两面各击实 10 次，然后冷却至 20℃时的马歇尔稳定度应达到 0.8kN 以上。

（2）初期稳定度

由于低温混合料的初期稳定度低，为保证其在铺设路面及修补坑槽后具有可靠的稳定性，故提出了初期稳定度的最低要求。在 60℃时制成马歇尔试件，两面各击实 50 次，然后冷却至 20℃时的马歇尔稳定度应达到 2.5kN 以上。

（3）使用稳定度

这是指低温混合料在使用过程中的稳定度要求。在 20℃时制成马歇尔试件，两面各击实 50 次，放入温度为 110℃的干燥容器中养生 24h，然后两面各击实 25 次，冷却至室温脱模放入 60℃的恒温水槽，水浸 30min，马歇尔稳定度应达到 3kN 以上，空隙率控制在 5% ~ 7%，流值控制在 10 ~ 40（0.1mm）。

根据上述技术指标，在制备低温混合料时，首先应采用不同的溶剂及溶剂量制成沥青混合液，进行黏度、闪点及黏附性试验。对符合上述指标的沥青混合液，再与矿料拌和制成试件，进行马歇尔试验。最后，根据马歇尔试验结果，选择初期稳定度及使用稳定度最高且具有良好的施工性及贮藏性的沥青混合液，作为生产低温混合料的黏结材料。

第七节　钢材的质量监理

一、建筑钢材的主要钢种

目前国内建筑工程所用钢材主要是碳素结构钢和低合金高强度结构钢。

（一）碳素结构钢国家标准

碳素结构钢国家标准《碳素结构钢》（GB/T 700—2006）规定，钢的牌号由代表屈服强度的字母、屈服强度数值、质量等级符号、脱氧方法等四部分按顺序组成。其中“Q”代表屈服点；屈服强度数值共分 195、215、235 和 275 MPa 四种；质量等级根据硫、磷等杂质含量由多到少分为四级，分别以 A、B、C、D 符号表示；脱氧方法以 F 表示沸腾钢、Z 和 TZ 表示镇静钢和特殊镇静钢；Z 和 TZ 在钢的牌号中予以省略。

（二）低合金高强度结构钢

国家标准《低合金高强度结构钢》（GB/T 1591—2008）规定，其牌号的表示方法由屈服强度字母、屈服强度数值、质量等级三个部分组成。屈服强度数值共分 345、390、420、460、500、550、620 和 690MPa 八种；质量等级分 A、B、C、D、E 五级。

二、常用建筑钢材

（一）热轧钢筋

热轧钢筋主要有用低碳钢轧制的光圆钢筋和用合金钢轧制的带肋钢筋两类。

1. 热轧钢筋的标准与性能

国家标准《钢筋混凝土用钢第 1 部分：热轧光圆钢筋》（GB 1499.1—2008）规定，热轧光圆钢筋牌号用 HPB 和屈服强度的特征值表示，它的牌号是 HPB300。

国家标准《钢筋混凝土用钢第 2 部分：热轧带肋钢筋》（GB 1499.3—2007）规定，热轧带肋钢筋分为两种：普通热轧带肋钢筋和细晶粒热轧钢筋。

普通热轧带肋钢筋的牌号用 HRB 和钢材的屈服强度特征值表示，牌号分别为 HRB 335、HRB 400、HRB 500。其中 H 表示热轧、R 表示带肋、B 表示钢筋，后面的数字表示屈服强度特征值。

细晶粒热轧带肋钢筋的牌号用 HRBF 和钢材的屈服强度特征值表示，牌号分别为 HRBF 335、HRBF 400、HRBF 500。其中 H 表示热轧、R 表示带肋、B 表示钢筋、F 表示细晶粒，后面的数字表示屈服强度特征值。

2. 热轧钢筋应用

热轧光圆钢筋属于低碳钢，具有塑性好、伸长率高、便于弯折成形、容易焊接等特点。可用作构件和结构的构造钢筋，中、小型钢筋混凝土结构的主要受力钢筋，钢、木结构的拉杆等。盘条钢筋还可作为冷拔低碳钢丝的原料。

普通热轧带肋钢筋是用中碳低合金镇静钢轧制，在钢中加入一定含量的微合金元素（NB，V，Ti），通过沉淀强化、细化晶粒的方式提高钢筋的力学工艺性能。其强度较高，塑性较好，焊接性能比较理想。钢筋表面轧有通长的纵筋（也可不带纵筋）和均匀分布的横肋，从而可加强钢筋与混凝土间的黏结。适用于大、中型普通钢筋混凝土结构工程的受力钢筋，还可作为预应力混凝土用热处理钢筋的原料。

细晶粒热轧带肋钢筋的生产工艺是在热轧过程当中进行控制轧制温度和冷却速度，得到细晶粒组织，其 C、Si、Mn、S、P 五大元素的化学成分以及力学性能与普通热轧带肋钢筋完全相同，因为减少微合金元素的用量，可节约资源，降低生产成本，为在我国推广 400、500 级高强度钢筋开辟了新的途径。

（二）冷轧带肋钢筋

冷轧带肋钢筋是用低碳钢热轧圆盘条经冷轧后，在其表面带有沿长度方向均匀分布的二面或三面横肋的钢筋。

国家规定《冷轧带肋钢筋》（GB 13788—2008）规定：冷轧带肋钢筋代号由 CRB 和钢筋的抗拉强度最小值构成。C、R、B 分别为冷轧（Cold rolled）、带肋（Ribbed）、钢筋（Bar）三个词的英文首位字母。冷轧带肋钢筋分为 CRB 550、CRB 650、CRB 800、CRB 970 四个牌号。CRB 550 为普通钢筋混凝土用钢筋，其他牌号为预应力混凝土用钢筋。CRB 550 钢筋的公称直径范围为 4 ~ 12 mm，CRB650 及以上牌号钢筋的公称直径为 4、5、6 mm。

冷轧带肋钢筋克服了冷拉、冷拔钢筋握裹力低的缺点，同时具有和冷拉、冷拔相近的强度。

（三）热处理钢筋

热处理钢筋是将热轧钢筋的带肋钢筋（中碳低合金钢）经淬火和高温回火调质处理而成的。其特点是塑性降低不大，但强度提高很多综合性能比较理想。特别适用于预应力混凝土构件的配筋，但对应力腐蚀及缺陷敏感性强，使用时应防止腐蚀及刻痕等。

（四）冷拔低碳钢丝

冷拔低碳钢丝是将低碳钢热轧圆盘条通过截面小于钢筋截面的钙合金拔丝而制成。冷拔钢丝不仅受拉，同时还受到挤压作用。经受一次或多次拔制而得的钢丝，其屈服强度可提高 40% ~ 60%，而塑性显著降低。建筑材料行业标准《混凝土制品用冷拔低碳钢丝》（JC/T 540—2006）规定，冷拔低碳钢丝按强度分为甲级和乙级。甲级钢丝普通用作预应力钢筋；乙级钢丝主要用作焊接骨架、焊接网、箍筋和构造钢筋。

（五）预应力混凝土用钢丝及钢绞线

预应力混凝土用优质碳素结构钢丝及钢绞线是经冷加工、再回火、冷轧或绞捻等加工而成的专用产品，也称为优质碳素钢丝及钢绞线。

国家标准《预应力混凝土用钢丝》（GB/T 5223—2014）规定，预应力混凝土用钢丝按加工状态分为消除应力钢丝和冷拉钢丝两种，按外形可分为光圆、螺旋肋和刻痕三种。钢丝直径为 4 ~ 12 mm 多种规格，抗拉强度为 1470 ~ 1770 MPa。

国家标准《预应力混凝土用钢绞线》（GB/T 5224—2014）规定，钢绞线按结构可分为 8 类：用 2 根钢丝捻制的钢绞线（1×2）；用 3 根钢丝捻制的钢绞线（1×3）；用 3 根刻痕钢丝捻制的钢绞线（1×3 Ⅰ）；用 7 根钢丝捻制的标准型钢绞线（1×7）；用 6 根刻痕钢丝和一根光圆中心钢丝捻制的钢绞线（1×7 Ⅰ）；用 7 根钢丝捻制又经模拔的钢绞线（1×7)C；用 19 根钢丝捻制的 1+9+9 西鲁式钢绞线（1×19S）；用 19 根钢丝捻制的 1+6+6/6 瓦林吞式钢绞线（1×19W）。钢绞线直径为 5 ~ 28.6 mm，抗拉强度为 1 470 ~ 1 860 MPa。

钢丝和钢绞线均具有强度高、塑性好、使用时不需要接头等优点，尤其适用于需要曲线配筋的预应力混凝土结构、大跨度或重荷载的屋架等。

（六）型钢

1. 热轧型钢

常用的热轧型钢有角钢（等边和不等边）、工字钢、槽钢、T 形钢、H 形钢、Z 形钢等。热轧型钢的标记方式为：在一组符号中需标出型钢名称、横断面主要尺寸、型钢标准号及钢号与钢种标准。例如，用碳素结构钢 Q235-A 轧制的，尺寸为 160 mm×160 mm×16 mm 的等边角钢，应标示为：

$$\text{等边角钢}\frac{160\ mm\times160\ mm\times16\ mm-GB9787-88}{Q235-A-GB700-88}$$

钢结构的钢种和钢号，主要根据结构与构件的重要性、荷载性质、连接方法、工作条件等因素予以选择。对于承受动荷载的结构、焊接的结构及结构中的关键构件，应选用质量较好的钢材。

我国建筑用热轧型钢主要采用碳素结构钢 Q235-A，强度适中，塑性和可焊性较好，而且冶炼容易，成本低廉，适合建筑工程使用。在钢结构设计规范中推荐使用的低合金钢主要有两种：Q345 级、Q390。可用于大跨度、承受动荷载的钢结构。

2. 冷弯薄壁型钢

通常是用 2 ~ 6 mm 薄钢板冷弯或模压而成，有角钢、槽钢等开口薄壁型钢及方形、C5 矩形等空心薄壁型钢。可用于轻型钢结构。

3. 钢板和压型钢板

用光面轧制而成的扁平钢材，以平板状态供货的称钢板，以卷状供货的称钢带。按轧制温度不同，又可分为热轧和冷轧两种。建筑用钢板及钢带的钢种主要是碳素结构钢，一些重型结构、大跨度桥梁、高压容器等也采用低合金钢板。

按厚度来分，热轧钢板分为厚板（厚板大于 4 mm）和薄板（厚度为 0.35 ~ 4 mm）两种；冷轧钢板只有薄板（厚度为 0.2 ~ 4 mm）一种。厚板可用于焊接结构；薄板可用作屋面或墙面等围护结构，或作为涂层钢板的原料，如制作压型钢板等。钢板可用来弯曲制成型钢。薄钢板经冷压或冷轧成波形、双曲形、V 形等形状，称为压型钢板。制作压型钢板的板材采用有机涂层薄钢板（或称彩色钢板）、镀锌薄钢板、防腐薄钢板或其他薄钢板。

压型钢板具有单位质量轻、强度高、抗震性能好、施工快、外形美观等特点，主要用于围护结构、楼板、屋面等。

4. 钢管

钢管按制造方法分无缝钢管和焊接钢管。无缝钢管主要用作输送水、蒸汽和煤气的管道以及建筑构件、机械零件和高压管道等。焊接钢管用于输送水、煤气及采暖系统的管道，也可用作建筑构件，如扶手、栏杆、施工脚手架等。按表面处理情况分镀锌和不镀锌两种；按管壁厚度可分为普通钢管和加厚钢管。

第三章　路基、路面工程施工质量监理

第一节　路基工程施工质量监理

一、土石方路基

（一）施工作业条件

（1）在路基用地和取土坑范围内，应清除地表植被、杂物、积水、淤泥和表土，处理坑塘，并按规范和设计要求对基底进行压实。

（2）路基填料应符合规范和设计的规定，经认真调查、试验后合理选用。

（3）填方路基须分层填筑压实，每层表面平整，路拱合适，排水良好。

（4）施工临时排水系统应与设计排水系统结合，避免冲刷边坡，勿使路基附近积水。

（5）在设定取土区内合理取土，不得滥开滥挖。完工后应按要求对取土坑和弃土场进行修整，保持合理的几何外形。

（6）石方路堑的开挖宜采用光面爆破法，并在爆破后及时清理险石、松石，确保边坡安全、稳定。

（7）修筑填石路堤时，应进行地表清理，逐层水平填筑石块，摆放平稳，码砌边部。填筑层厚度及石块尺寸应符合设计和施工规范规定。填石空隙用石渣、石屑嵌压稳定。上、下路床填料和石料最大尺寸应符合规范规定。采用振动压路机分层碾压，压至填筑层顶面石块稳定，20 t 以上压路机振压两遍无明显标高差异。路基表面应整修平整。

（二）施工要点

1. 施工材料要求

（1）公路路基施工的主要材料为土、石方、土石混合料。淤泥、沼泽土、冻土、有机土，以及含草皮、树根、垃圾和腐朽物质的土不得用于路基施工。

（2）填方材料应尽可能地利用路基开挖中挖出的可做填方的土、石等适用材料，也可使用经监理工程师同意的从借土场（取土坑）取得的适用材料。承包人使用新材料（如粉煤灰、工业废渣等）填筑路堤时，应先进行试验，并将试验报告及其施工方案提交监理工程师批准后才可使用。

（3）钢渣、粉煤灰等材料，可用做路堤填料。粉煤灰烧失量宜小于 12%，粒径应在 0.001 ~ 2 mm。为便于压实，小于 0.075 mm 的颗粒含量宜大于 45%。其他工业废渣在使用前应进行有害物质的含量试验，避免有害物质超标、污染环境。

2. 土方路基施工

（1）填方路基施工前首先要清理原有地面，对潮湿的原地面应尽可能排水疏干，对原有地面以下洞穴、坑槽必须回填夯实。原地面要按设计或监理工程师意见进行压实。

（2）压实。填方路堤一般来说应在全宽范围内分层摊铺、整平并充分碾压。碾压压实度必须在承包人自检合格后报请监理工程师复查验收。

填方路基铺筑应充分估计运输力量和碾压设备，当天运土最好在当天碾压完成。施工路段的最佳长度应根据试验路段的经验来确定。

施工路段不宜过长，以免在未碾压前遭受雨淋而增加土内水分。

（3）各施工层表面不应有积水，填土路堤应根据土质情况和施工时气候状况，做成 2%~4% 的排水横坡。

3. 填石路堤施工

（1）承包人在开工前应进行路堤施工试验，其长度不宜小于 100 m。

（2）路堤应分层填筑，分层压实，细料嵌缝，并用重型振动压路机或 25 t 以上的轮胎压路机碾压，使石块相互嵌挤稳定。分层松铺厚度不宜大于 50 cm。石料强度不应小于 15MPa，石料最大粒径不宜超过层厚的 2/3。

（3）压实度控制标准：填石路堤的紧密程度在规定深度范围内，以通过 12t 以上振动压路机进行压实试验。当压实层顶面稳定，不再下沉（无轮迹）时，可判断为密实状态，并通过铺筑试验路来确定其压实度。

（4）填石路堤的各层压实均应使用重型或振动压路机分层进行，每层铺填厚度和碾压遍数均应通过压实试验确定。

（5）路床顶面以下 80 cm 范围内应填筑符合路床要求的土，并分层压实，填料最大粒径不得大于 10 cm，并按设计图纸要求铺设土工布。

土工布应符合的技术标准：径向抗拉强度不小于 2500 N/5 cm，延伸率小于 25%，顶破强度不小于 2500 N。

4. 土石混填路基施工

（1）路堤应分层填筑，分层压实。分层松铺厚度以 300 ~ 400 mm 为宜。

（2）土石混填路基的压实工作依石块的含量不等而定。

（3）土石混合材料中所含石块强度大于 20 MPa 时，石块的最大粒径不得超过压实层厚的 2/3，超过的应清除或打碎。当所含石块强度小于 15 MPa（软质岩）或强度小于 5 MPa（极软质岩）时，石块最大粒径不得超过压实层厚，超过的应打碎。

（4）宜采用振动压路机或 35~50 t 轮胎压路机进行碾压。碾压数遍直至使土达到要求的密实度，使各石块之间松散接触状态变为紧密咬合状态，具体的碾压遍数及压实标准需按现场试验确定。

（5）路床顶面以下 80 cm 范围内应填筑符合路床要求的土，并分层压实，填料最大粒径不大于 10 cm。

（三）监理巡视与检查

（1）路基填筑必须在监理工程师已验收过的地面上进行。

（2）填方路基开始施工前宜做 100 ~ 200 m 试验段以确定在所用土质条件下机具设备的合理组合和最佳碾压遍数。

（3）填方路基是公路的关键部位之一，监理工程师应一丝不苟，严格监理。应禁止不同土料的混用，并不得采用设计或规范规定的不适用土料作为路基填料。

（4）当使用透水性差的材料填筑时，应使土料的含水量均匀，在接近最佳含水量时摊铺碾压。透水性好的可不受含水量限制。

（5）路基填筑松铺厚度宜控制为 30 cm。若承包人使用大功能压路机碾压时，可申请加大松铺厚度，并在试验路段中验证，经监理工程师同意，方可实施。

（6）路基填筑宽度宜考虑有足够的余宽，以保证路基有效的压实宽度，使之经削坡整修后能满足设计宽度的要求。其计量支付由设计或合同文件规定。

（7）每两段路基新、老填土的接合部和构造物台背填土的接合部，均是路基填土中的薄弱环节，填土时应在原填土的端部按 1 ∶ 1 的坡度分层挖出台阶并检验其密实度已达到设计要求时，方可填筑。不可将薄层新填土粘贴在原有土层上。

（8）修筑填石路基应逐层水平填筑，石块应摆放平稳。填筑层厚度及石块尺寸应符合设计和施工规范的规定。填石空隙用小石或石屑填满铺平，采用振动压路机分层碾压至填筑层顶面石块稳定。土石混合时，应尽量把土石分开填筑。

（9）摊铺的松土在未经碾压前切忌被雨水淋湿。对未及时碾压而被雨水淋湿的土在雨后必须翻晒晾干后才能重新摊铺碾压，若雨水过大，监理工程师应视具体情况决定是否要对下层土重新检测压实度。

（10）对于厚度大于 15 cm 但小于 30 cm 的材料层，用 50 t 压路机压 4 遍，再用 10 t 压路机压 16 遍。

二、路基排水

（一）管节预制

1. 施工作业条件

（1）所用水泥、砂、石、水、外加剂及掺合料的质量和规格应符合有关规范的要求，按规定的配合比施工。

（2）混凝土应符合耐久性（抗冻、抗渗、抗腐蚀）等设计要求。

（3）不得出现露筋和空洞现象。

2. 施工质量监理

（1）蜂窝、麻面面积不得超过该表面积的 1%。深度超过 10 mm 的必须处理。

（2）混凝土表面平整。

（二）管道基础及管节安装

1. 施工作业条件

（1）管材必须逐节检查，不得有裂缝、破损。

（2）基础混凝土强度达到 5 MPa 以上时，方可进行管节铺设。

（3）管节铺设应平顺，稳固，管底坡度不得出现反坡，管节接头处流水面高差不得大于 5mm。管内不得有泥土、砖石、砂浆等杂物。

（4）管道内的管口缝，当管径大于 750 mm 时，应在管内做整圈勾缝。

（5）管口内缝砂浆平整密实，不得有裂缝、空鼓现象。

（6）抹带前，管口必须洗刷干净，管口表面应平整密实，无裂缝现象。抹带后应及时覆盖养护。

（7）设计中要求防渗漏的排水管须做渗漏试验，渗漏量应符合要求。

2. 外观鉴定

（1）管道基础混凝土表面平整密实，侧面蜂窝不得超过该表面积的 1%，深度不超过 10 mm。

（2）管节铺设直顺，管口缝带圈平整密实，无开裂脱皮现象。

（3）抹带接口表面应密实光洁，不得有间断和裂缝、空隙。

（三）排水沟

1. 施工作业条件

（1）当地下水水位较高，潜水层埋藏不深时，可采用排水沟截流地下水，降低地下水水位。排水沟沟底应低于地下水水位或潜水层标高，并应埋入不透水层。排水沟应沿路线走向布置，可兼排地面水。在寒冷地区不宜用于排除地下水。

（2）排水沟采用圬工砌筑时应在沟壁与含水层接触的高度设置单排或多排渗水孔，渗水孔的沟壁外侧应填筑反滤层，沿沟长每 15 ~20 m 设一道沉降缝。

（3）砌体砂浆配合比准确，砌缝内砂浆均匀饱满，勾缝密实。

（4）浆砌片（块）石、混凝土预制块的质量和规格应符合设计要求。

（5）基础上缩缝应与墙身缩缝对齐。

（6）砌体抹面应平整、压光、直顺，不得有裂缝、空鼓现象。

2. 外观鉴定

（1）砌体内侧及沟底应平顺。

（2）沟底不得有杂物。

三、特殊地区路基

（一）砂垫层

1. 材料要求

（1）砂、砂石垫层的材料，宜采用级配良好、质地坚硬的粒料，其颗粒的不均匀系数最好不小于 10，宜采用洁净、透水性良好的中、粗砂，含泥量不应大于 5%，并将其中植物、杂质除尽。如做排水固结地基的砂、石材料，含泥量不宜超过 3%，渗透系数 $K \geqslant 5 \times 10^{-3}$ cm/s。

（2）砂、砂石垫层的材料也可采用天然级配砂砾料，其最大粒径不应大于 5 cm，砾石强度不低于四级（洛杉矶法磨耗率小于 60%）。

2. 施工要求

（1）将砂料运送到准备摊铺的土基上，用平地机或小型推土机摊铺、整平，摊铺后适当洒水，分层压实，压实厚度宜为 15 ~20 cm。如采用砂砾石，应无粗细粒料分离现象。

（2）砂垫层宽度应宽出路基边脚 0.5~1.0 m，两侧端以片石护砌或采用其他方式防护，以免砂料流失。

（3）砂垫层的压实度，按照技术规范采用重型击实法，须达到相对密实度的 90% 以上。因此，要调整并控制最佳含水量（一般为 8% ~ 12%）。道路工程砂垫层均采用碾压法施工，找平后，先用推土机排压，然后用 100 kN 以上压路机往复碾压。人工配合找平和修理边坡。

3. 监理巡视与检查

（1）环刀取样法。用容积不小于 200 cm^3 的环刀压入垫层中取样，测定其干密度，以不小于砂料在中密状态时的干密度数值为合格，如中砂一般为 15.5~16 kN/m^3。

（2）钢筋贯入测定法。检查时应先将表面的砂刮去 3 cm 左右，并用贯入仪、钢筋等以贯入度大小检查砂垫层的质量。钢筋的插入深度，可根据砂的控制干密度预先进行小型试验确定。

（二）袋装砂井、塑料排水板

1. 材料要求

袋装砂井、塑料排水板施工材料质量监理。

2. 施工要求

（1）砂袋入井，应用桩架吊起垂直下井，并防止砂袋发生扭结、缩颈、断裂和磨损。沉入砂袋应用桩架将砂袋垂直吊起，当袋装砂井长度超过桩架高度时，可采用两节套管，砂袋沉入时以人工输入，管口装设滚轮。

（2）每段施工前所需砂袋长度应经试验确定，另加埋入砂垫层的长度。

（3）编织袋的直径，由于聚丙烯材料有约 20% 的伸长率，应提前试装以确定合适的砂袋直径。

（4）砂料应用经风干后的材料，含水量应控制在 1% 以下，装足后用麻绳将袋口绑扎牢固。

（5）拔管时应注意垂直起吊，以防止带出或损坏砂袋。施工中若发现上述现象，应在原孔边缘重打；连续两次将砂袋带出时，应停止施工，待查明原因后再施工。

（6）除非在设计深度范围内遇到硬层，一般应打到设计深度，要做好施工原始记录。

（7）每完成一根桩后拔出套管，须保持垂直吊起。为避免拔管时带出砂袋，可采用向管内注水的办法。

（8）施工中要经常检查桩尖与导管口的密封情况，避免导管内进泥过多，影响加固深度。

（9）导管应垂直，钢套管不得弯曲，沉管时应用经纬仪或线锤控制垂直度。

（10）砂袋留出孔口长度应保证伸入砂垫层至少 30 cm，并不得卧倒。

（11）袋装砂井灌砂率及施工允许偏差应符合规范要求。

3. 监理巡视与检查

（1）每批塑料排水板到场后生产厂必须提供出厂质量检验合格单，经承包商抽样复测，达到要求的质量标准。

（2）施工现场堆放的塑料排水板盘带应加以适当覆盖，以防暴露在空气中老化。

（3）插板过程中塑料板严禁出现扭结、断裂、滤膜破碎等现象，要留足长度，不允许塑料排水板在桩中接长。

（4）排水板底部应有可靠的锚固措施，以免拔出套管时将芯板带出。

（5）除非在设计深度范围内遇到硬层，一般应打到设计深度。要做好施工原始记录。插入深度要考虑回带长度，回带长度超过 50 cm 时必须在原位附近重新打设，确保塑料排水板处理深度满足设计要求。

（6）塑料板留出孔口长度应保证伸入砂垫层不小于 50 cm，使其与砂垫层贯通，并将其保护好，以防机械、车辆进出时受损，影响排水效果。

（7）塑料排水板搭接应用滤套内平接的方法，芯板对扣，凹凸对齐，搭接长度不小于 20cm；滤套包裹，用可靠措施固定。

（8）施工中应防止泥土等杂物进入套管内，一旦发现须及时清除。

（9）塑料排水板施工允许偏差应符合规范规定。

（三）碎石桩

1. 材料要求

应使用未风化的干净砾石或轧制符合级配的碎石。粒径面为 20 ~50 mm，不得混有有机质及杂物，含泥量不应大于 10%，渗透系数不得小于 1×10^{-1} cm/s。

2. 施工要求

（1）施工机械：可选用振动沉管打桩机械施工，要求导管必须满足高度要求，最少应富余 1 ~1.5 m；按设计桩径选择厚壁空心钢管；桩尖为三片活瓣，能自由开启。

（2）每段施工前应绘制布桩图并编号，按布桩图放线，用木桩定位。

（3）按照规范要求，开工前施工单位要先做 5 根试验桩，考查设备能力、沉入桩管速度、成桩直径及碎石桩密实度情况。符合质量标准后，方可正式施工。

（4）施工时应保证套管竖直，以免成桩倾斜。

（5）碎石桩施工允许偏差应符合规范要求。

（6）碎石桩密实度检验，一般情况下抽查 5%，要求用重Ⅱ型动力触探测试，贯入量 10cm 时，击数不小于 5 次。

3. 监理巡视与检查

（1）抽样检查填料的粒径、含泥量等指标是否符合设计要求。审核桩位布置图，复测桩位放样。

（2）认真记录成桩时间、工作电流，严格控制填料总利用量和充盈系数，作为现场施工和旁站监理的控制标准。

（3）严格控制桩身不同部位的投石量与充盈系数，确保桩身密实和均匀程度，防止出现“断桩”和“颈缩桩”等质量缺陷。充盈系数的控制和桩的均匀程度与桩管的反插深度、反插次数有较为密切的关系，即为达到设计的充盈系数和桩身均匀的要求，应严格控制其反插深度和反插次数。

反插深度应通过数次的反插完成，反插次数一般为 3~6 次 /m。反插深度正确与否直接影响打桩质量。

（4）检验不合格时应及时补料振密或责令承包人补打。

四、路基防护与加固

为防止水流、雨水、风力及其他因素对路基的危害，保证路基稳定，改善环境，应对路基进行防护和加固。

（一）砌体挡土墙

1. 施工作业条件

（1）石料或混凝土预制块的质量和规格应符合有关规范和设计要求。

（2）砂浆所用的水泥、砂、水的质量应符合有关规范的要求，按规定的配合比施工。

（3）地基承载力必须满足设计要求。

（4）砌筑应分层错缝。浆砌时坐浆挤紧，嵌填饱满密实，不得有空洞；干砌时不得松动、叠砌和浮塞。

（5）沉降缝、泄水孔、反滤层的设置位置、质量和数量应符合设计要求。

2. 施工要点

（1）施工材料要求

施工材料质量监理要点应符合相关规定及要求。

（2）施工技术要求

1）石料或预制块在使用前必须浇水湿润，表面如有泥土、水锈，应清除干净。

2）所有石块均需坐在新拌的砂浆上，砂浆缝必须饱满，石块不得直接连接。竖缝较宽时，可在砂浆中塞以小石块，但不得在底座或石块的下面用高于砂浆层的小石块支垫。用细石混凝土填塞竖缝时，应捣实。

3）砌体较长应分层分段砌筑。两相邻工作段的高差应不大于 1 ~ 2 m。分段位置应设在沉降缝或伸缩缝处。砌体分层砌筑时，每层应大致找平。

4）石块应长短相间，交错排列，上下层石块的竖缝不得重合。

5）勾缝工作不得在石料及砂浆受冻的情况下进行，勾缝前应认真清理缝槽并用水冲洗、湿润，采用勾缝工具进行勾缝。

6）勾缝砂浆强度不应低于砌体砂浆强度。除设计图纸规定外，勾缝砂浆的强度一般应比砌体砂浆高一级。

7）不论是凸缝、凹缝还是平缝，勾缝砂浆均应嵌入砌缝内 2 cm 深。如缝槽深度不足或砌体外露面未留缝槽，均应先开槽后再勾缝。

8）当勾缝工作完成和砂浆初凝后，砌体表面应刷洗干净，并用浸湿的草帘、草袋，麻袋等加以覆盖并养生至少 7d。在养护期间应经常洒水，使砌体始终保持全湿状态，并尽量避免碰撞或震动。

3. 监理巡视与检查

（1）检查砌筑是否平整，块石的竖缝是否重合。

（2）检查沉降缝、泄水孔是否符合设计要求。

（3）控制勾缝是否先勾槽，进行勾缝刮平，做到勾缝美观。

（二）悬臂式和扶臂式挡土墙

1. 施工作业条件

（1）混凝土所用的水泥、石、砂、水和外掺剂的质量和规格应符合有关规范的要求，按规定的配合比施工。

（2）地基强度必须满足设计要求。

（3）不得有露筋和空洞现象。

（4）沉降缝、泄水孔的设置位置、质量和数量应符合设计要求。

2. 监理巡视与检查

（1）钢筋工程

1）钢筋应按类型、钢号直径分别挂牌堆放，宜架空离地面 30 cm 以上，并妥善遮盖，避免锈蚀和污染。

2）冷拉钢筋的机械性能必须符合规范要求，钢筋顺直、无局部弯折、表面不应有裂皮和油污。

3）弯曲某种型号第一根钢筋时，应按设计尺寸，技术标准进行核实，确认无误后，以此为样板，进行成批加工。钢筋应平直，无局部弯折，成盘的钢筋和弯曲的钢筋均应调直。冷拉调直时，Ⅱ级钢筋冷拉率不宜大于 2%，Ⅲ级钢筋不宜大于 1%。

4）钢筋的接头一般采取焊接，螺纹钢筋可采用挤压套管接头，纵向焊接应采用闪光对焊，当无条件时，也可采用电弧焊。

（2）模板工程

1）制作木模板时，事先应熟悉图纸，核对各部尺寸，其类型应尽量统一，以便于重复使用，但始终须保持表面平整、形状规范，有足够的强度和刚度。

2）安装模板时，须考虑浇筑混凝土的工作特点，钢筋安装绑扎和混凝土浇筑方法要相适应，在必要的地方可以设置活板或天窗，以便于混凝土的浇筑、振捣及模板内杂物的清扫。

3）墙模施工时，为保证墙体混凝土厚度，一般情况下，会均加撑头或内撑。为便于拆模和保持混凝土表面平整光洁，应在模板上涂刷隔离剂。施工中搭设的脚手架与模板不应发生联系。当墙模较高时，可用对拉螺栓固定或与斜撑结合使用，但斜撑与模板水平交角不宜大于 45°。

4）挡墙的模板，须待墙体混凝土抗压强度达到 2.5 MPa 以上时拆除，以免造成混凝土表面及棱角因拆模而被损坏。

（3）混凝土工程

1）所用的水泥、砂石、水及添加剂的质量规格必须符合有关规范的要求，并按规定的配合比施工。

2）宜在墙模侧面设置不小于 30 cm 高的门或洞做浇筑口，以便装溜槽浇筑，门或洞的上下间距不宜超过 2.0 m，采用输送泵时可另做考虑。扶壁的浇筑与墙身同步进行，分层浇筑振捣。为防止混凝土发生离析，从高处向模板内卸混凝土时，自由倾落高度不宜超过 2.0m，如超过 2.0 m，应使用分节导管或串筒。

3）浇筑混凝土时，一般采用振捣器振实，振捣时间应适当，一般的标准是达到混凝土不再下沉、无显著气泡上升、顶面平坦一致，并开始浮现灰浆为止。当发现表面浮现水层时，应立即设法排除，并检查发生的原因，或调整混凝土配合比。

4）混凝土运输须与浇筑进度相适应，做到相互配合，不致因脱节而影响进度和质量，如发现有离析、泌水或坍落度损失过大，必须进行二次搅拌或调整外加剂掺量及其掺加方法等。

（5）立壁顶面混凝土应严格控制高程，并进行二次抹面，以防松顶。

（三）锚杆、锚定板和加筋土挡土墙

1. 材料要求

施工材料质量监理要点应符合规定要求。

2. 施工要求

（1）筋带

1）施工基本要求

① 筋带可采用钢带（或钢筋带）、钢筋混凝土带、聚丙烯土工带等。

② 筋带除应满足设计要求外，筋带或拉筋要顺直，连接牢固，且有抗腐蚀工艺处理，表面压纹清晰，色泽均匀，无开裂、损伤、穿孔等缺陷，断面一致。

2）施工监理重点

① 审查筋带的出厂合格证、生产资质等资料。

② 对筋带进行抽检试验，并审批投入使用。

（2）面板预制

施工基本要求：

① 预制面板混凝土应控制为外光内实、企口分明、线条顺直，尺寸应符合设计要求。

② 预制墙面板采用专用钢模板，模板要求有足够的刚度和强度，几何尺寸误差应控制在 0~ 2 mm，组装拆模方便，并具有一模多用特点，预制时要求混凝土配合比准确、振捣密实、无裂纹、墙板外侧平整、墙板内侧要粗糙。养护 28d 后其强度应达到设计要求。

（3）面板安装

施工基本要求：

① 在清洁的条形基础顶面上，准确画出面板外缘线并进行水平测量。曲线部位应加密控制点。

② 安装时用砂浆调平，同层相邻面板水平误差不大于 10 mm；轴线偏差每 20 延米不大于 10 mm。同时用主线控制内倾度，内倾度一般在 1/100 ~ 1/200 之间，作为预留填料压实时面板外倾出现的水平位移，具体数值应综合面板高度、填料性质和压实机械而定，为防止相邻面板错位，宜用夹木螺栓或斜撑固定。

③ 按要求的垂直度、坡度挂线安装，安装缝宽宜小于 10 mm。

④ 安装时应防止角隅碰坏和插销孔破裂及插销变形。

（4）填料的摊铺、碾压

1）填料应根据筋带竖向间距进行分层等厚摊铺和压实，卸料时机具与面板的距离不应小于 1.5 m，摊铺机具作业时距离面板不应小于 1.5 m，距离面板 1.5 m 范围内，应用人工摊铺。填筑时，距离面板 1.5 m 范围内先不填筑，摊土机应平行面板按作业幅宽由远及近顺次作业，填筑的进度应为近墙面处快于远墙面处。

2）碾压前应进行压实试验。用以确定填料分层摊铺厚度、碾压遍数。每层虚铺土不宜大于 250 mm，压实度应符合设计规定，并应大于 95%(重型击实)。

3）距加筋土面墙 1 m 范围外，填料采用大中型振动压实机械压实，距加筋土面墙 1 m 范围内，采用小型压实机械压实，或人工夯实。

3. 监理巡视与检查

（1）铺设拉筋时务必拉紧。填土时，距离墙板 1 m 处可用 12~15t 压路机进行碾压，装运填土时，重型自卸汽车要经常在距离墙板 2~4 m 内操作，机械的压力和振动对墙板向外推移影响较大，如拉筋未拉紧，墙板向外位移势必偏大。在施工中，一经检查发现墙板超出设计位置，应责令立即返工。

（2）严格控制填料的分层摊铺、分层压实。碾压程序要符合工艺规定，既要保证墙体稳定，又要达到填料的压实标准。

（3）加筋挡墙的模板一定要用钢模板，尺寸一定要准确，这样预制成的面板拼装时纵、横缝才能符合标准，使面板间接缝受力均匀，拼出的挡墙使用寿命长且美观。

（4）加筋挡墙成败的决定因素是筋带的强度与耐久性，因此一定要严把质量关，加强进货质量检验，择优选用。施工中，一定要精心组织施工，加强施工现场指导，严格把守工序质量关，才能使这种安全、经济、实用、美观的工程设计完美实现。

4. 工程质量验评标准

（1）预制面板表面平整光洁，线条顺直美观，不得有破损、翘曲、掉角、啃边等现象。不符合要求时减 1 ~2 分。

（2）蜂窝、麻面面积不得超过该面面积的 0.5%。不符合要求时，每超过 0.5% 减 2 分；深度超过 10 mm 的必须处理。

（3）混凝土表面出现非受力裂缝减 1~3 分。裂缝宽度超过设计规定或设计未规定时超过 0.15 mm 必须进行处理。

（4）墙面顺直，线形顺适，板缝均匀，伸缩缝贯通垂直。

（5）露在面板外的锚头应封闭密实、牢固，整齐美观。

（四）墙背填土

1. 施工作业条件

（1）墙背填土应采用透水性材料或设计规定的填料，严禁采用膨胀土、高液限黏土、腐殖土、盐渍土、淤泥和冻土块等不良填料。填料中不应含有机物、冰块、草皮、树根等杂物或生活垃圾。

（2）墙背填土必须和挖方路基、填方路基有效搭接，纵向接缝必须设台阶。

（3）必须分层填筑压实，每层表面平整，路拱合适。

（4）当墙身强度达到设计强度的 75% 以上时方可开始填土。

2. 施工要点

（1）填筑

1）涵洞、管道缺口填筑应在两侧对称均匀回填。

2）填料前对台背基底进行清理，对与路基连接的台阶、填料、松铺厚度的刻度线进行检查。

3）涵顶填土的厚度小于 50 ~ 100 cm 时，不得通过重型车辆或施工机械；靠近构造物 100 cm 范围内不得有较大的振动施工，以免对构造物产生破坏。

4）回填较高的桥台、通道，特别是轻型桥台时，要根据构造物的进度进行，填筑一半或不到一半时，应安装构造物的梁板，以免台背的侧压力使背墙产生位移。

（2）碾压

1）用于填筑的材料应在最佳含水量的 ±1% 状态下分层压实。每层松铺厚度不超过 20 cm，密实度应达到 95% 以上。与路基连接处要挖好台阶，台阶高度不超过 50 cm，且必须密实，不得松软。

2）碾压结束后，对压实度进行检测。

3. 监理巡视与检查

（1）填料是否达到要求。

（2）施工中的摊铺是否均匀，厚度是否得到严格控制，压实是否到位，人工夯实是否彻底。

4. 外观鉴定

（1）填土表面应平整，边线直顺。不符合要求时减 1 ~3 分。

（2）边坡坡面平顺稳定，不得亏坡，曲线圆滑。不符合要求时减 1~3 分。

（五）锚喷防护

1. 施工作业条件

（1）锚杆、钢筋和土工格栅的强度、数量、质量和规格，必须符合设计和有关规范的要求。

（2）混凝土及砂浆所用的水泥、砂、石、水和外掺剂，必须符合有关规范的要求，按规定的配合比施工。

（3）边坡坡度、坡面应符合设计要求。岩面应无风化、无浮石，喷射前应用水冲洗干净。

（4）钢筋应清除污锈，钢筋网与锚杆或其他锚固装置连接牢固，喷射时钢筋不得晃动。

（5）锚杆插入锚孔深度不得小于设计长度的 95%，孔内砂浆应密实、饱满。

（6）喷射前应做好排水设施，对漏水的空洞、缝隙应采用堵水等措施，确保支护质量。

（7）钢筋、土工格栅或锚杆不得外露，混凝土不得开裂脱落。

2. 施工要点

（1）喷射施工前，清除开挖面的浮石和坡脚的岩渣、堆积物，并用高压水冲洗受喷面，对遇水易潮解、泥化的岩层，则应用风清扫岩面。对坡面凹凸起伏较大的地方，应进行坡面修整。

（2）喷射混凝土防护及喷浆防护的厚度应符合图纸规定。当受喷坡面不甚平整时，喷射混凝土中的钢筋网宜在喷射一层混凝土后铺设，钢筋与坡面的间隙宜为 3 cm。

（3）喷浆防护中，砂浆可采用高强度聚合物土工格栅挂网，并通过锚杆固定于边坡上。

（4）施工中将锚杆孔清除干净后方可注浆放置锚杆，并在孔内砂浆充分凝固后才能挂网，挂网后喷射混凝土时应分层施工。

（5）喷浆和喷射混凝土前，应先试喷，确定合适配合比及施工方法，经监理工程师认可后，才能大面积施工。

（6）喷浆及喷射混凝土施工中，应严格按图纸规定或监理工程师指示设置泄水孔和反滤层。

3. 监理巡视与检查

（1）应采用坚硬耐久的集料，集料最大粒径不宜超过 15 mm。

（2）速凝剂及其他外加剂的掺量应通过试验确定。

（3）防护层表面平顺，无脱落现象。锚杆杆体埋入防护层内。

（4）设置的伸缩缝整齐垂直，上下贯通。

（5）泄水孔坡向外面，无堵塞现象。

4. 外观鉴定

混凝土表面密实，不得有突变；与原表面结合紧密，不应起鼓。不符合要求时减 1 ~3 分。

（六）砌石工程

1. 施工作业条件

（1）石料的质量和规格及砂浆所用材料的质量和规格应符合设计要求，按规定的配合比施工。

（2）砌块应错缝砌筑、相互咬紧；浆砌时砌块应坐浆挤紧，嵌缝后砂浆饱满，无空洞现象；干砌时不松动、无叠砌和浮塞。

2. 墙体砌筑

（1）分段砌筑时，各段水平砌缝应一致。相邻砌筑高差不宜超过 1.2 m。缝板安装应位置准确、牢固，缝板材料应符合设计规定。

（2）相邻挡土墙体设计高差较大时应先砌筑高墙段。挡土墙每天连续砌筑高度不宜超过 1.2 m。砌筑中墙体不得移位变形。

（3）预埋管、预埋件及砌筑预留口应位置准确。

（4）砌石底面应卧浆铺砌，立缝填浆捣实，不得有空缝和贯通立缝。砌筑中断时，应将砌好的石层空隙用砂浆填满。再砌筑时石层表面应清扫干净，洒水湿润。工作缝应留斜茬。

3. 墙体片石砌筑

（1）砌筑外露面应选择平面面积的石块，使砌体表面整齐，不得使用小石块镶垫。

（2）砌体中的石块应大小搭配、相互错叠、咬接牢固，较大石块应宽面朝下，石块之间应用砂浆填灌密实，不得干砌。

（3）较大空隙灌缝后，应用挤浆法填缝，挤浆时，可用小锤将小石块轻轻敲入较大空隙中。

4. 墙体块石砌筑

（1）每层块石应高度一致，每砌高 0.7 ~ 1.2 m 找平一次。

（2）砌筑块石，错缝应按规定排列。灰缝宽度宜为 20 ~ 30 mm。

（3）砌筑填心石，灰缝应彼此错开，水平灰缝不得大于 30 mm，垂直灰缝不得大于 40 mm。

5. 监理巡视与检查

（1）浆砌片石框格护坡表面整齐，线条直顺，勾缝平顺，无脱落现象。草坪与骨架顶面齐平。

（2）泄水孔排水通畅，无淤塞及流泥浆现象。

（3）基底必须由承包人填报隐蔽工程验收单，经监理工程师验收签认后才有效。

（4）干砌片石必须镶嵌密实，任何一处均不应有活动石料。

（5）浆砌片石必须砂浆饱满，表面平整，各处几何尺寸均须符合设计要求。砌体外观达到直线段顺直，曲线段圆滑。

6. 外观鉴定

（1）砌体边缘直顺，外露表面平整。

（2）勾缝平顺，缝宽均匀，无脱落现象。

第二节　路面工程施工质量监理

一、监理规划的内容

公路工程监理规划应将委托监理合同中规定的监理企业承担的责任及监理任务具体化，并在此基础上制定实施监理的具体措施。公路工程监理规划通常包括以下内容：

（一）公路工程概况

公路工程的概况部分主要编写以下内容：

1. 公路工程名称。

2. 公路工程地点。

3. 公路工程组成及建筑规模。

4. 主要建筑结构类型。

5. 预计工程投资总额（可以按两种费用编列：① 公路工程投资总额；② 公路工程投资

组成简表）。

6. 公路工程计划工期。

7. 工程质量要求（应具体提出公路工程的质量目标要求）。

8. 公路工程设计单位及施工承包单位名称。

9. 公路工程项目结构图与编码系统。

（二）监理工作范围

监理工作范围是指监理企业所承担的监理任务的工程范围。如果监理企业承担全部公路工程的监理任务，监理范围为全部公路工程，否则应按监理企业所承担的公路工程的建设标段或子项目划分确定公路工程监理范围。

（三）监理工作内容

1. 立项阶段监理工作的主要内容

（1）协助建设单位准备工程报建手续。

（2）可行性研究咨询 / 监理。

（3）技术经济论证。

（4）编制公路工程投资估算。

2. 设计阶段监理工作的主要内容

（1）结合公路工程特点，收集设计所需的技术经济资料。

（2）编写设计要求文件。

（3）组织公路工程设计方案竞赛或设计招标，协助建设单位选择好勘察设计单位。

（4）拟定和商谈设计委托合同内容。

（5）向设计单位提供设计所需的基础资料。

（6）配合设计单位开展技术经济分析，搞好设计方案的必选，优化设计。

（7）配合设计进度，组织设计单位与有关部门，如消防、环保、土地、人防、防汛、园林以及供水、供电、供气、供热、电信等部门的协调工作。

（8）组织各设计单位之间的协调工作。

（9）参与主要设备、材料的选型。

（10）审核工程设计图纸，检查设计文件是否符合设计规范及标准，检查施工图纸是否满足施工需要。

（11）检查和控制设计进度。

（12）审核工程估算、概算、施工图预算。

（13）审核主要设备、材料清单。

（14）组织设计文件的报批。

3. 施工招标阶段监理工作的主要内容

（1）拟订公路工程施工招标方案并征得建设单位同意。

（2）准备公路工程施工招标条件。

（3）办理施工招标申请。

（4）协助建设单位编写施工招标文件。

（5）标底经建设单位认可后，报送所在地方建设主管部门审核。

（6）协助建设单位组织公路工程施工招标工作。

（7）组织现场勘察与答疑会，回答投标人提出的问题。

（8）协助建设单位组织开标、评标及定标工作。

（9）协助建设单位与中标单位商签施工合同。

4. 材料、设备供应阶段监理工作的主要内容

对于由业主负责采购供应的材料、设备等物资，监理工程师应负责制订计划，监督合同的执行和材料、设备的供应工作。具体内容如下：

（1）制订材料、设备供应计划和相应的资金需求计划。

（2）通过质量、价格、供货期、售后服务等条件的分析和对比选择，确定材料、设备等物资的供应单位。

（3）拟定并商签材料、设备的订货合同。

（4）监督合同的实施，确保材料、设备的及时供应。

5. 施工准备阶段监理工作的主要内容

（1）审查施工单位选择的分包单位的资质。

（2）监督检查施工单位质量保证体系及安全技术措施，完善质量管理程序与制度。

（3）参加设计单位向施工单位的技术交底。

（4）在单位工程开工前检查施工单位的复测资料，特别是两个相邻施工单位之间的测量资料、控制桩是否交接清楚，手续是否完善，质量有无问题，并对贯通测量、中线及水准桩的设置、固桩情况进行审查。

（5）对重点工程部位的中线、水平控制进行复查。

（6）审查施工单位上报的实施性施工组织设计，重点对施工方案、劳动力、材料、机械设备的组织及保证工程质量、安全、工期和控制造价等方面的措施进行监督，并向建设单位提出监理意见。

（7）监督落实各项施工条件，审批一般单项工程、单位工程的开工报告，并报建设单位备查。

6. 施工阶段监理工作的主要内容

（1）施工阶段的质量控制

1）对所有的隐蔽工程在进行隐蔽以前进行检查和办理签证，对重点工程要派监理人员驻点跟踪监理，签署重要的分项工程、分部工程和单位工程质量评定表。

2）对施工测量、放样等进行检查，对发现的质量问题应及时通知施工单位纠正，并

做好监理记录。

3）检查确认运到现场的工程材料、构件和设备质量，并应查验试验、化验报告单，出厂合格证是否齐全、合格，监理工程师有权禁止不符合质量要求的材料、设备进入工地和投入使用。

4）监督施工单位严格按照施工规范、设计图纸要求进行施工，严格执行施工合同。

5）检查施工单位的工程自检工作，数据是否齐全，填写是否正确，并对施工单位的质量评定自检工作做出综合评价。

6）对施工单位的检验测试仪器、设备、度量衡定期检验，不定期地进行抽验，保证度量资料的准确。

7）监督施工单位对各类土木和混凝土试件按规定进行检查和抽查。

8）监督施工单位认真处理施工中发现的一般质量事故，并认真做好监理记录。

9）对大、重大质量事故以及其他紧急情况应及时报告建设单位。

10）对工程主要部位、主要环节及技术复杂工程加强检查。

（2）施工阶段的进度控制

1）监督施工单位严格按施工合同规定的工期组织施工。

2）对控制工期的重点工程，要审查施工单位提出的保证进度的具体措施，如发生延误，应及时分析原因，采取对策。

3）建立工程进度台账，核对工程形象进度，按月、季向建设单位报告施工计划执行情况、工程进度及存在的问题。

（3）施工阶段的投资控制

1）审查施工单位申报的月、季度计量报表，认真核对其工程数量，不超计，不漏计，严格按合同规定进行计量支付签证。

2）保证支付签证的各项工程质量合格、数量准确。

3）建立计量支付签证台账，定期与施工单位核对清算。

4）按建设单位授权和施工合同的规定审核变更设计。

（4）施工阶段的安全监理

1）发现存在安全事故隐患的，要求施工单位整改或停工处理。

2）施工单位不整改或不停止施工的，及时向有关部门报告。

7. 施工验收阶段监理工作的主要内容

（1）督促、检查施工单位及时整理竣工文件和验收资料，受理单位工程竣工验收报告，提出监理意见。

（2）根据施工单位的竣工报告，提出工程质量检验报告。

（3）组织工程预验收，参加建设单位组织的竣工验收。

8. 合同管理工作的主要内容

（1）拟定本公路工程合同体系及合同管理制度，包括合同草案的拟定、会签、协商、修改、审批、签署、保管等工作制度及流程。

（2）协助建设单位拟定工程的各类合同条款，并参与各类合同的商谈。

（3）合同执行情况的分析和跟踪管理。

（4）协助建设单位处理与工程有关的索赔事宜及合同争议事宜。

9. 建设单位委托的其他服务

监理企业及其监理工程师受建设单位委托，还可以承担以下几个方面的服务：

（1）协助建设单位准备工程条件，办理供水、供电、供气、电信线路等申请或签订协议。

（2）协助建设单位制订产品营销方案。

10. 监理工作目标

公路工程监理目标是指监理企业所承担的公路工程的监理控制预期达到的目标。通常以公路工程项目的建设投资、进度、质量三大控制目标来表示。例如，工期控制目标：×××个月或自×年×月×日至×年×月×日；质量控制目标：公路工程质量合格及建设单位的其他要求。

11. 监理工作依据

（1）工程建设方面的法律、法规。

（2）政府批准的工程建设文件。

（3）公路工程委托监理合同。

（4）其他公路工程合同。

12. 项目监理机构的组织形式

项目监理机构的组织形式应根据公路工程监理要求选择，可用组织结构图表示。

13. 项目监理机构的人员配备计划

项目监理机构的人员配备应根据公路工程监理的进程合理安排。

14. 项目监理机构的人员岗位职责。

15. 监理工作程序

根据监理目标编制监理工作程序控制流程图或表格。

（1）制定监理工作总程序应根据专业工程特点，并按工作内容分别制定具体的监理工作程序，如分包单位资质审查基本程序、工程延期管理基本程序、工程暂停及复工管理的基本程序等。

（2）制定监理工作程序应体现事前控制和主动控制的要求。

（3）制定监理工作程序应结合工程项目的特点，注重监理工作的效果。监理工作程序中应明确工作内容、行为主体、考核标准、工作时限。

（4）当涉及建设单位和承包单位工作时，监理工作程序应符合委托监理合同和施工合同的规定。

（5）在监理工作实施过程中，应根据实际情况的变化对监理工作程序进行调整和完善。

16. 监理工作方法及措施

公路工程监理控制目标的方法与措施应重点围绕投资控制、进度控制、质量控制这三大控制任务展开。为了履行《公路工程安全生产管理条例》规定的安全监理职责，在监理规划中，也应对安全监理的方法和措施做出规划。

（1）投资控制目标方法与措施投资目标分解。

1）按公路工程的投资费用组成分解。

2）按年度、季度分解。

3）按公路工程实施阶段分解。

4）按公路工程组成分解。

（2）投资使用计划。资金使用计划可列表编制，以年度、季、月来编制。

（3）投资目标实现的风险分析。

（4）投资控制的工作流程与措施。

1）工作流程图。

2）投资控制的组织措施。建立健全项目监理机构，完善职责分工及有关制度，落实投资控制的责任。

3）投资控制的技术措施。在设计阶段，推出限额设计和优化设计；在招标投标阶段，合理确定标底及合同价；对材料、设备采购，通过质量价格比选，合理确定生产供应单位；在施工阶段，通过审核施工组织设计和施工方案，使组织施工合理化。

4）投资控制的经济措施。及时进行计划费用与实际费用的分析比较，对原设计或施工方案提出合理化建议并被采用，由此产生的投资节约按合同规定予以奖励。

5）投资控制的合同措施。按合同条款支付工程款，防止过早、过量支付，减少施工单位的索赔，正确处理索赔事宜。

（5）投资控制的动态比较。

1）投资目标分解值与概算值的比较。

2）概算值与施工图预算值的比较。

3）合同价与实际投资的比较。

（6）投资控制表格。

（7）进度控制目标方法与措施

1）工程总进度计划。

2）总进度目标的分解。

3）年度、季度进度目标；各阶段的进度目标；各子项目进度目标。

（8）进度目标实现的风险分析。

（9）进度控制的工作流程与措施。

1）工作流程图。

2）进度控制的组织措施。建立进度控制协调制度，落实进度控制的责任。

3）进度控制的技术措施。建立多级网络计划体系，监控承建单位的作业实施计划。

4）进度控制的经济措施。对工期提前者实行奖励，对应急工程实行较高的计件单价，确保资金的及时供应等。

5）投资控制的合同措施。按合同要求及时协调有关各方的进度，以确保公路工程的形象进度。

（10）进度控制的动态比较。

1）进度目标分解值与进度实际值的比较。

2）进度目标值的预测分析。

（11）进度控制表格。

（12）质量控制目标方法与措施。

首先，质量控制目标的描述。

1）设计质量控制目标。

2）材料质量控制目标。

3）设备质量控制目标。

4）土建施工质量控制目标。

5）设备安装质量控制目标。

6）其他说明。

其次，质量目标实现的风险分析。

最后，质量控制的工作流程与措施。

1）工作流程图。

2）质量控制的组织措施。建立健全项目监理机构，完善职责分工，制定有关质量监督制度，落实质量控制责任。

3）质量控制的技术措施。协助完善质量保证体系；严格事前、事中和事后的质量检查监督。

4）质量控制的经济措施及合同措施。严格质检和验收，不符合合同规定质量要求的拒付工程款；达到建设单位特定质量目标要求的，按合同支付质量补偿金或奖金。

二、公路工程监理规划的审核

公路工程监理规划在编写完成后需要进行审核并经批准。监理企业的技术主管部门是内部审核单位，其负责人应当签认。监理规划审核的内容主要包括以下几个方面：

（一）监理范围、工作内容及监理目标的审核

依据监理招标文件和委托监理合同，看其是否理解了建设单位对该工程的建设意图，监理范围、监理工作内容是否包括全部委托的工作任务，监理目标是否与合同要求和建设意图一致。

（二）项目监理机构结构的审核

1. 组织机构

在组织形式、管理模式等方面是否合理，是否结合了工程实施的具体特点，是否能够与建设单位的组织关系和承包方的组织关系相协调等。

2. 人员配备

人员配备的方案应从以下几个方面审查：

派驻监理人员的专业满足程度。应根据工程特点和委托监理任务的工作范围审查，不仅要考虑专业监理工程师如土建监理工程师、安装监理工程师等能否满足开展监理工作的需要，而且还要看其专业监理人员是否覆盖了工程实施过程中的各种专业要求，以及高、中级职称和年龄结构的组成。

人员数量的满足程度。主要审核从事监理工作人员在数量和结构上的合理性。在施工阶段，专业监理工程师占 20%~30%。

专业人员不足时采取的措施是否恰当。大中型公路工程由于技术复杂、涉及的专业面宽，当监理企业的技术人员不足以满足全部监理工作要求时，对拟临时聘用的监理人员的综合素质应认真审核。

派驻现场人员计划表。对于大中型公路工程，不同阶段对监理人员人数和专业等方面的要求不同，应对各阶段所派驻现场监理人员的专业、数量计划是否与公路工程的进度计划相适应进行审核；还应平衡正在其他工程上执行监理业务的人员，是否能按照预定计划进入本工程参加监理工作。

3. 工作计划审核

在工程进展中各个阶段的工作实施计划是否合理、可行，审查其在每个阶段如何控制公路工程目标以及组织协调的方法。

4. 投资、进度、质量控制方法和措施的审核

对三大目标的控制方法和措施应重点审查，看其如何应用组织、技术、经济、合同措施保证目标的实现，方法是否科学、合理、有效。

5. 监理工作制度审核

主要审查监理的内、外工作制度是否健全。

第四章　桥涵工程施工质量监理

第一节　桥涵工程施工准备阶段质量监理

在桥涵工程施工准备阶段，监理工程师的主要工作内容如下：

1. 施工开始前，承包人应对设计图纸中的桥涵中线位置桩、三角网基点桩、水准点及其测量资料进行校核，并补充施工所需的桥涵中线桩、墩台位置、水准基点桩及增设必要的护桩等。当有地下电缆、管道或构造物靠近开挖的桥梁基础位置时，应对这些构造物设置标桩。以上测量结果均应做详细记录，并报监理工程师审批。

2. 应做好施工现场准备，修建施工临时设施，安装调试施工机具及标定试验机具，进行施工测量及复合测量资料，做好材料的储存和堆放，做好开工前的试验检测工作。

3. 承包人应按规定要求，清理施工场地，做到监理工程师满意。

4. 所有用于桥涵工程施工的钢材、水泥、石料、砂、拌和用水等，均应由监理试验室对承包人的试验结果进行复检，其结果应符合设计要求及有关规范的规定，对砂浆和混凝土的配合比，监理工程师亦应通过监理试验室对承包人提供的配合比进行复检后确认批准。审批的内容：材料的品种及来源；水与水泥的质量比；混凝土的工作性；混凝土的浇筑与养护方法；外加剂的掺入量告示，尤其是混凝土外加剂的使用，必须获得监理工程师的批准，否则，不得在混凝土中掺用外加剂及水硬性或填充性混合物。

5. 桥梁开工前，承包人应根据设计文件和合同工期，编制施工方案，并呈报监理工程师审批。

6. 承包人必须按照图纸及其有关说明施工，结构物的尺寸、线条、外形应符合图纸上设计规定，其施工偏差应在规范规定的允许值范围内。当图纸内有关施工说明与规范有矛盾时，或图纸及规范均缺少有关的要求和规定时，则由监理工程师根据实际情况确定或规定。

第二节 基础工程施工质量监理

一、明挖基础施工质量监理

基础开挖施工工序流程及监理工作内容：

1. 基坑开挖前应根据水文、地质、开挖方式及施工环境条件等因素，确定是否对坑壁采取支护措施。当基坑深度较小且坑壁土层稳定时，可直接放坡开挖；当坑壁土层不易稳定且有地下水影响，或放坡开挖场地受到限制，或放坡开挖工程量大时，应按设计要求对坑壁进行支护，设计未要求时，应结合实际情况选择适宜的坑壁支护方案。

2. 基坑的顶面应设置防止地面水流入基坑的设施。基坑顶面有动荷载时，其边缘与动荷载之间应留有不小于 1m 宽的护道，动荷载较大时宜适当加宽护道；若水文和地质条件较差，应采取加固措施。

3. 基坑土质及地层情况必须经监理工程师检验确定合格后，方可进行基础常工的施工。

4. 基础的基底为非黏性土或干土时，在施工前应将其润湿，并应按设计要求浇筑混凝土垫层，垫层顶面不得高于基础底面设计高程；地基为淤泥或承载力不足时，应按设计要求处理后方可进行基础的施工；基底为岩石时，应用水冲洗干净，且在基础施工前应铺设一层不低于基础混凝土强度等级的水泥砂浆。

5. 扩大基础的施工宜采用钢模板。混凝土应在全平截面范围内水平分层进行浇筑，且机械设备的能力应满足混凝土浇筑施工的要求；当浇筑量过大设备能力难以满足施工要求，或大体积混凝土温控需要时，可分块浇筑。

二、桩基础施工质量监理

1. 桩身混凝土所用的水泥、砂、石、水、外掺剂及混合材料的质量和规格必须符合有关规范的要求，按规定的配合比施工。

2. 成孔后必须清孔，测量孔径、孔深、孔位和沉淀层厚度，确认满足设计或施工技术规范要求后，方可灌注水下混凝土。

3. 水下混凝土应连续灌注，严禁有夹层和断桩。

4. 嵌入承台的锚固钢筋长度不得低于设计规范规定的最小锚固长度要求。

5. 应选择有代表性的桩用无破损法进行检测，重要工程或重要部位的桩宜逐根进行检测。设计有规定或对桩的质量有怀疑时，应采取钻取芯样法对桩进行检测。

6. 凿除桩头预留混凝土后，桩顶应无残余的松散混凝土。

7. 钻机的选型宜根据孔径、孔深、桩位处的水文地质情况、施工环境条件等因素综合确定，所选用的钻机及钻孔方法应能满足施工质量和施工安全的要求。

8. 钻机就位前，应对钻孔的各项准备工作进行检查，钻机安装后，其底座和顶端应平稳。不论采用何种方法钻孔，开孔的孔位均必须准确，开钻时应慢速钻进，待导向部位或钻头全部进入地层后，方可正常钻进。钻机在钻进施工时不应产生位移或沉陷，否则应及时处理。分级扩孔钻进施工时应保持桩轴线一致。

9. 采用正、反循环回旋钻机（含潜水钻 . 钻进时应减压钻进，钻机的主吊钩始终应承受部分钻具的重力，孔底承受的钻压不应超过钻具重力之和（扣除浮力 . 的 80%。

10. 采用冲击钻机冲击成孔时，应小冲程开孔，并应使成孔的孔壁坚实、竖直、圆顺，能起到导向的作用，待钻进深度超过钻头全高加冲程后，方可进行正常的冲击。冲击钻进过程中，孔内水位应高于护筒底口 500mm 以上；掏取钻渣和停钻时，应及时向孔内补水，保持水头高度。

11. 采用全护筒法钻进时，钻机应安装平整，压进的首节护筒应竖直。钻孔开始后应随时检测护筒的水平位置和拉紧直线，如发现偏移，应将护筒拨出，调整后重新压入钻进。

12. 采用旋挖钻机钻孔时，应根据不同的地质条件选用相应的钻斗。钻进过程中应保证泥浆面始终不低于护筒底部 500mm 以上，并应严格控制钻进速度，避免进尺过快造成坍孔埋钻事故。钻斗的升降速度宜控制在 0.75 ~ 0.80m/s；在粉砂层或粉质砂土层中，升降速度应更加缓慢，泥浆初次注入时，应垂直向桩孔中间进行注浆。

三、沉井施工质量监理

1. 混凝土桩所用的水泥、砂、石、水、外掺剂及混合材料的质量和规格必须符合有关规范的要求，按规定的配合比施工。

2. 沉井下沉应在井壁混凝土达到规定强度后进行。浮式沉井在下水、浮运前，应进行水密性试验。

3. 沉井接高时，各节的竖向中轴线应与第一节竖向中轴线相重合。接高前应纠正沉井的倾斜度。

4. 沉井下沉到设计高程时，应检查基底，确认符合设计要求后方可封底。

5. 沉井下沉中出现开裂，必须查明原因，进行处理后方可继续下沉。

6. 下沉应有完整、准确的施工记录。

7. 沉井的分节制作高度，应能保证其稳定，且应具有适当重力便于顺利下沉。底节沉井的最小高度，应能抵抗拆除支垫后的竖向挠曲，土质条件许可时，可适当增加高度。混凝土浇筑前应检查沉井纵、横向中轴线位置是否符合设计要求。

8. 位于深水中的沉井，宜采用浮式沉井。浮式沉井的制作应根据沉井规模、河岸地形、设备条件等，进行技术经济比较，确定制作场地及下水方案。在浮船上或交架平台上制作沉井时，浮船、交架平台的承载力应满足制作的要求。

四、地下连续墙施工质量监理

1. 每一槽段成槽后，必须采取有效措施清底，并测量槽深、槽宽及倾斜度，符合设计和施工技术规范要求后，方可灌注水下混凝土。

2. 相邻两槽段墙体中心线在任一深度的偏差值不得超过 60mm。

3. 水下混凝土应连续灌注，严禁有夹层和断墙。

4. 灌注水下混凝土时，钢筋骨架不得上浮。

5. 应处理好接头，防止间隔灌注时漏水漏浆。

6. 墙顶应无松散混凝土。

7. 检查所用原材料、外加剂、配合比等是否符合设计要求和施工规范的规定；核查施工机械设备的性能、能力是否满足挖槽、泥浆循环、起吊、混凝土灌注等施工作业的需要。

8. 复查地下连续墙工程定位放线和轴线是否符合设计要求。

9. 构筑的导墙质量关系到地下连续墙的施工质量，因此，在导墙施工时，对导墙的材料、平面位置、埋置深度、墙体厚度、顶面高程以及两内墙间距、内墙面竖直度等应严格按设计文件要求和施工技术规范规定进行检验。

确保导墙的平面轴线与地下连续墙轴线平行；两导墙内侧间距比地下连续墙体厚度大 50mm 左右，且内墙面须保持竖直、平滑；导墙顶面应高出原地面 50 ~ 100mm，并要求顶面保持水平。当导墙分段施工时，其段落划分应与单元槽段划分错开。

10. 在成槽过程中，应随时进行泥浆性能指标检验，以保持其护壁作用的有效性。在开挖过程中，还应定时检测成槽质量，沟槽若有偏斜或槽壁坍塌，应查明原因，妥善处理。

11. 钢筋骨架应根据设计图和单元槽段的划分长度制作。吊放钢筋骨架必须使骨架中心对准单元槽段中心。大片钢筋骨架起吊不得发生摆动，不得产生变形，并准确地插入槽内。若不能顺利插入，应重新吊起，查明原因，绝不允许硬行压入槽内。

12. 检查地下连续墙裸露墙面、接缝处夹泥及漏水情况，并检查成墙后墙顶中心线和标高是否符合设计要求。

13. 地下连续墙的混凝土抗压强度、抗渗强度必须符合设计要求和施工规范的规定，必要时进行混凝土强度检测。

第三节　桥梁上、下部结构施工质量监理

一、桥梁上部结构分类和监理

一）斜交板桥

1. 荷载有向两支承边之间最短距离方向传递的趋势。

2. 各角点受力情况可用比拟连续梁的工作来描述，钝角处产生较大的负弯矩，反力也较大，锐角点有向上翘起的趋势。

3. 在均布荷载作用下，当桥轴向的跨长相同时，斜板桥的最大跨内弯矩比正桥要小。

4. 在均布荷载作用下，当桥轴向的跨长相同时，斜板桥的跨中横向弯矩比正桥要小。

二）装配式钢筋混凝土简支 T 梁

梁肋与翼板（桥面板 . 结合在一起作为承重结构，肋与肋之间的处于受拉区域的混凝土得到较大挖空，减轻结构自重。既充分利用扩展的桥面板的抗压能力，又有效地发挥了梁肋下部受力钢筋的抗拉作用。

三）预应力混凝土简支 T 梁

预应力混凝土简支梁存在核心距的概念，其越大则抗力效应越强，为提高核心距，在构造上可采用大翼缘、薄肋板、宽矮马蹄的结构形式。配合梁内正弯矩的分布，防止出现拉应力，纵向预应力筋须在梁端弯起或中间截断张拉。但弯起筋可增强支点附近的抗剪能力。

四）连续体系桥梁

1. 由于支点存在负弯矩，使跨中正弯矩显著减少，可以通过减少跨内主梁的高度，来提高跨径。当加大支点截面附近的梁高形成变截面时，还可进一步降低跨中弯矩。

2. 由于是超静定结构，产生附加内力的因素包括预应力、混凝土的收缩徐变、墩台不均匀沉降、截面温度梯度变化等。

3. 配筋要考虑正负两种弯矩的要求，顶推法施工要考虑截面正负弯矩的交替变化。

五）斜拉桥

1. 斜拉索相当于增大了偏心距的体外索，充分发挥抵抗负弯矩的能力，节约钢材。

2. 斜拉索的水平分力相当于混凝土的预压力。

3. 主梁多点弹性支承，高跨比较小、自重轻，能够提高跨径。

六）悬索桥

1. 主缆为主要承重结构，其巨大的拉力需要牢固的地锚承受，对于连续吊桥，中间地锚的两侧拉索水平推力基本平衡，主要利用自重承受向上的竖向力。

2. 主缆的变形非线性，一般采用挠度理论或变形理论。挠度理论是考虑原有荷载（如恒载）的主缆轴力对新荷载（如活载）的竖向变形（挠度）将产生一种新的抗力，在变形之后再考虑内力的平衡。变形理论将悬索桥看作是由各单根构件所组成的结构体系，在力学分析中先计算每个构件的刚度，后放入结构体系的矩阵内，进行总体平衡的求积。

（七）拱桥

拱桥的拱圈是桥跨结构的主要承载部分，在竖直荷载作用下，拱端支撑处不仅有竖向反力，还有水平推力，这样拱的弯矩比相同跨径的梁的弯矩小得多，从而使整个拱主要承受压力。

二、桥梁下部结构分类和质量监理

1. 桥梁下部结构分类

公路桥梁下部结构可分为重力式桥墩、重力式桥台、轻型桥墩、轻型桥台。

（1）重力式桥墩、桥台。

重力式桥墩与重力式桥台的主要特点是靠自身质量来平衡外力从而保持其稳定，因此，墩、台身比较厚实，可以不用钢筋，而用天然石材或片石混凝土砌筑。它适用于地基良好的大、中型桥梁，或流冰、漂浮物较多的河流中。在砂石料取用方便的地区，小桥也往往采用重力式桥墩、桥台。它主要缺点是坊工体积较大，所以其自重和阻水面积也较大。

拱桥重力式桥墩分为普通墩与制动墩，制动墩要能承受单向较大的水平推力，防止出现一侧的拱桥坍塌，所以尺寸较大；与梁桥重力式桥墩相比，具有拱座等构造设施。

梁桥和拱桥上常用的重力式桥台为U形桥台，它适用于填土高度在8 ~ 10 m以下或跨度稍大的桥梁。缺点是桥台体积和自重较大，增加了对地基的要求。此外，桥台的两个侧墙之间填土容易积水，结冰后冻胀，使侧墙产生裂缝。所以，宜用渗水性较好的土夯填，并做好台后排水措施。

（2）轻型桥墩、桥台

1）梁桥轻型桥墩

① 钢筋混凝土薄壁桥墩

施工简便，外形美观，过水性良好，适用于低级土软弱的地区。缺点是需耗费用于立模的木料和一定数量的钢筋。

② 柱式桥墩

外形美观，圬工体积少，而且质量较轻。

③ 钻孔桩柱式桥墩

适合于多种场合和各种地质条件。通过增大桩径、桩长或用多排桩加建承台等措施，来适用于更复杂的软弱地质条件以及较大的跨径和较高的桥墩。

④ 柔性排架桩墩

优点是用料省、修建简便、施工速度快。主要缺点是用钢量大，使用高度和承载能力受到一定限制。因此它只适合于在低浅宽滩河流、通航要求低和流速不大的水网地区河流上修建小跨径桥梁时采用。

2）梁桥轻型桥台

① 设有支撑梁的轻型桥台

适用于单跨桥梁，桥孔跨径 6 ~ 10 m，台高不超过 6 m。

② 埋置式桥台

桥台所受的土压力小，桥台的体积相应的减少。但是由于台前护坡是用片石做表面防护的一种永久性设施，存在有被洪水冲毁而使台身裸露的可能，故设计时必须慎重地进行强度和稳定的验算。埋置式桥台分为后倾式、肋形埋置式、双柱式、框架式等类型。其中桩柱式桥台对于各种土壤地基都适宜。其适用范围是：桥孔跨径 8 ~ 20 m，填土高度 3 ~ 5 m。当填土高度大于 5 m 时，宜采用框架式埋置式桥台。

③ 钢筋混凝土薄壁桥台

适用于软弱地基的条件。但其构造和施工比较复杂，并且钢筋用量也较多。

④ 加筋土桥台

在台后路基填土不被冲刷的中、小跨径桥梁中，当台高 3 ~ 5 m 时，可采用加筋土桥台。

3）拱桥轻型桥墩

① 带三角杆件的单向推力墩：只在桥不太高的旱地上采用。

② 悬臂式单向推力墩：适用于两铰双曲拱桥。

4）拱桥轻型桥台

拱桥轻型桥台适用于 13 m 以内的小跨径拱桥和桥台水平位移量很小的情况。其工作原理是，当桥台受到拱的推力后，便发生绕基底形心轴向路堤方向转动，此时台后的土便产生抗力来平衡拱的推力，从而使桥台的尺寸变小。

① 八字形桥台：适用于桥下需要通车或过水的情况。

②U 形桥台：适用于较小跨径的桥梁。

③ 背撑式桥台：适用于较大跨径的高桥和宽桥。

④ 靠背式框架桥台：适用于在非岩石地基上修建拱桥桥台。

5）拱桥的其他形式桥台

① 组合式桥台：适用于各种地质条件。

② 空腹式桥台：一般在软土地基、河床无冲刷或冲刷轻微、水位变化小的河道上采用。

③ 齿槛式桥台：适用于软土地基和路堤较低的中小跨径拱桥。

2. 桥梁下部结构的构造特点与受力特点

（1）桥梁下部结构的构造特点

1）重力式桥墩

梁桥重力式桥墩由墩帽、墩身、基础等组成，墩帽要满足支座布置和局部承压的需要；与梁桥重力式桥墩相比，拱桥重力式桥墩具有拱座等构造设施，且制动墩要比普通墩尺寸更大，能承受单向较大的水平推力，防止倾塌。

2）重力式桥台（U 形桥台）

由台帽、背墙、台身（前墙、侧墙）、基础、锥坡等几部分组成。背墙、前墙与侧墙结合成一体，兼有挡土墙和支撑墙的作用。

3）梁桥轻型桥墩

① 钢筋混凝土薄壁桥墩

圬工体积小、结构轻巧，比重力式桥墩可减少 70% 左右圬工量。

② 柱式桥墩

由分离的 2 根或多根立柱（或桩柱）组成，是公路桥梁中采用较多的桥墩形式之一。

③ 柔性排架桩墩

由单排或双排的钢筋混凝土桩与钢筋混凝土盖梁连接而成。其主要特点是，可以通过一些构造措施，将上部结构传来的水平力（制动力、温度影响力等）传递到全桥的各个柔性墩台，或相邻的刚性墩台上，以减少单个柔性墩所受到的水平力，从而达到减小桩墩截面的目的。

4）梁桥轻型桥台

① 设有支撑梁的轻型桥台

台身为直立的薄壁墙，台身两侧有翼墙，在两桥台下部设置支撑梁，上部结构与桥台锚栓连接，构成四铰框架。

② 埋置式桥台

将台身埋在锥形护坡中，只露出台帽在外来安置支座及上部结构。

③ 钢筋混凝土薄壁桥台

由扶壁式挡土墙和两侧的薄壁侧墙构成。

④ 加筋土桥台

一般由台帽和竖向面板、拉杆、锚锭板及其间填料共同组合的台身组成。

5）拱桥轻型桥墩。

① 带三角杆件的单向推力墩

在普通墩的墩柱上，从两侧对称地增设钢筋混凝土斜撑和水平拉杆，以此来提高抵抗水平推力的能力。为了提高构件的抗裂性，可以采用预应力混凝土结构。

② 悬臂式单向推力墩

墩柱顶部向两桥跨处伸出悬臂段，当该墩的一侧桥孔遭到破坏以后，可以通过另一侧拱座上的竖向分力与悬臂长所构成的稳定力矩来平衡由拱的水平推力所导致的倾覆力矩。

6）拱桥轻型桥台

① 八字形桥台

台身由前墙和两侧的八字翼墙构成。

② U 形桥台

由前墙和平行于车行方向的侧墙组成，与 U 形重力式桥台相比，桥台侧墙是拱上侧墙的延伸。

③ 背撑式桥台

在八字形桥台或 U 形桥台的前墙背后加一道或几道背撑，稳定性好。

④ 靠背式框架桥台

由三角形框架台帽、前壁、耳墙和设置在不同标高且具有不同斜度的分离式基础，连接而成。水平和仰斜的基底能满足施工期间的稳定性，且能合理承受主拱作用力。

（2）桥梁下部结构的受力特点

桥梁墩台承担着桥梁上部结构所产生的荷载，并将荷载有效地传递给地基基础，起着“承上启下”的作用。

桥墩为多跨桥梁中的中间支承结构物，除承受上部结构产生竖向力、水平力和弯矩外，还承受风力、流水压力及可能发生的地震作用、冰压力、船只和漂流物的撞击力。

桥台设置在桥梁两端，除了支承桥跨结构外，还是衔接两岸接线路堤的构筑物。它既能挡土护岸，又能承受台背填土及填土上车辆荷载所产生的附加土侧压力。

桥梁墩台不仅自身应有足够的强度、刚度和稳定性，而且对地基的承载能力、沉降量、地基与基础之间的摩阻力等也都提出一定的要求，避免在上述荷载作用下产生危害桥梁整体结构的水平、竖向位移和转角位移。

桥梁墩台受力计算时的荷载及其组合应根据可能出现的各种荷载情况进行最不利的荷载组合。

第四节　桥面系和附属工程施工质量监理

一、桥面附属工程施工及监理工作程序

桥面附属工程施工工序流程及监理工作内容应结合各地的设计状况制定。

二、桥面伸缩缝施工监理要点

桥面伸缩缝是为了保证桥跨结构在气温变化、活载作用、混凝土徐变等影响下自由的变形，保证车辆在伸缩缝处平稳地通过和防止雨水、垃圾、泥土等渗入。监理工作应首先对进场的原材料进行控制，凡工厂生产的产品必须具有出厂合格证书。然后，施工中应审核做好如下工作（根据一般经验介绍）：

1. 浇筑混凝土时在伸缩缝处同时填塞低强度等级混凝土，以达到端头混凝土边缘密实标高一致。

2. 上层沥青混凝土覆盖应盖到伸缩缝范围内。

3. 在覆盖的沥青混凝土处精细放样，再用切割机将多余的沥青层及低强度等级混凝土去除。

4. 预埋或焊接的连接钢筋必须牢固，数量必须符合设计，焊接时必须防止已浇筑混凝土被烧伤。

5. 在清理干净伸缩缝处杂物后，按照设计图纸规定的混凝土强度等级，精心浇筑伸缩缝周围的混凝土，沿顺桥方向以 3m 直尺严格控制伸缩缝周围的顶面高程与附近沥青混凝土顶面高程一致，并注意振捣密实，及时抹压平整养生。

6. 待浇筑混凝土达到强度再仔细安装伸缩缝。

7. 梳形伸缩缝安装时的间隙按《公路桥梁抗震设计细则》（JTG/TB02-01—2008）规定执行，但应注意接缝四周的混凝土宜在接缝伸缩开放状态下浇筑。

三、桥面排水工程监理要点

桥面排水工程必须做到纵横坡符合设计要求，防止雨水滞积于桥面坑洼而渗入梁体。泄水管埋设位置应正确，管嘴应伸出结构物底面 10 ~ 15cm，管口周围设置相应的聚水槽，以使雨水排除畅通，金属管必须做防锈处理。若用其他管替代设计规定泄水管时，必须经监理工程师同意后方可使用。

四、桥面铺装工程监理要点

1. 桥面铺装所用原材料应符合图纸要求，并经监理工程师批准。

2. 桥面铺装厚度的控制。

3. 按施工图纸预留好伸缩缝的工作槽，并检查其伸缩性。

4. 桥面铺装必须在大梁的横向连接钢板已焊接，上部构造构件的横向伸出钢筋已焊接或绑扎、预留的槽缝已经灌注水泥砂浆并按要求铺设纵向接缝钢筋网或桥面钢筋网后，才能开始。

5. 为使桥面铺装与下面的混凝土结构物或构件紧密结合，其面板表面必须粗糙，并在浇筑桥面铺装前用水冲洗干净。

为保证桥面排水良好，桥面泄水孔的进水口应略低于桥面面层，泄水孔的数量不得低于设计要求。

五、人行道铺设监理要点

1. 悬臂式人行道构件应在与主梁横向连接或拱上结构完成后方可安装。

2. 人行道梁应采用 M20 稠水泥砂浆，并应使人行道顶面形成设计规定的横向排水坡。

3. 人行道板应在人行道梁锚固后方可铺设；对设计无锚固的人行道梁、人行道板，应按照由里向外的次序铺设。

六、栏杆与护栏安装施工监理要点

1. 所用的水泥、砂、石、水和外掺剂的质量和规格必须符合有关规范的规定，按规定的配合比施工。

2. 不得出现露筋和空洞现象。

3. 栏杆杆件不得有弯曲或断裂现象。

4. 栏杆必须在人行道板铺完后方可安装。

5. 栏杆安装必须牢固，其杆件连接处的填缝料必须饱满平整，强度应满足设计要求。

6. 防撞护栏上的钢构件应焊接牢固，焊缝应满足设计和有关规范的要求，并按设计要求进行防护。

7. 护栏、栏杆安装前，必须精确放样定位。

8. 栏杆块件必须在人行道板铺设完毕后方可安装。

9. 安装栏杆柱时，必须全桥对直、校平（弯桥、坡桥要求平顺），竖直后用水泥砂浆填缝固定，立柱埋深不小于设计值。

10. 检查扶手在伸缩缝处是否设置活动扶手或断开。

11. 混凝土浇筑完成后，应立即对现场进行清理，将被水泥浆溅落的部位冲刷干净，防止黏结，保持外观整洁。

第五节　涵洞工程施工质量监理

开工前应根据设计资料进行现场核对，核对时还需注意农田排灌的要求，如确需设计变更时，可按有关设计变更的规定办理。

涵洞（基础和墙身）沉降缝处两端面应竖直、平整，上下不得交错。填缝料应具有弹性和不透水性，并应填塞紧密。沉降缝宽度应符合设计规定，无设计规定时，可采用 20 ~ 30mm 宽度。预制涵管的沉降缝应设在管节接缝处。

涵洞完成后，当涵洞砌体砂浆或混凝土强度达到设计强度的 75% 时，方可进行回填土，回填土应按规定办理。涵洞处路堤缺口填土应从涵洞洞身两侧不小于 2 倍孔径范围内，同时按水平分层、对称地按照设计要求的压实度填筑、夯（压）实。

涵洞进出水口的沟床应整理顺直，与上下游导流排水系统（天沟、侧沟、排水沟、取土坑等）的连接应圆顺、稳固，保证流水顺畅，避免水流损害路堤、村舍、农田、道路等。

涵洞施工应严格按照设计图纸、施工规范和有关技术操作规程要求进行。

各接缝、沉降缝位置正确，填缝无空鼓、开裂、漏水现象；若有预制构件，其接缝应与沉降缝吻合。

涵洞内不得遗留建筑垃圾、杂物等。

混凝土圆管管节成品应符合下列规定：

第一，管节端面应平整并与其轴线垂直；斜交管涵进出水口管节的外端面，应按斜交角度进行处理。

第二，管节在运输、装卸过程中，应采取防止管节碰撞损坏的措施。管涵安装时应对接缝进行防水、防裂处置。

第三，管涵基础的顶面应设置混凝土管座，管座的弧形面应与管身紧密贴合，使管节受力均匀。当管节直接放置在天然地基上时，应按照设计要求将管底的土层夯实压密实或设置砂垫层，并做成与管身弧度密贴的弧形管座。

第五章　隧道与交通工程施工质量监理

第一节　隧道工程施工质量监理

一、隧道工程施工准备阶段质量监理

（1）审查隧道工程所需原材料的出厂质量合格证明。必要时应抽样检查，原材料主要是指水泥、砂、碎石、片块石、外掺剂、钢材。对于自产材料的质量，主要审查承包人提供的自检报告，必要时监理工程师应通过监理试验复检。

（2）承包人在隧道开挖前，应根据监理工程师提供的文件，对隧道洞顶轴线、水准基点、平面控制的三角网基点、洞口投点等进行复查校核，并将复核结果书面提交监理工程师审批。

（3）施工前，承包人应将进场主要施工机械设备情况汇总上报监理工程师审查。隧道施工机械设备包括开挖掘进、出渣运输、隧道混凝土拌和、发电和供水、隧洞撑护等方面的机械设备。监理工程师应审核的主要内容有各类机械设备的规格、型号、工作性能和数量等是否符合合同条款中的规定要求，各类机械设备之间的工作效率是否匹配，各类设备的状态完好以及维修保障系统是否具备连续施工能力。

（4）施工场地总布置图，应符合下列要求：

1）以洞口为中心布置施工场地。施工场地应事先规划，分期安排，并减少与现有道路的交叉和干扰。

2）轨道运输的弃渣线、编组线和联络线，应形成有效的循环系统。

3）长隧道洞外应有大型机械设备安装、维修和存放的场地。

4）合理布置大堆材料（砂石料）施工备用及回收材料堆放场地的位置。

5）运输便道厂区道路和临时排水设施等应统一规划，做到合理布局、形成网络。

核查施工方案中所安排的工程进度计划的可行性和可靠性；隧道各分项工程所采用的施工方案是否合理可行，并且能满足工程质量的要求；在隧道施工过程中，质量控制手段和措施是否有效可行；施工支护方式是否符合围岩的实际情况，安全防护措施是否能在整个施工过程中得到保证；当施工过程中出现地质情况变化较大时，是否有可行的应变措施。

二、洞口工程施工质量监理

（1）要求承包人尽早修建洞门，并尽可能安排在雨季前施工。

（2）为保证边坡、仰坡稳定，防止塌方，尽可能地避免大挖大刷，并要求承包人在指定的范围和时间内按图纸的要求，用获准的方法保护边坡、仰坡开挖面。

（3）洞门基础开挖及支护方案应报监理工程师审批。要注意基坑的检查验收，基础必须置于稳固的地基上，并做好给排水工程，基坑不得被水浸泡。基坑内废渣在浇筑混凝土前必须清除干净。若基底岩层软硬不均，应采取措施以防不均匀沉降导致开裂。

（4）洞门处的衬砌拱墙与洞内衬砌拱墙应整体施工，洞门端墙与隧道衬砌应连接良好，使之连成整体。

（5）洞门端墙的砌筑（或浇筑）与回填，两侧应同时进行，防止对衬砌产生偏压。

（6）洞口装修砌体应按图纸要求进行装饰，表面平整清洁，保持美感；隧道铭牌字样要求美观醒目，装饰应由技术熟练工人操作，在监理工程师在场的情况下进行，并经认可。

（7）洞口边、仰坡外的截水沟及排水沟应于土石方开挖前完成，截水沟及排水沟的上游进水口应与原地面紧密衔接，下游出水口应妥善地引入排水系统。

（8）进洞前宜将土石方及其有关工程做完，避免与洞内施工相干扰。废弃的土石方应堆放在指定的位置。

三、明洞工程施工质量监理

1. 明洞浇筑施工监理要点

（1）水泥、砂、石、水及外掺剂的质量必须符合设计和规范要求，并按规定的配合比施工。

（2）寒冷地区混凝土骨料应按有关规定进行抗冻试验，试验结果应符合有关规范规定。

（3）基础的地基承载力须满足设计和规范要求，严禁超挖回填虚土。

（4）钢筋的加工、接头、焊接和安装以及混凝土的拌制、运输、灌注、养护、拆模均需符合设计和规范要求。

（5）明洞与暗洞应连接良好，符合设计和规范要求。

2. 明洞防水层施工监理要点

（1）防水材料的质量、规格等应符合设计和规范要求。

（2）防水层施工前，明洞混凝土外部应平整，不得有钢筋露出。

（3）明洞外模拆除后应立即做好防水层和纵向盲沟。

3. 明洞回填施工监理要点

（1）墙背回填应两侧同时进行。

（2）人工回填时，拱圈混凝土的强度应达到设计强度的 75%。机械回填时，拱圈混凝土强度应达到设计强度且拱圈外人工夯填厚度不小于 1.0m。

（3）明洞黏土隔水层应与边坡、仰坡搭接良好，封闭紧密。

四、洞身工程施工质量监理

1. 洞身开挖监理要点

（1）岩石隧道爆破，应采用光面爆破或预裂爆破技术，使隧道开挖断面尽可能地符合设计轮廓线，减轻对围岩的扰动，减少超、欠挖。爆破后应有专人负责清帮清顶，同时要对开挖面和未衬砌地段进行检查，如察觉可能产生险情时，承包人应采取措施及时处理。

（2）在通过煤层或煤系地层时，应采取封闭措施，防止煤层瓦斯溢入坑道；在施工过程中要加强对瓦斯浓度的量测，施工通风应能满足洞内各项作业所需的最大风量，并采取有效的防尘措施，采用的防尘措施不能达到规定的粉尘浓度标准时，严禁采用干式凿岩。

（3）严格控制断面的开挖，不应欠挖，仅在岩层完整、抗压强度大于 30MPa，确认不影响衬砌结构的稳定和强度时，岩石个别突出部分可侵入衬砌，但不超过 5cm。拱墙脚以上 1m 内断面严禁欠挖。应尽量减少超挖，不论何种原因或目的造成的超挖，均应用与衬砌相同的材料回填密实。

（4）注意煤层采空区和溶洞的探测，及时、妥善处理施工中发生的塌方。

2. 隧道施工支护监理要点

（1）施工支护应配合开挖及时进行，确保施工安全。

（2）选择支护方式时，应优先考虑采用锚杆、喷射混凝土或锚喷联合作为临时支护，当条件差、围岩不稳定时，可采用构件支撑。

（3）构件支撑应经常检查，发现杆件破裂、倾斜、弯扭、变形以及接头松脱、填塞漏空等异状，必须立即加固。

（4）检查锚杆材料、类型、规格、质量以及性能是否与设计相符；采用的锚杆注浆设备、水泥浆（水泥砂浆）材料应经批准。

（5）喷射混凝土必须按施工前试验所取得的方法与条件进行喷射混凝土作业，在喷射混凝土达到终凝后方能喷射下一层。首次喷射混凝土厚度不少于 5cm。喷射混凝土终凝后 2h，应喷水养护，养护时间一般不少于 7d。

3. 隧道衬砌监理要点

（1）隧道衬砌施工，其中线、断面尺寸、净空大小均需符合图纸及测量精度要求，还应事先考虑施工误差。

（2）衬砌施工前，应根据设计要求，做好各种防排水设施，对个别漏水孔洞的缝隙要采取排水堵水措施，防止侵蚀性水侵入混凝土，并采用抗侵蚀性水泥，才能确保衬砌结构的强度。

（3）衬砌用的拱架、墙架和模板，宜采用定型的金属结构，必须有足够的强度和刚度。对大跨度的拱架，施工时应特别注意其稳定性，防止失稳或移动造成拱圈开裂。

（4）注意检查衬砌背后回填的密实性，这关系到隧道结构的安全，在稳定性差的围岩中尤为重要。

（5）加强衬砌的养护，衬砌浇筑 10 ~ 20h 后应立即进行养护，须连续养护 7 ~ 14d。寒冷和严寒地区，应做好衬砌的防寒保温措施。

（6）严格控制拱架、墙架和模板的拆除时间，衬砌强度达到要求后方能拆除。

五、防水与排水工程质量监理

1. 防水层施工监理要点

（1）防水材料的质量、规格、性能等必须符合设计和规范要求。

（2）防水卷材铺设前要对喷射混凝土基面进行认真的检查，不得有钢筋、凸出的管件等尖锐突出物；割除尖锐突出物后，割除部位用砂浆抹平。

（3）隧道断面变化处或转弯处的阴角应抹成半径不小于 50mm 的圆弧。

（4）防水层施工时，基面不得有明水；如有明水时，应采取措施封堵或引排。

2. 排水施工监理要点

（1）排水结构物的断面形式、尺寸、位置和埋设深度应符合设计要求。

（2）水沟坡面整齐平顺，水沟及检查井盖板平稳无翘曲。

（3）衬砌背后或隧底设置盲沟时，沟内以石质坚硬、不易风化且尺寸不小于 15cm 的片石充填。盲沟纵坡不宜小于 1%。

（4）设置在软弱围岩区段的盲沟、有管渗沟，周侧应加做砂砾石反滤层或用无纺布包裹，不得堵塞水路。

（5）墙背泄水孔必须伸入盲沟内，泄水孔进口标高以下超挖部分应用同级混凝土或不透水材料回填密实。

（6）排水管接头应密封牢固，不得出现松动。

（7）隧底盲沟、有管渗沟及渗水滤层上方的回填，应满足路基施工的要求。墙背沟、管内应清除杂物，防止堵塞水路。

（8）随时注意排水设施与洞身封砌、仰拱及路面等配合施工情况，防止遗漏偏部的排水设施影响排水畅通。

第二节　交通工程施工质量监理

一、交通工程施工准备阶段质量监理

（1）总监理工程师应按要求召开监理工作交底会。

（2）监理工程师应对施工单位提交的联合设计文件进行详细的审查，重点审查技术实施方案，审定工程量，明确设备材料的品牌、规格、型号、产地、技术指标是否符合合同要求，平面设计、施工工艺是否合理、规范，并提出审查意见，复核联合设计中的工程量清单。

（3）监理工程师应对机电工程施工场地进行检查，如机房装修、电力条件、光（电）缆路由、设备材料存放地等是否符合要求，审核施工界面是否清晰、是否具备开工条件等。

（4）监理工程师应按规定审批施工单位的质量保证体系和环境保护措施。

（5）签发项目开工预付款支付证书。

（6）总监理工程师应组织和主持召开合同工程第一次工地会议。

（7）审查承包人提交的开工报告，发布合同工程开工令。

二、交通安全设施质量监理

（一）交通安全设施质量监理要点

1. 交通标志、标线施工质量监理要点

（1）交通标志施工质量监理要点。

1）交通标志的制作应符合《道路交通标志和标线》（GB5768）的规定。

2）交通标志在运输、安装过程中不应损伤标志面及金属构件的镀层。

3）标志的位置、数量及安装角度应符合设计要求。

4）大型标志的地基承载力应符合设计要求。大型标志柱、梁的焊接部分应符合钢结构焊接规范的质量要求，无裂缝、未熔合和无夹渣等缺陷。

5）标志面应平整完好，无褶皱、开裂、缺损或凹凸变形，标志面任一处面积为500mm×500mm的表面上，不得存在总面积大于10mm²的一个或一个以上气泡。

6）反光膜应尽可能减少拼接，任何标志的字符不允许拼接，当标志板的长度或宽度、圆形标志的直径小于反光膜产品的最大宽度时，底膜不应有拼接缝。当粘贴反光膜不可避免出现接缝时，应按反光膜产品的最大宽度进行拼接。

7）底板的形状和尺寸以及标志面的外观质量、图案文字尺寸、色品坐标及逆反射系数可以在现场随机抽样检测。

8）金属镀锌不得划痕、擦伤，标志板面不得有划痕、气泡和颜色不均等缺陷。

（2）交通标线施工质量监理要点。

1）对各类标线材料，除了查验其质量保证书和出厂试验报告之外，还应对同一种型号的材料做一组试验加以检验。

2）视线诱导路标的反光器有反光标贴、反光膜等，分别按设计和规范的要求进行检验，其他板材、型材等应有质量合格证。

3）双面突起路标除了检验其反光特性之外，还要对壳体的强度、受冲击能力、耐腐和耐磨的物性进行检验。

4）对热塑线的施工，要注意材料的加热温度，并避免在已完工的路面上进行材料加热。

5）画线前，要对准备画线的区域进行路面检查，路面画线区域必须干净，道路表面上的污物、松散的石子和其他杂物应予以清除。否则将影响黏结。

6）对热塑线，在画人字线、斑马线时，所使用的模具要平，以保证模具与路面紧紧粘住，使画上的线边缘整齐。在画虚线时，要保证画线车匀速、直顺，画出的线型要美观。对轴油线要检查画线车速度，以保证喷涂油漆量、撒玻璃珠量均能符合规范要求。

2. 护栏施工质量监理要点

（1）检查进场材料是否合格，除波形梁外，立柱、拼接螺栓、端头都应按规定的频率检查。

（3）护栏搭接方向，应与邻近车道的交通流方向一致；护栏位置必须与路面线型相吻合，应有统一协调、整齐美观的感觉。

（4）护栏柱应尽量避免挖坑埋设，以防柱脚处松土不易夯实，一般用打入法、压入法施工。

（5）护栏板的连接和拼接螺栓，初始不宜拧紧，以便安装过程中能够充分利用护栏板上的长圆孔，进行上下、左右的调整，使其形成平顺的线型。

（6）立柱埋设深度必须达到设计深度，不能更改，以免破坏护栏板的半刚性体系。端头立柱下设混凝土基础时，要在浇筑混凝土前检查挖坑的深度和基底是否符合设计要求。

（7）安装过程中要注意波型梁护栏构件不能有扭曲、擦伤和污染，否则应及时更换或修复。

（8）波形梁安装时应检查其拼装方向、连接螺栓及拼装螺栓的拧紧时间、波形梁顶面与道路线形的协调等情况。

（9）设有横隔梁的中央分隔带护栏，应检查安装顺序，连接螺栓的前后拧紧时间。应检查防阻块位置的调整及就位是否准确。应检查端头梁的安装位置及端头锚固的时间。

应检查活动护栏的基础预埋件是否安装、活动护栏是否与地面垂直、纵向线型是否适顺，安装后是否易于拔出或插入。

（10）注意护栏板的调节。护栏板在安装初期，拼接螺栓和连接螺栓不宜拧得过紧，以便在安装过程中充分利用板上的长圆孔进行上下、左右调节，使其成一条光滑的规则线型。

（11）缆索护栏施工质量监理要点。

1）缆索性能、缆索直径、单丝直径、构造（3股7芯）、锚具及其镀锌质量应符合设计与施工规范的要求，缆索抗拉强度、镀锌质量须经抽检，合格后方可使用。

2）索端锚具和螺栓、螺母、垫圈采用同上有关热浸镀锌处理的规定，其锌层质量应不低于350g/m²。螺栓、螺母等紧固件在热浸镀锌后，必须清理螺纹或进行离心分离处理。在条件允许的情况下，索端锚具和螺栓、螺母等紧固件可采用粉镀锌技术。

3）张拉前应标定拉力测定计。

4）立柱埋深不得小于设计值。采用挖埋法施工，立柱埋入土中时，回填土应分层（每层厚度不超过100mm）夯实；立柱埋入混凝土中时，基础混凝土的几何尺寸、强度等应符合设计要求。

5）立柱壁厚、外径、长度不小于设计要求。

6）采用打入法施工时，立柱顶部不应出现明显变形、倾斜、扭曲或卷边等现象。

3. 轮廓标施工质量监理要点

（1）轮廓标产品应符合《轮廓标》（GB/T24970）的规定。

（2）轮廓标的布设应符合设计及施工规范的要求。

（3）柱式轮廓标的基础混凝土强度、基础尺寸应符合设计要求。

（4）柱式轮廓标安装牢固，逆反射材料表面与行车方向垂直，色度性能和光度性能与设计相符。

4. 突起路标施工质量监理要点

（1）检查进场的突起路标材料应符合质量要求，须有厂方提供的产品合格证，并做抽样检查。

（2）反射器安装角度正确，颜色与设计相符，反光材料无缺陷、断裂。

（3）突起路标的图形符合材质和几何尺寸设计要求。

（4）突起路标与路面的黏结应牢固、耐久，能经受汽车轮胎的冲击而不会脱落。

（5）突起路标应在路面干燥、清洁，并经测量定位后施工。

5. 安全隔离设施施工质量监理要点

（1）材料表面处理检验。隔离设施的所有金属件原则上都应进行表面处理，一般应采用热浸镀锌处理。其他表面处理方法，如油漆、涂塑、紧固件的粉镀锌技术等，对其耐久性、经济性、美观及施工条件进行全面分析并经认可后，也可采用。

（2）检查其柱孔深度、基底清理、坑底混凝土质量。放入立柱后，检查其垂直度。立柱的埋设，应分段进行，先埋两端，然后拉线埋放中间立柱。注意立柱纵向线型，柱顶的平整。

（3）有框架的隔离网宜在工厂集中制作。检查其外框架焊接、钢板网的切割及放入、钢板网的拉紧、与外框的焊接及除锈、去油污等工序。

（4）立柱要达到安装牢固和垂直度的要求，基础不得有松动，立柱纵向应在一线上，不得出现参差不齐的现象。柱顶应平顺，不得出现高低不平的情况。立柱基础强度达到设计强度的 70% 后方可安装隔离栅网片。

（5）编织网隔离栅最好纵向连续铺设，边铺边拉紧，并尽可能在立柱挂钩上扣牢。编织网要求卷网自如，弯勾时保证不变形。隔离栅安装完毕后，纵向高程不应有很大的起伏变化，网面要平整，在任何方向均不得有明显的倾斜。各类隔离栅网片安装完毕后，立柱基础均应进行压实最后处理。

（6）刺钢丝安装时要求从端头立柱开始。刺钢丝之间要求平行、平直；绷紧后用 11 号钢丝与立柱上铁钩绑扎固定，横向与斜向刺钢丝相交处用 11 号钢丝绑扎。

（7）钢板网安装要求网面平整，无明显凹凸现象，框架与立柱应连接牢固，整体连接平顺。

三、公路监控设施施工质量监理

1. 车辆、气象检测器施工质量监理要点

（1）检测器及其配件的数量、型号规格符合要求。

（2）检测器安装位置正确，机箱外部完整，门锁开闭灵活。

（3）线圈（探头）安装尺寸符合设计要求，线槽顺直、均匀，封填后平整，引线过缘石处理得当。

（4）电源、通信线路按规范要求连接到位，检测器处于正常工作状态。

（5）安装必须牢固、垂直、平稳，应具有良好的防水、防尘、防潮性能。

（6）设备应具有良好的防尘、防雨、防震、防干扰及防雷功能，且接地电阻应符合设计要求。

（7）检测线圈的线槽应均匀、平直、干燥、清洁。线槽的宽度和深度应符合设计要求。

（8）线圈放入线槽后，加入的填充材料应能与路面材料很好结合，以保持平滑与美观。

（9）车辆检测器箱内配线应整齐、美观、无假焊。设备箱体及配线应符合规范要求。

2. 闭路电视监视系统施工质量监理要点

（1）闭路电视监视系统的设备及配件数量、型号规格符合要求，部件完整。

（2）外场摄像机基础安装位置正确，立柱安装竖直、牢固。

（3）防雷部件安装到位、连接措施符合规范要求。

（4）摄像机（云台）安装方位、高度符合设计要求。

（5）控制机箱外部完整，门锁开闭灵活。

（6）电源、控制线路以及视频传输线路按规范要求连接到位，闭路电视系统的所有设备处于正常工作状态。

（7）隐蔽工程验收记录、分项工程自检和设备调试记录、有效的设备检验合格报告或证书等资料齐全。

3. 可变标志施工质量监理要点

（1）可变标志设备及配件数量、型号规格符合要求，部件完整。

（2）基础安装位置正确，立柱安装竖直、牢固。

（3）防雷部件安装到位，连接措施符合规范要求。

（4）可变标志板面安装方位、角度、高度符合设计要求。

（5）控制机箱外部完整，门锁开闭灵活。

（6）电源、控制线路以及通信线路按规范要求连接到位，设备处于正常工作状态。

（7）由超高亮度 LED 组成的集束像素管为基本显示单元，其前面不得采用可产生反射和眩光的任何防护面板。

（8）LED 超高亮度集束像素管应采用树脂材料灌注，具有防水、防尘、防腐蚀、防干扰、防振动性能，并要求拆卸、组装方便。

（9）信息板安装完毕，应对照质量标准和设计要求进行功能检测，经调试后，应重点检查与监控中心计算机的通信功能、监控中心对信息板的控制功能以及信息板本身的显示及自检功能，应满足设计文件的要求。

4. 光、电缆线路施工质量监理要点

（1）监控系统各种光、电缆规格及使用的保护管道符合设计要求。

（2）人（手）孔及管道设置安装齐全、合格，防水措施良好。

（3）塑料通信管道敷设与安装符合规范要求。

（4）光、电缆接续及占用管道孔正确，密封防水措施符合规范要求。

（5）光、电缆成端及进室的措施得当，符合规范要求。

（6）直埋电缆符合相关施工规范要求。

四、通信设施施工质量监理

1. 通信管道与光、电缆线路施工质量监理要点

（1）通信光电缆、塑料管道、人（手）孔圈等器材的数量、规格、型号符合设计要求。

（2）塑料通信管道敷设与安装符合规范规定。

（3）管道基础及包封用原材料、型号、规格及数量应符合相关的国家和行业标准的规定。

（4）光、电缆横穿路基时应加钢管保护，钢管的型号规格和防腐措施符合设计要求。

（5）光、电缆在过桥梁或其他构造物时采用的管箱、引上和引下工程采用的保护管符

合设计要求，光、电缆及保护管与接驳的保护管过渡圆滑、密封良好。光、电缆的弯曲半径应符合设计要求。

（6）塑料子管不得跨井敷设，在管道内不得有接头。子管应超出第一根电缆搁架150mm，并用扎带固定，未用和已穿光电缆的子管应按设计要求封堵。

（7）敷设光缆时的牵引力应符合设计要求，在一般情况下不宜超过2000kN，敷设电缆时的牵引力应小于电缆允许拉力的80%。

2. 光纤数字传输系统施工质量监理要点

（1）光纤数字传输系统通信机房应整洁、通风、照明良好。

（2）光纤数字传输系统所有设备（包括机架、槽道、列柜及成端用光电缆）的配置、数量、型号规格应符合设计要求，部件完整。

（3）通信机房的防雷、水暖、供电、通信电源、空调通风、照明等辅助设施安装调试完毕并通过相关专业的验收。

（4）光纤数字传输系统所有设备安装调试完毕，系统处于正常运转工作状态。

3. 数字程控交换系统施工质量监理要点

（1）数字程控交换机设备的规格、型号、设备配置应符合设计要求，且证件齐全。

（2）应对批准的设计文件进行复核，发现问题应及时与建设单位和设计单位联系。施工前，施工单位应编写施工组织设计，经监理批准后方可动工。

（3）机架的排列、安装位置及方向应符合设计要求。螺栓应全部拧紧，固定牢固。与地面垂直，偏差应不大于3mm。

（4）机架必须有可靠的接地。机架上的印刷电路板的数量、规格和安装位置应符合设计要求。

（5）机台的安装位置应符合设计要求。维护终端设备、电传打字机、输出打印机等输入输出设备应完整，标志齐全，安装位置应符合设计要求。

（6）走道电缆布放必须绑扎，且所用麻线必须浸蜡；槽道电缆放置时可不绑扎，但在电缆进出槽道或转弯处应绑扎或用其他方法固定。

（7）系统功能调试按质量标准和设计要求逐条进行测试。

4. 紧急电话系统施工质量监理要点

（1）紧急电话分机、主机的数量、型号符合要求。

（2）紧急电话分机安装位置正确，机箱外部完整、门锁开闭灵活。

（3）紧急电话分机上的标志应符合《道路交通标志和标线》（GB5768）的要求，反光膜应使用高强级反光材料。

（4）安装方位符合设计路线走向要求，并按设计要求安装必要的防护措施。

（5）电源、通信线路按规范要求连接到位，主、分机连通并处于正常工作状态。

5. 通信电源施工质量监理要点

（1）通信电源设备数量、型号符合设计要求，部件及配件完整。

（2）所有设备安装到位并已连通，处于正常工作状态。

（3）配电、换流设备均做可靠的接地连接。

（4）蓄电池的连接条、螺栓、螺母均做防腐处理，并且连接可靠。

五、公路收费设施质量监理

1. 出入口车道设备施工质量监理要点

（1）入口车道设备数量、型号规格符合设计要求，部件及配件完整。

（2）收费亭、电动（手动）栏杆、车道控制器（车道计算机）、收费员显示终端、键盘、信号灯、车辆检测器、摄像机、发（打）卡设备等主要设备是符合国家或行业标准的定型产品。

（3）电动栏杆的安装应牢固、垂直，配线应整齐、美观，关闭时栏杆应与地面平行，开启时栏杆应与地面垂直。

（4）费额显示器安装于出口车道。其安装位置应使司机在各种照明和自然条件下能清晰地看见所显示的内容。

（5）计算机键盘是一个专用键盘，应具有防水、防尘、防腐蚀功能。在正常工作条件下，其使用寿命为 1 000 万次操作。

（6）收费车道初始状态、开放状态和关闭操作应符合设计要求，票据打印机的功能应符合设计要求，每张票据打印时间应小于 3s。

2. IC 卡发卡编码系统施工质量监理要点

（1）IC 卡发卡编码系统的设备数量、型号符合要求，部件完整。

（2）设备安装到位并已连通，处于正常工作状态。

（3）分项工程自检和设备调试记录、设备及附（备）件清单、有效的设备检验合格报告或证书等资料齐全。

3. 收费站设备及软件施工质量监理要点

（1）收费站设备及软件施工质量监理要点。

1）收费站内设备数量、型号符合要求，部件完整。

2）设备安装到位并连通，处于正常工作状态，并进行了严格测试和联调。

3）提交分项工程自检和系统联调记录、设备及附（备）件清单、有效的设备检验合格报告或证书资料。

（2）收费中心设备及软件施工质量监理要点。

1）收费中心设备数量、型号符合要求，部件完整。

2）设备安装到位并已连通，处于正常工作状态，并进行了严格测试和联调。

3）分项工程自检和系统联调记录、设备及附（备）件清单、有效的设备检验合格报告或证书等资料齐全。

（3）内部有线对讲与紧急报警系统施工质量监理要点。

1）内部有线对讲及紧急报警系统的设备数量、型号符合要求，部件完整。

2）设备安装到位并已连通，处于正常工作状态。

3）分项工程自检和设备调试记录、设备及附（备）件清单、有效的设备检验合格报告或证书等资料齐全。

4）主机安装在收费站值班员操作台的面板上，为便于操作，宜留有适当的斜度，安装应稳固可靠。

5）分机与收费员终端宜做成一体，或安装在收费亭内的墙壁上，安装应稳固可靠。

6）主机和分机的所有按键应轻便快捷，接触可靠。

7）有线对讲系统通话时的语音应清晰、无失真、噪声小，话音音量大小应可调节。

第六章　交通安全设施施工质量监理

第一节　交通标志、标线

一、交通标志

（一）施工作业条件

（1）交通标志的制作应符合《道路交通标志和标线》（GB5768）和《公路交通标志板技术条件》（JT/T279）的规定。

（2）交通标志在运输、安装过程中不应损伤标志面及金属构件的镀层。

（3）标志的位置、数量及安装角度应符合设计要求。

（4）大型标志的地基承载力应符合设计要求。大型标志柱、梁的焊接部分应符合钢结构焊接规范的质量要求，无裂缝、未熔合和无夹渣等缺陷。

（5）标志面应平整完好，无起皱、开裂、缺损或凹凸变形，标志面任一处面积为 500mm × 500mm 的表面上，不得存在总面积大于 $10mm^2$ 的一个或一个以上气泡。

（6）反光膜应尽可能减少拼接，任何标志的字符不允许拼接，当标志板的长度或宽度、圆形标志的直径小于反光膜产品的最大宽度时，底膜不应有拼接缝。当粘贴反光膜不可避免出现接缝时，应按反光膜产品的最大宽度进行拼接。

（二）施工要点

1. 材料要求

（1）标志支撑结构都应按设计图中所给的尺寸建造，并且在装配后要涂漆，应符合《道路交通标志和标线》（GB5768—1999）的规定。

（2）交通标志的形状、图案、颜色应符合《道路交通标志和标线》（GB5768—1999）的规定。指路标志的汉字必须采用黑体大号 28 点字体，阿拉伯数字也应符合《道路交通标志和标线》（GB5768—1999）的规定，不允许采用其他字体。

2. 施工要求

（1）对运到现场粘贴的反光标志膜标志，要对表面进行抽查，不得有龟裂裂纹、明显的划痕及明显的颜色不均匀。标志板面要保证四个单面垂直，其垂直度偏差不应大于±2°，不允许超过规范要求的±3mm/m的翘曲。要对板面内的符号、字体、尺寸大小进行严格检查。

（2）反光膜横向不允许搭接，纵向可以搭接一次，搭接部分反光膜重叠，宽度≥5mm。

（3）铝合金板与滑动槽钢采用铆接，铆距为100～120mm，要求铆坑平整。

（4）标志板面要保证四个单面垂直，其垂直度偏差不应大于±2℃，不允许有超过规范要求的±3mm/m翘曲。

（5）对于标志基础，由于有些标志立于公路回填的边坡上，因此要保证基础开挖后的基坑四周土不被扰动。在基础混凝土施工过程中要注意混凝土的振捣，以保证混凝土的质量，并且要保证预埋件不被移动。只有当基础混凝土达到设计强度后，才允许承受全部荷载。

（6）标志在安装过程中，要求承包人对已完工程进行保护，同时标志处的路缘石、路面等要用保护物进行覆盖。

（7）为减少标志板面对驾驶员的眩光，路侧设置的标志和悬空标志均应符合《道路交通标志和标线》（GB5768—1999）和施工规范的要求，在安装过程中要检查板面与水平轴或垂直轴的旋转角度，以及板面与道路的间距尺寸，若不符合要求，应及时调整。

（三）监理巡视与检查

（1）交通标志产品的质量检测。

（2）外观质量的检测。

（3）底板形状、几何尺寸、图案文字的检测。

（4）标志牌安装完工检查。

（四）工程质量验评标准

（1）标志板安装后应平整，夜间在车灯照射下，标志板底色和字符应清晰明亮、颜色均匀，不应出现明暗不均的现象，不能影响标志的认读。标志板有明显明暗不均现象时每一标志减2分。

（2）标志板在粘贴底膜时，横向不宜有拼接，竖向拼接时，上膜必须压接下膜，压接宽度不应小于5mm。当采用平接时，其间隙不应超过1mm。距标志板边缘50mm之内，不得有接缝。不符合要求时，每处减2分。

（3）标志金属构件镀层应均匀、颜色一致，不允许有流挂、滴瘤或多余结块，镀件表面应无漏镀、露铁等缺陷。不符合要求时，每一构件减2分。

二、路面标线

（一）施工作业条件

（1）路面标线涂料应符合《路面标线涂料》（JT/T280）的规定。

（2）路面标线喷涂前应仔细清洁路面，表面干燥，无起灰现象。

（3）路面标线的颜色、形状和设置位置应符合《道路交通标志和标线》（GB5768）的规定和设计要求。

（二）施工要点

1. 材料要求

（1）应检查其标线涂料性能，其品质应符合《路面标线涂料》（JT/T280—1995）的要求。

（2）其产品在包装袋表面应有清晰标记。其包装于内衬密封塑料袋外加编织袋的双层包装袋中。其储存应符合有关规定。

（3）视线诱导路标的反光器有反光标贴、反光膜等。分别按设计和规范的要求进行检验，其他板材、型材等应有质量合格证。

（4）双面突起路标除了检验其反光特性之外，还要对壳体的强度、受冲击能力、耐腐和耐磨的特性进行检验。

以上材料的选用和采购必须经过监理的审查和同意，才能采购进场。

2. 施工要求

（1）喷涂标线前，路面应清洁、无起灰现象。

（2）所有标线应具有光洁、均匀及整齐的外观。

（3）标线位置以道路中心线为基准进行检查；对于人字线，要先按设计图在路面放大样图，经检查符合设计要求后，方可开始施工。

（4）施工前，应提醒承包商认真检查施工设备，尤其是热塑线的施工，要保证设备施工质量，玻璃珠要能均匀喷洒。

（5）对热塑线的施工，要注意材料的加热温度，并避免在已完工的路面上进行材料加热。

（6）画线前，驻地监理人员要对准备画线的区域进行路面检查，路面画线区域必须干净，道路表面上的污物、松散的石子和其他杂物应予以清除。否则将影响黏结。

（7）对热塑线，在画人字线、斑马线时，所使用的模具要平，以保证模具与路面紧紧粘住，使画上的线边缘整齐。在画虚线时，要保证画线车匀速、直顺，画出的线型要美观。对轴漆线要检查画线车速度，以保证喷涂油漆量、撒玻璃珠量均能符合规范要求。

（三）监理巡视与检查

（1）标线的颜色和色泽是否与设计要求相符。

（2）被污染的标线外的道路得到清理。

（3）标线边缘顺直平滑，无明显毛边。

（4）玻璃珠撒布应均匀，标线厚度均匀。

（四）工程质量验评标准

（1）标线施工污染路面应及时清理。每处污染面积不超过 1000mm²。不符合要求时，每处减 1 分。

（2）标线线形应流畅，与道路线形相协调，曲线圆滑，不允许出现折线。不符合要求时，每处减 2 分。

（3）反光标线玻璃珠应撒布均匀，附着牢固，反光均匀。不符合要求时，每处减 2 分。

（4）标线表面不应出现网状裂缝、断裂裂缝、起泡现象。不符合要求时，每处减 1 分。

第二节 护 栏

一、波形梁钢护栏

（一）施工作业条件

（1）波形梁钢护栏产品应符合《高速公路波形梁钢护栏》（JT/T281）及《公路三波形梁钢护栏》（JT/T457）的规定。

（2）护栏立柱、波形梁、防阻块及托架的安装应符合设计和施工的要求。

（3）为保证护栏的整体强度，路肩和中央分隔带的土基压实度不应小于设计值。达不到压实度要求的路段不应进行护栏立柱打入施工。石方路段和挡土墙上的护栏立柱的埋深及基础处理应符合设计要求。

（4）波形梁护栏的端头处理及与桥梁护栏过渡段的处理应满足设计要求。

（二）施工要点

1. 材料要求

（1）波形梁、主栏、横隔梁、端头梁及连接螺栓所用钢材为普通碳素结构钢（Q235），其技术条件一般应符合《碳素结构钢》（GB700—88）的规定。

（2）拼接波形梁的螺栓应采用高强螺栓，材料可采用 20MnTiB，其技术条件应符合《钢结构用扭剪型高强度螺栓连接副》（GB3632—3633—83）的规定。

（3）防阻块材料可用型钢来制造，其技术条件应符合《汽弯型钢技术条件》（GB6725—86）的规定。

（4）立柱埋置于混凝土中时，混凝土强度等级不应小于C15。混凝土材料应符合《公路桥涵施工技术规范》（JTJ041—89）的规定。

2. 材料防腐处理

（1）所有波形梁护栏的冷弯型钢部件均应做防腐处理，一般可采用热浸镀锌处理。镀锌时应符合规定，热浸镀锌所用的锌应为《锌锭》（GB470—83）中所规定的0号锌或1号锌。

（2）螺栓、螺母等紧固件在采用热浸镀锌后，必须清理螺纹或进行离心分离处理。在条件允许的情况下，螺栓螺母等紧固件也可采用粉镀锌技术。

（3）活动护栏的防腐处理原则上与波形染护栏相同，采用热浸镀锌方法时，镀锌量规定为600g/m²。

3. 施工要求

（1）对到场材料进行严格检查，特别要注意检查热浸镀锌质量。

（2）对立柱的放线进行检查，以桥梁、通道、涵洞、中央分隔带开口、立交、平交等作为控制点，对桥梁、构造物处的放线特别要进行严格检查。

（3）护栏应在压实的地基上架设，或设在混凝土基座中。当需要在路堤顶面安装护栏时，应待路堤彻底压实后，方能安装，立柱应按图纸所示深度埋设。

（4）当立柱埋入岩石时应预先钻孔，固定护栏立柱必须用水泥混凝土填充。在砂石回填地段打入立柱时，要注意立柱的变形、扭曲现象，保证立柱四周的土不被扰动。

（5）除非经监理工程师批准，立柱都应在路面铺筑完成后埋设，并安装护栏部件。

（6）波形梁安装时应检查其拼装方向、连接螺栓及拼装螺栓的拧紧时间、波形梁顶面与道路线形的协调等情况。

（7）设有横隔梁的中央分隔带护栏，应检查安装顺序，连接螺栓的前后拧紧时间；应检查防阻块位置的调整及就位是否准确；应检查端头梁的安装位置正确与否及端头锚固的时间；应检查活动护栏其基础预埋件是否安装、活动护栏是否与地面垂直、纵向线型是否适顺，安装后是否易于拔出及重新插入。

（8）注意护栏板的调节。护栏板在安装初期，拼接螺栓和连接螺栓不宜拧得过紧，以便在安装过程中充分利用板上的长圆孔进行上下、左右调节，使其成一条光滑的规则线形。

（三）监理巡视与检查

（1）检查进场材料是否合格，除波形梁外，立柱、拼接螺栓、端头都应按规定的频率检查。

（2）护栏柱应尽量避免挖坑埋设，以防柱脚处松土不易夯实，一般用打入法、压入法施工。

（3）护栏板的连接和拼接螺栓，初始不宜拧紧，以便安装过程中充分利用护栏板上的长圆孔，进行上下、左右的调整，使其形成平顺的线型。

（4）立柱埋设深度必须达到设计深度，不能更改，以免破坏护栏板的半刚性体系。端头立柱下设混凝土基础时，要在浇筑混凝土前检查挖坑的深度和基底是否符合设计要求。

（5）安装过程中要注意波型梁护栏构件不能有扭曲、擦伤和污染，否则应及时更换或修复。

（四）工程质量验评标准

（1）焊接钢管的焊缝应平整，无焊渣、突起。构件镀锌层表面应均匀完整、颜色一致，表面具有实用性光滑，不得有流挂、滴瘤或多余结块。镀件表面应无漏镀、露铁、擦痕等缺陷。构件镀铝层表面应连续，不得有明显影响外观质量的熔渣、色泽暗淡及假浸、漏浸等缺陷。构件涂塑层应均匀光滑、连续，无肉眼可辨的小孔、空间、孔隙、裂缝、脱皮及其他有害缺陷。不符合要求时，每处减 2 分。

（2）直线段护栏不得有明显的凹凸、起伏现象，曲线段护栏应圆滑顺畅，与线型协调一致，中央分隔带开口端头护栏的抛物线型应与设计图相符。不符合要求时，每处减 2 分。

（3）波形梁板搭接方向正确，搭接平顺，垫圈齐备，螺栓紧固。不符合要求时，每处减 2 分。

（4）防阻块、托架、端头的安装应与设计图相符，安装到位，不得有明显变形、扭转、倾斜。不符合要求时，每处减 2 分。

（5）波形梁板和立柱不得现场焊割和钻孔，不符合要求时，每处减 2 分。

（6）立柱及柱帽安装牢固，其顶部应无明显塌边、变形、开裂等缺陷。不符合要求时，每处减 2 分。

二、混凝土护栏

（一）施工作业条件

（1）混凝土所用的水泥、砂、石、水及外掺剂的质量和规格必须符合有关规范的要求，按规定的配合比施工。

（2）混凝土护栏预制块件在吊装、运输、安装过程中，不得断裂。

（3）各混凝土护栏块件之间、护栏与基础之间的连接应符合设计要求。

（4）混凝土护栏块件标准段、混凝土护栏起终点及其他开口处的混凝土护栏块件的几何尺寸应符合设计要求。

（5）混凝土护栏的地基强度、埋入深度应符合设计要求。

（6）混凝土护栏块件的损边、掉角长度每处不得超过 20mm，否则应予及时修补。

（二）监理巡视与检查

（1）模板和钢筋的检验经监理工程师认可。

（2）对混凝土护栏的中心位置、标高、起止位置应反复检查核对。控制好混凝土护栏的长度，定好控制点，以便根据公路沿线构造物的实际情况合理布置。

（3）注意检查浇筑混凝土护栏模板的制作安装，模板应有足够的强度、刚度和稳定性，能可靠地承受施工过程中可能产生的各项荷载，保证构件的形状、尺寸准确。

（4）仔细检查钢筋和预埋件的安装，检查合格后，方能浇筑混凝土。

（5）混凝土浇筑完后，要及时养护，养护时间根据混凝土强度增长情况而定，应经常保持潮湿状态。

（6）采用预制混凝土护栏，在安装前，应精确放样定位，按设计要求做好基层，在基层夯实、整平，并复核标高和平面位置无误后，方可开始安装护栏。

（三）工程质量验评标准

（1）混凝土护栏块件之间的错位不大于 5mm。不符合要求时，每处减 2 分。

（2）混凝土护栏外观、色泽均匀一致，表面的蜂窝、麻面、裂缝、脱皮等缺陷面积不超过该面面积的 0.5%，不符合要求时每超过 0.5% 减 2 分；深度不超过 10mm，不符合要求时，每处减 2 分。

（3）护栏线型适顺，直线段不允许有明显的凹凸现象，曲线段护栏应圆滑顺畅，与线形协调一致。中央分隔带开口端头护栏尺寸应与设计图相符。不符合要求时，每处减 2 分。

三、缆索护栏

（一）施工作业条件

（1）缆索性能、缆索直径、单丝直径、构造（3 股 7 芯）、锚具及其镀锌质量应符合设计与施工规范的要求，缆索抗拉强度、镀锌质量必须经抽检合格后方可使用。

（2）张拉前应标定拉力测定计。

（3）立柱埋深不得小于设计值。采用挖埋法施工，立柱埋入土中时，回填土应分层（每层厚度不超过 100mm）夯实；立柱埋入混凝土中时，基础混凝土的几何尺寸、强度等应符合设计要求。

（4）立柱壁厚、外径、长度不小于设计要求。

（5）采用打入法施工时，立柱顶部不应出现明显变形、倾斜、扭曲或卷边等现象。

（二）监理巡视与检查

1. 材料要求

（1）各级缆索护栏（A、S、Am 级）的端部立柱、中间端部立柱、中间立柱都采用《普通碳素结构钢》（GB700—88）中有关Q235钢的机械性能的规定。立柱应采用焊接低硬钢管。

（2）索端锚具时立杆螺栓和锚具应采用45号优质碳素结构钢制造，其机械性能应符合《优质碳素结构钢技术条件》（GB699—88）的规定。

（3）螺栓、螺母、垫圈均应采用普通碳素结构钢，并符合《碳素结构钢》中Q235钢的机械性能的规定。

2. 材料防腐处理

（1）钢丝绳的表面处理，采用单丝进行热浸镀锌的办法，并符合《镀锌钢绞线》（GB1200—88）中有关镀锌层重量为215g/m²的规定。用于镀层的锌应满足《锌锭》（GB470—83）中0号线1号锌的要求。

（2）立柱、托架应采用热浸镀锌进行表面防腐处理。锌锭应不低于《锌锭》（GB470—83）中规定的1号锌，各种立柱的锌层重量不低于600g/m²。

（3）索端锚具和螺栓、螺母、垫圈采用同上有关热浸镀锌处理的规定，其锌层重量应不低于350g/m²。螺栓、螺母等紧固件在热浸镀锌后，必须清理螺纹或进行离心分离处理。在条件允许的情况下，索端锚具和螺栓、螺母等紧固件可采用粉镀锌技术。

3. 施工要求

（1）检查其安装前的准备工作，如缆索护栏类别的确认、各种材料的准备、各种施工工具的准备。

（2）检查基坑位置、标高、尺寸是否符合要求，及浇筑后石混凝土、混凝土程序、回填夯实层厚及其标高。

（3）检查立柱位置，与道路线型是否符合，标高是否正确。

（4）安装托架，应注意各类护栏托架的编号、组合是否与相应立柱相符。

（5）注意架设缆索时要求的立柱基础混凝土强度，不允许长距离拖拽缆索。

（6）注意缆索的安装顺序、多余缆索的切断及其要求。注意临时张拉力的卸除规定、全部螺栓的调整及拧紧要求。

（三）工程质量验评标准

（1）金属构件表面不得有气泡、剥落、漏镀及划痕等表面缺陷。不符合要求时，每处减2分。

（2）直线段护栏没有明显的凹凸现象，曲线段护栏圆滑顺畅。不符合要求时，每处减2分。

（3）索端锚具、托架、索夹螺栓应安装到位、固定牢固；托架编号和组合应与缆索护栏的类别相适应；上、下托架位置正确，中央分隔带缆索护栏的托架应两边对称。不符合要求时，每处减2分。

第三节　隔离设施与附属设施

一、隔离设施

（一）施工作业条件

（1）隔离栅和防落网用的材料规格及防腐处理应符合《隔离栅》（JT/T374）及设计和施工规范的规定。

（2）用金属网制作的隔离栅和防落网，安装后要求网面平整，无明显翘曲现象。刺铁丝的中心垂度小于15mm。

（3）防落网应网孔均匀，结构牢固，围封严实。

（4）金属立柱弯曲度超过8mm/m，有明显变形、卷边、划痕等缺陷者，以及混凝土立柱折断者均不得使用。

（5）立柱埋深应符合设计要求。立柱与基础、立柱与网之间的连接应稳固。混凝土基础强度不小于设计要求。

（6）隔离栅起终点应符合端头围封设计的要求。

（二）监一巡视与检查

1. 材料要求

（1）网片材料

钢板网的材料，宜采用普通低碳退火薄钢板，并符合《碳素结构钢和低合金结构钢热轧冷钢板及钢带》（GB912—89）规定的技术条件；也可采用低碳冷轧（或热轧）钢板，其化学成分和机械性能应满足《碳素结构钢》（GB700—88）和（GB912—89）的规定。

金属网的钢丝，宜采用低碳钢丝，并应符合《一般用途低碳钢丝》（GB343—82）和《一般用途热镀锌低碳钢丝》（YB243—65）的规定。

金属网，钢板网的规格尺寸可按实际需要选用。

刺铁丝用的钢丝，宜采用低碳钢丝，并应符合《一般用途低碳钢丝》（GB343—82）的规定，刺铁丝的规格一般用铁丝直径（号数）× 刺间距来表示。

（2）立柱、斜撑材料

隔离设施的立柱、斜撑，可采用冷弯等边槽钢和冷弯等内卷边槽钢。冷弯等边槽钢的规格应满足设计要求。冷弯等边内卷边槽钢的采用亦应满足设计要求。

钢管材料，其化学成分及机械性能应能满足《直缝电焊钢管》（GB13793—92）的规定。

隔离设施的立柱，也可以采用焊接钢管，技术条件应符合《碳素结构钢》（GB700—88）的规定。

（3）连接附件

隔离设施的连接附件，可采用冷轧或热轧钢板，其技术条件应符合《碳素结构钢》（GB700—88）和《碳素结构钢和低合金结构钢热轧冷钢板及钢带》（GB912—89）的规定。

螺栓、螺母可采用常用普通紧固件，其机械性能分级应符合《螺栓技术条件》（GB38—76）、《螺母技术条件》（GB61—76）的规定。

条形钢片和抱箍可采用冷轧或热轧钢板（带），其技术条件应符合《碳素结构钢和低合金结构钢热轧薄钢板及钢带》（GB912）、《碳素结构钢和低合金结构钢冷轧薄钢板及钢带》（GB11253）的规定。

（4）材料表面处理

隔离设施的所有金属件原则上都应进行表面处理，一般应采用热浸镀锌处理。其他表面处理方法，如油漆、涂塑、紧固件的粉镀锌技术等，对其耐久性、经济性、美观及施工条件的全面分析并经认可后，也可采用。热浸镀锌的镀锌量应符合有关规定，热浸镀锌所用的锌应为《锌锭》（GB470—83）中规定的0号锌或1号锌。

镀锌构件表面应具有均匀完整的锌层，不允许有流挂、滴瘤或多余结块，应无漏镀、露铁等缺陷。

金属网的钢丝，可采用规定规格的镀锌钢丝。在条件允许时也可采用编织成型的整张网热浸镀锌，其镀锌量为350g/m²。

钢板网可采用热浸镀锌处理，其镀锌量为350g/m²。在条件允许时，也可采用涂塑处理。

2. 施工要求

（1）应检查其施工组织设计。施工放样时，隔离栅先定中心线，后按设计栏距定出柱位并确定柱位高程，同时注意与公路界地形协调。

（2）检查立柱、斜撑、连接件和编织网隔离栅等材料质量及热镀锌质量。按要求进行分批检验。

（3）检查其柱孔深度、基底清理，坑底混凝土质量。放入立柱后，检查其垂直度。立柱的埋设应分段进行，先埋两端，然后拉线埋放中间立柱。注意立柱纵向线型，柱顶的平整。

（4）有框架的隔离网宜在工厂集中制作。检查其外框架焊接、钢板网的切割及放入，钢板网的拉紧，与外框的焊接及除锈、去油污等工序。

（5）立柱要保证安装牢固和垂直度的要求，基础不得有松动，立柱纵向应在一线上，不得出现参差不齐的现象。柱顶应平顺，不得出现高低不平的情况。立柱基础强度达到设计强度的70%后方可安装隔离栅网片。

（6）编织网隔离栅最好纵向连续铺设，边铺边拉紧，并尽可能在立柱挂钩上扣牢。编织网要求卷网自如，弯勾时保证不变形。隔离栅安装完毕后，纵向高程不应有很大的起伏变化，网面要平整，在任何方向均不得有明显的倾斜。各类隔离栅网片安装完毕后，立柱基础均应进行压实最后处理。

（7）刺钢丝安装时要求从端头立柱开始。刺钢丝之间要求平行、平直；绷紧后用11号钢丝与立柱上铁钩绑扎固定，横向与斜向刺钢丝相交处用11号钢丝绑扎。

（8）钢板网安装要求网面平整，无明显凹凸现象，框架与立柱应连接牢固，整体连接平顺。

以上各类形式的隔离栅网片安装完后，立柱基础均应进行最后压实处理。待整体施工完成后要检查隔离栅整体的稳定性，并且要保证在2m范围内平整。施工过程中，如果破坏完工的路基边坡或边沟，要提醒承包人及时修整。

（三）工程质量验评标准

（1）电焊网不得脱焊、虚焊。不符合要求时，每处减2分。

（2）镀锌层表面应具有均匀完整的锌层，颜色一致，表面具有实用性、光滑，不允许有流挂、滴瘤或多余结块。镀件表面应无漏镀、露铁等缺陷。涂塑层应均匀光滑、连续，无肉眼可辨的小孔、空间、孔隙、裂缝、脱皮及其他有害缺陷。不符合要求时，每处减2分。

（3）混凝土立柱应密实平整，无裂缝、翘曲、蜂窝、麻面等缺陷。不符合要求时，每处减2分。

（4）有框架的隔离栅和防落网，网片应与框架焊牢，网片拉紧。整网铺设的隔离栅，端柱与网连接牢固，网面平整绷紧。刺铁丝间距符合设计要求，刺线平直、绷紧。不符合要求时，每处减2分。

（5）隔离栅安装位置应符合设计规定。安装线型整体顺畅并与地形相协调。围封严实，安装牢固。不符合要求时，每处减2分。

二、附属设施

（一）突起路标

1. 施工作业条件

（1）突起路标产品应符合《突起路标》（JT/T390）的规定。

（2）突起路标的布设及其颜色应符合《道路交通标志和标线》（GB5768）的规定或符合设计要求。

（3）突起路标与路面的黏结应牢固、耐久，能经受汽车轮胎的冲击而不会脱落。

（4）突起路标应在路面干燥、清洁，并经测量定位后施工。

2. 监理巡视与检查

（1）检查进场的突起路标材料应符合质量要求，须有厂方提供的产品合格证，并做抽样检查。

（2）反射器安装角度正确，颜色与设计相符，反光材料无缺陷、断裂。

（3）突起路标的图形符合材质和几何尺寸设计要求。

3. 工程质量验评标准

（1）突起路标外观应美观，尺寸符合有关规范要求，表面光滑，不得有尖角、毛刺存在，表面无明显的划伤、裂纹。不符合要求时，每处减 2 分。

（2）突起路标纵向安装应成直线，不得出现折线。曲线段的突起路标应与道路曲线相吻合，线型圆滑、顺畅。不符合要求时，每处减 2 分。

（3）突起路标黏结剂不得造成路面污染，不符合要求时，每处减 2 分。

（二）轮廓标

1. 施工作业条件

（1）轮廓标产品应符合《轮廓标》（JT/T388）的规定。

（2）轮廓标的布设应符合设计及施工规范的要求。

（3）柱式轮廓标的基础混凝土强度、基础尺寸应符合设计要求。

（4）柱式轮廓标安装牢固，逆反射材料表面与行车方向垂直，色度性能和光度性能应与设计相符。

2. 监理巡视与检查

（1）轮廓标底板可以采用铝合金板或者钢板及钢带制造。当采用铝合金板时应该符合《铝及铝合金热轧板》（GB3193—82）的规定，当采用钢板及钢带时应该符合《普通碳结构钢热轧钢带》（GB3524—83）、《一般结构用热连轧钢板和钢带》（GB2517—81）的规定。轮廓标及突起路标底板也可采用聚乙烯树脂、玻璃纤维增强塑料、聚碳酸酯树脂等材料制作。

（2）反射器的光学性能在入射角 0° ~ 20° 范围内保持稳定。安装角度正确，颜色与设计相符。

（3）轮廓标的图形符合材质和几何尺寸设计要求，平面弯曲度超过 ±3mm/m 的不得使用。

3. 工程质量验评标准

（1）轮廓标不应有明显的划伤、裂纹、损边、掉角等缺陷。表面应平整光滑，无明显凹痕或变形。不符合要求时，每处减 2 分。

（2）轮廓标安装牢固，线型顺畅。不符合要求时，每处减 2 分。

（3）柱式轮廓标的垂直度不超过 ±8mm/m。不符合要求时，每处减 1 分。

（三）防眩设施

1. 施工作业条件

（1）防眩设施的材质、镀锌量应符合《公路防眩设施技术条件》（JT/T333）及设计和施工规范的要求。

（2）防眩设施整体应与道路线型相一致，美观大方，结构合理。

（3）防眩设施的几何尺寸及遮光角应符合设计要求。

（4）防眩板的平面弯曲度不得超过板长的 0.3%。

（5）防眩设施应安装牢固。

2. 监理巡视与检查

（1）材料要求

1）防眩设施材料的力学性能应符合《碳素结构钢》（GB700—88）的规定，原材料试样的取样与护栏产品试样类同。

2）防眩板的材料、镀锌量、几何尺寸应符合设计要求，平面弯曲不得超过板长的 0.3%。

3）防眩设施若采用刷漆做防腐处理，应在构件表面涂刷两道防锈漆后再刷两道以上油漆。所涂底漆厚度不得小于 40μm，涂完漆后，总厚度为 125 ~ 175μm。产品外观质量要求光滑均匀，不得有金属外露或漆液流挂、褶皱。涂刷后防腐层的附着性能可用划痕法来测量。

4）防眩设施的表面不允许反光，其颜色应符合《视觉信号表面色》（GB8416）的规定，测量出的色品坐标值应在标准要求的区域中。其色品坐标的测量可用色度仪来测量，测量方法与标志的测量方法相同。

（2）施工要求

1）施工前应检查清理场地，确定控制点（如桥梁、立交、中央分隔带开口及防眩设施需变化的路段），在控制点之间测距定位、放样。

2）注意按设计要求处理好路段与桥梁上的防眩设施的设置位置及高度，不得出现高低不平甚至扭曲的外形。

3）防眩板的全部成品都应进行外观检查，不应有擦伤、伤痕、变色及色泽不均等缺陷，其尺寸误差为长度：±3mm，宽度：+4mm，厚度：±0.1mm，平面弯曲为板长的 0.3%。

4）立柱及横杆高标称厚度以距离端部 100mm 处的截面尺寸为准，其金属的允许偏差：厚度为 ±0.2mm，长度 ±0.5mm/m，弯曲度 5mm/m。

5）防眩板单独埋设立柱时，应在基础达到设计强度后，方可安装上部构件。

6）施工过程中不应损伤金属涂层。任何形式涂层的损伤，均应在 24h 内给予修补。

7）防眩板安装的允许偏差为板条：±5mm，竖直度：±4mm/m，防眩高度：±5mm，顺直度：±3mm/m。

3. 工程质量验评标准

（1）防眩板表面不得有气泡、裂纹、疤痕、端面分层等缺陷。不符合要求时，每处减 2 分。

（2）防眩设施色泽均匀。不符合要求时，每处减 2 分。

第七章　工程进度控制与工程投资控制管理

第一节　工程进度控制管理

施工进度控制是一个动态、循环、复杂的过程，也是一项效益显著的工作。

进度计划控制的一个循环过程包括计划、实施、检查、调整四个小环节。计划是指根据施工的具体情况，合理编制符合工期要求的最优计划；实施是指进度计划的落实与执行；检查是指在进度计划的落实与执行过程中，跟踪检查实际进度，并与计划进度对比分析，确定两者之间的关系；调整是指根据检查对比的结果，分析实际进度与计划进度之间的偏差对工期的影响，采取切合实际的调整措施，使计划进度符合新的实际情况，在新的起点进行下一轮控制循环，如此循环进行下去，直到完成施工任务。

通过进度计划控制，可以有效地保证进度计划的落实与执行，减少各单位和部门之间的相互干扰，确保施工工期目标以及质量、成本目标的实现。同时也为可能出现的施工索赔提供依据。

一、进度控制概述

（一）施工进度控制的任务

施工进度控制的主要任务是编制施工总进度计划并控制其执行，按期完成整个施工任务；编制单位工程施工进度计划并控制其执行，按期完成单位工程的施工任务；编制分部分项工程施工进度计划，并控制其执行，按期完成分部分项工程的施工任务；编制季度、月（旬）作业计划，并控制其执行，完成规定的目标等。

施工进度控制与成本控制和质量控制一样，是施工中的重点控制之一。

（二）影响施工进度的因素

由于工程的特点，尤其是较大和复杂的施工工期较长，影响进度因素较多。编制和执行控制施工进度计划时必须充分控制和估计这些因素，才能克服其影响，使施工进度尽可能按计划进行，当出现偏差时，应考虑有关影响因素，分析产生的原因。

（三）施工进度控制的原理

施工进度控制是以现代科学管理原理作为其理论基础的，主要有系统控制原理、动态控制原理、信息反馈原理、弹性原理和封闭循环原理等。

1. 系统控制原理

该原理认为，项目施工进度控制本身是一个系统工程，它包括项目施工进度规划系统和项目施工进度实施组织系统两部分内容。项目经理必须按照系统控制原理，强化其控制全过程。

（1）施工进度计划系统

为做好项目施工进度控制工作，必须根据项目施工进度控制目标要求，制订出项目施工进度计划系统。根据需要，计划系统一般包括施工总进度计划，单位工程进度计划，分部、分项工程进度计划和季、月、旬等作业计划。这些计划的编制对象由大到小，内容由粗到细，将进度控制目标逐层分解，保证了计划控制目标的落实。在执行项目施工进度计划时，应以局部计划保证整体计划，最终达到施工进度控制目标。

（2）施工进度实施组织系统

施工实施全过程的各专业队伍都是遵照计划规定的目标去努力完成一个个任务的。施工经理和有关劳动调配、材料设备、采购运输等各职能部门都按照施工进度规定的要求进行严格管理、落实和完成各自的任务。施工组织各级负责人，从项目经理、施工队长、班组长到所属全体成员组成了施工实施的完整组织系统。

（3）施工进度控制的组织系统

为了保证施工进度实施，还有项目进度的检查控制系统。自公司经理、项目经理，一直到作业班组都设有专门职能部门或人员负责检查汇报，统计整理实际施工进度的资料，并与计划进度比较分析和进度调整。当然不同层次人员负有不同进度控制职责，分工协作，形成一个纵横连接的施工控制组织系统。事实上有的领导可能既是计划的实施者又是计划的控制者。控制的落实是工程按期实施的保证。

2. 动态控制原理

施工进度控制随着施工活动向前推进，根据各方面的变化情况，进行适时的动态控制，以保证计划符合变化的情况。同时，这种动态控制又是按照计划、实施、检查、调整这四个不断循环的过程进行控制的。在项目实施过程中，可分别以整个施工单位工程、分部工程或分项工程为对象，建立不同层次的循环控制系统，并使其循环下去。这样每循环一次，其项目管理水平就会提高一步。

3. 信息反馈原理

反馈是控制系统把信息输送出去，又把其作用结果返送回来，并对信息的再输出施加影响，起到控制作用，以达到预期目的。

施工进度控制的过程实质上就是对有关施工活动和进度的信息不断搜集、加工、汇总、反馈的过程。施工信息管理中心要对搜集的施工进度和相关影响因素的资料进行加工分析，由领导做出决策后，向下发出指令，指导施工或对原计划做出新的调整、部署；基层作业组织根据计划和指令安排施工活动，并将实际进度和遇到的问题随时上报。每天都有大量的内外部信息、纵横向信息流进流出。因而必须建立健全一个施工进度控制的信息网络，使信息准确、及时、畅通、反馈灵敏、有力，以及能正确运用信息对施工活动有效控制，以确保施工的顺利实施和如期完成。

4. 弹性原理

施工进度计划工期长、影响进度的原因多，其中有的已被人们掌握，根据统计经验估计出影响的程度和出现的可能性，并在确定进度目标时，进行实现目标的风险分析。在计划编制者具备了这些知识和实践经验之后，编制施工进度计划时就会留有余地，使施工进度计划具有弹性。在进行施工进度控制时，便可以利用这些弹性，缩短有关工作的时间，或者改变它们之间的搭接关系，虽然检查之前拖延了工期，但通过缩短剩余计划工期的方法，仍然可以达到预期的计划目标。这就是施工进度控制中对弹性原理的应用。

5. 封闭循环原理

施工进度控制是从编制项目施工进度计划开始的，由于影响因素的复杂和不确定性，在计划实施的全过程中，需要连续跟踪检查，不断地将实际进度与计划进度进行比较，如果运行正常可继续执行原计划；如果发生偏差，应在分析其产生的原因后，采取相应的解决措施和办法，对原进度计划进行调整和修订，然后再进入一个新的计划执行过程。这个由计划、实施、检查、比较、分析、纠偏等环节组成的过程就形成了一个封闭循环回路，施工进度控制的全过程就是在许多这样的封闭循环中得到有效的不断调整、修正与纠偏，最终实现总目标的。

6. 网络计划技术原理

在施工进度的控制中利用网络计划技术原理编制进度计划，根据收集的实际进度信息，比较和分析进度计划，再利用网络计划的工期与成本优化和资源优化的理论调整计划。网络计划技术原理是施工进度控制的完整的计划管理和分析计算理论基础。

（四）施工进度控制目标

施工进度控制总目标是依据施工总进度计划确定的。然后对施工进度控制总目标进行层层分解，形成实施进度控制、相互制约的目标体系。

施工进度目标是从总的方面对项目建设提出的工期要求。但在施工活动中，是通过对最基础的分部分项工程的施工进度控制来保证各单项（位）工程或阶段工程进度控制目标的完成，进而实现施工进度控制总目标的。因而需要将总进度目标进行一系列的从总体到细部、从高层次到基础层次的层层分解，一直分解到在施工现场可以直接调度控制的分部分项工程或作业过程的施工为止。在分解中，每一层次的进度控制目标都限定了下一级层次的进度控制目标，而较低层次的进度控制目标又是较高一级层次进度控制目标得以实现的保证，于是就形成了一个自上而下层层约束、由下而上级级保证、上下一致的多层次的进度控制目标体系，如可以按单位工程或分包单位分解为交工目标，按承包的专业或按施工阶段分解为完工目标，按年、季、月计划期分解为时间目标等。

（五）施工进度控制程序

（1）项目经理要根据施工合同的要求确定施工进度目标，明确计划开工日期、计划总工期和计划竣工日期，确定项目分期分批的开竣工期。

（2）编制施工进度计划，具体安排实现计划目标的工艺关系、组织关系、搭接关系、起止时间、劳动力计划、材料计划、机械计划及其他保证性计划。分包人负责根据项目施工进度计划编制分包工程施工进度计划。

（3）向监理工程师提出开工申请报告，按监理工程师开工令确定的日期开工。

（4）实施施工进度计划。项目经理应通过施工部署、组织协调、生产调度和指挥、改善施工程序和方法的决策等，应用技术、经济和管理手段实现有效的进度控制。项目经理首先要建立进度实施、控制的科学组织系统和严密的工作制度，然后依据施工进度控制目标体系，对施工的全过程进行系统控制。正常情况下，进度实施系统应发挥监测、分析职能并循环运行，即随着施工活动的进行，信息管理系统会不断地将施工实际进度信息，按信息流动程序反馈给进度控制者，经过统计整理，比较分析后，确认进度无偏差，则系统继续运行；一旦发现实际进度与计划进度有偏差，系统将发挥调控职能，分析偏差产生的原因，以及对后续施工和总工期的影响。必要时，可对原计划进度做出相应的调整，提出纠正偏差方案和实施的技术、经济、合同保证措施，以及取得相关单位支持与配合的协调措施，确认切实可行后，将调整后的新进度计划输入进度实施系统，施工活动继续在新的控制下运行。当新的偏差出现后，再重复上述过程，直到施工全部完成。进度控制系统也可以处理由于合同变更而需要进行的进度调整。

（5）全部任务完成后，进行进度控制总结并编写进度控制报告。

二、项目进度控制基本要求

（一）进度控制的依据

（1）国家有关的经济法规和规定。

（2）施工合同中所确定的工期目标。

（3）经监理工程师确认的施工进度控制计划。

（4）经监理工程师批准的工程延期。

（二）进度控制的方法

（1）审核、批准

监理工程师应及时审核有关的技术文件、报表、报告。根据监理的权限，其审核的具体内容有以下几个方面：

1）下达开工令、审批“工程动工报审表”。

2）审批施工总进度计划，年、季、月进度计划，进度修改调整计划。

3）批准工程延期。审批复工报审表、工程延期申请表、工程延期审批表。

4）审批承包单位报送的有关工程进度的报告。审批“（　）月完成工程量报审表”、审阅“（　）月工、料、机动态表”等。

（2）检查、分析和报告

监理工程师应及时检查承包单位报送的进度报表和分析资料；跟踪检查实际形象进度；应经常分析进度偏差的程度、影响面及产生原因，并提出纠偏措施。应定期或不定期地向建设单位报告进度情况并提出防止因建设单位因素而导致工程延误和费用索赔的建议。

（3）组织协调

项目监理应定期或不定期地组织不同层次的协调会。在建设单位、承包单位及其他相关参建单位之间的不同层面解决相应的进度协调问题。

（4）积累资料

监理工程师应及时收集、整理有关工程进度方面的资料，为公正、合理地处理进度拖延、费用索赔及工期奖、罚问题提供证据。

（三）进度控制的手段

（1）下达监理指令

监理工程师应及时发布监理指令，向承包单位指出施工进度发生的偏差、影响程度及其产生原因，提出采取进度调整措施的要求和指示。

（2）采取组织措施

总监理工程师发现承包单位或分包单位或其主要管理人员不称职，不进行调整或撤换将对工程进度造成极大影响时，可向建设单位提出相应的调整或撤换承包单位或分包单位或其主要管理人员的建议。

（3）采取经济制约手段

总监理工程师应依据建设工程施工合同中的约定，当工期提前或延期时，签发有关文件，向建设单位建议采取相应的经济制约手段，如停止付款、赔偿延期损失、发放提前竣工奖金等。

三、进度计划的编制

实现施工阶段进度控制的首要条件是一个符合客观条件的、合理的施工进度计划。以便根据这个进度计算确定实施方案，安排设计单位的出图进度，协调人力、物力，评价在施工过程中因气候变化、工作失误、资源变化以及有关方面的人为因素产生的影响，也是进行投资控制、成本分析的依据。

（一）进度计划的编制依据

（1）经过规划设计等有关部门和有关市政配套审批、协调的文件。

（2）有关的设计文件和图纸。

（3）建设工程施工合同中规定的开竣工日期。

（4）有关的概算文件、劳动定额等。

（5）施工组织设计和主要分项、分部工程的施工方案。

（6）工程施工现场的条件。

（7）材料、半成品的加工和供应能力。

（8）机械设备的性能、数量和运输能力。

（9）施工管理人员和施工工人的数量与能力水平等。

（二）进度计划的编制方法

进度计划编制前，应对编制的依据和应考虑的因素进行综合研究。其编制方法如下：

（1）划分施工过程。编制进度计划时，应按照设计图纸、文件和施工顺序把拟建工程的各个施工过程列出，并结合具体的施工方法、施工条件、劳动组织等因素，加以适当整理。

（2）确定施工顺序。在确定施工顺序时，要考虑：

1）各种施工工艺的要求；

2）各种施工方法和施工机械的要求；

3）施工组织合理的要求；

4）确保工程质量的要求；

5）工程所在地区的气候特点和条件；

6）确保安全生产的要求。

（3）计算工程量。应根据施工图纸和工程量计算规则进行。

（4）确定劳动力用量和机械台班数量。应根据各分项工程、分部工程的工程量，施工方法和相应的定额，并参考施工单位的实际情况和水平，计算各分项工程、分部工程所需的劳动力用量和机械台班数量。

（5）确定各分项工程、分部工程的施工天数，并安排进度。当有特殊要求时，可根据工期要求，倒排进度；同时在施工技术和施工组织上采取相应的措施，如在可能的情况下，组织立体交叉施工、水平流水施工，增加工作班次，提高混凝土早期强度等。

（6）施工进度图表。施工进度图表是施工项目在时间和空间上的组织形式。目前表达施工进度计划的常用方法有网络图和流水施工水平图（又称横道图）。

（7）进度计划的优化。进度计划初稿编制以后，需再次检查各分部（子分部）工程、分项工程的施工时间和施工顺序安排是否合理，总工期是否满足合同规定的要求，劳动力、材料、施工机械设备用量是否出现不均衡的现象，主要施工机械设备是否充分利用。经过检查，对不符要求的部分予以改正和优化。

四、进度计划的审批

（一）进度计划的提交

1. 总体性进度计划

在中标通知书发出后合同规定的时间内，监理工程师应要求承包人书面提交以下文件：

（1）一份详细和格式符合要求的工程总体进度计划及必要的各项关键工程的进度计划。

（2）一份有关全部支付的现金流动估算。

（3）一份有关施工方案和施工方法的总说明（通过施工组织设计提出）。

2. 阶段性进度计划

在将要开工以前或在开工以后合理的时间内，监理工程师应要求承包人提交以下文件：

（1）年度进度计划及现金流动估算。

（2）月（季）度进度计划及现金流动估算。

（3）分项（或分部）工程的进度计划。

（二）进度计划的审查步骤

监理工程师应组织有关人员对承包人提交的各项进度计划进行审查，并在合同规定或满足施工需要的合理时间内审查完毕。审查工作应按以下程序进行：

（1）阅读文件、列出问题、进行调查了解。

（2）提出问题与承包人进行讨论或澄清。

（3）对有问题的部分进行分析，向承包人提出修改意见。

（4）审查批准承包人修改后的进度计划。

（三）进度计划的审查内容

1. 工期和时间安排的合理性

（1）施工总工期的安排应符合合同工期。

（2）各施工阶段或单位工程（包括分部、分项工程）的施工顺序和时间安排与材料和设备的进场计划相协调。

（3）易受冰冻、低温、炎热、雨季等气候影响的工程应安排在适宜的时间，并应采取有效的预防和保护措施。

（4）对动员、清场、假日及天气影响的时间，应有充分的考虑并留有余地。

2. 施工准备的可靠性

（1）所需主要材料和设备的运送日期已有保证。

（2）主要骨干人员及施工队伍的进场日期已经落实。

（3）施工测量、材料检查及标准试验的工作已经安排。

（4）驻地建设、进场道路及供电、供水等已经解决或已有可靠的解决方案。

3. 计划目标与施工能力的适应性

（1）各阶段或单位工程计划完成的工程量及投资额应与承包人的设备和人力实际状况相适应。

（2）各项施工方案和施工方法应与承包人的施工经验和技术水平相适应。

（3）关键线路上的施工力量安排应与非关键线路上的施工力量安排相适应。

五、进度计划的检查

在施工进度计划的实施过程中，由于各种因素的影响，常常会打乱原始计划的安排而出现进度偏差，因此，监理工程师必须定期地、经常地对施工进度计划的执行情况进行检查，并分析进度偏差产生的原因，以便为施工进度计划的调整提供必要的信息。

（一）每日进度检查记录

专业监理工程师应要求承包人按单位工程、分项工程或工点对实际进度进行记录，并予以检查，以作为掌握工程进度和进行决策的依据。每日进度检查记录应包括以下内容：

（1）当日实际完成及累计完成的工程量。

（2）当日实际参加施工的人力、机械数量及生产效率。

（3）当日施工停滞的人力、机械数量及其原因。

（4）当日承包人的主管及技术人员到达现场的情况。

（5）当日发生的影响工程进度的特殊事件或原因。

（6）当日的天气情况等。

（二）每月工程进度报告

高级驻地监理工程师应要求承包人根据现场提供的每日施工进度记录，及时进行统计和标记，并通过分析和整理，每月向总监理工程师及其代表和业主提交一份每月工程进度报告。其应包括以下主要内容：

（1）概况或总说明：应以记事方式对计划进度执行情况提出分析。

（2）工程进度：以工程数量清单所列细目为单位，编制出工程进度累计曲线和完成投资额的进度累计曲线。

（3）工程图片：显示关键线路上（或主要工程项目上）一些施工活动及进展情况。

（4）财务状况：主要反映承包人的现金流动、工程变更、价格调整、索赔工程支付及其他财务支出情况。

（5）其他特殊事项：主要记述影响工程进度或造成延误的因素及解决措施。

（三）进度控制图表

监理工程师应编制和建立各种用于记录、统计、标记、反映实际工程进度与计划工程进度差距的进度控制图及进度统计表，以便随时对工程进度进行分析和评价，并作为要求承包人加快工程进度、调整进度计划或采取其他合同措施的依据。

六、进度计划的调整

（一）进度符合计划

在工程实施期间，如果实际进度（尤其是关键线路上的实际进度）与计划进度基本相符，监理工程师不应干预承包人对进度计划的执行，但应及时掌握影响和妨碍工程进展的不利因素，促进工程按计划进行。

（二）进度计划的调整

监理工程师发现工程现场的组织安排、施工顺序或人力和设备与进度计划上的方案有较大不一致时，应要求承包人对原工程进度计划及现金流动计划予以调整。调整后的工程进度计划应符合工程现场实际，并应保证满足合同工期的要求。

调整工程进度计划，主要是调整关键线路上的施工安排，对于非关键线路，如果实际进度与计划进度的差距并不对关键线路上的实际进度造成不利影响，监理工程师可不必要求承包人对整个工程进度计划进行调整。

（三）加快工程进度

在承包人没有取得合理延期的情况下，监理工程师认为实际工程进度过慢，将不能按照进度计划预定的竣工期完成工程时，应要求承包人采取加快的措施，以赶上工程进度计划中的阶段目标或总体目标。承包人提出和采取的加快工程进度的措施必须经过监理工程师批准。批准时应注意以下事项：

（1）只要承包人提出的加快工程进度的措施符合施工程序并能确保工程质量，监理工程师应予以批准。

（2）因采取加快工程进度措施而增加的施工费用应由承包人自负。

（3）因增加夜间施工或法定节假日施工而涉及业主的附加监督管理（包括监理）费用，应由承包人负担，费用数额及支付方式由业主、监理工程师及承包人协商确定。

（四）进度计划的延期

由于业主或监理工程师的原因，或承包人在实施工程中遇到不可预见或不可抗力的因素，因而使工程进度延误并批准延期后，监理工程师应要求承包人对原来的工程进度计划予以调整，并按调整后的进度计划实施工程。

（五）进度计划的延误

由于承包人的原因造成工程进度的延误，而且承包人拒绝接受监理工程师加快工程进度的指令，或虽采取了加快工程进度的措施，但仍然不能赶上预期的工程进度并将使工程在合同工期内难以完成时，监理工程师应对承包人的施工能力重新进行审查和评价，并应发出书面警告，还应向业主提出书面报告，必要时建议对工程的一部分实行强制分割或考虑更换承包人。

第二节　工程投资控制管理

一、投资控制概述

（一）基本概念

公路建设项目投资是指完成一项公路建设工程所花费的全部费用，即该工程项目有计划地进行固定资产再生产和形成相应无形资产和铺底流动资金的一次性费用总和。它主要由建筑工程费用、安装工程费用、设备工器具购置费用和工程建设其他费用组成。

建筑安装工程费用是指建设单位用于建筑和安装工程方面的投资，包括用于建筑物的建造及有关准备、清理等工程的投资。用于安装设备、装配工程的投资是以货币表现的建筑安装工程的价值，其特点是必须通过兴工动料、追加活劳动才能实现。

设备工器具购置费用是指按照建设项目设计文件要求，建设单位（或其委托单位）购置或自制达到固定资产标准的设备和新、扩建项目配置的首套工器具及生产家具所需的投资。它由设备工器具原价和包括设备成套公司服务费在内的运杂费组成。

工程建设其他费用是指未纳入以上两项的由项目投资支付的为保证工程建设顺利完成和交付使用后能够正常发挥效用而发生的各项费用之和。

（二）投资控制的原理

1. 分阶段设置明确的投资控制目标

控制是为确保目标的实现而服务的。一个系统若没有目标，就无法进行控制，目标的设置是有科学依据的。

工程项目建设是一个周期长、数量大的生产消费过程，建设者在一定时间内占有的经验和知识是有限的，不但常常受到科学条件和技术条件的限制，而且受到客观过程的发展及其表现程度的限制，因而不可能在工程项目开始，就能设置一个科学的、一成不变的投资控制目标，而只能设置一个相对合理的投资控制目标，这就是投资估算。随着工程建设的进展，投资控制目标越来越明确，这就是设计概算、施工预算、承包合同价等等。因此，投资估算是工程建设项目投资控制的初期目标，设计概算是进行技术设计和施工图设计的项目投资控制目标，施工预算和承包合同价是施工阶段投资控制的目标。

投资控制目标既要有先进性，又要有实现的可能性，目标水平的高低决定着任务完成的状况，也决定着项目执行者的积极性的发挥。

2. 采取主动控制，以取得令人满意的结果

由于工程建设项目的三大目标（工期、质量、投资）是相互联系相互制约的，既矛盾又统一，在项目建设时，不能同时达到最优，即不可能同时做到投资省、工期短、质量高，为此，在进行建设监理时，应根据业主要求、建设的客观条件进行综合研究，确定一套切合实际的衡量准则，只要投资控制的方案符合这套衡量准则，取得了令人满意的结果，投资控制就算达到了预期目标。而不是说投资越省越好。

此外，控制应立足于事先主动采取决策措施，尽可能减少或者避免目标值与实际值的偏离，这是主动的、积极的控制方法。而不是比较目标值与实际值，以及当二者出现偏差时，分析其产生偏差的原因，并确定下一步的对策，这就被称为被动控制。也就是说，我们的项目投资控制，应采取主动、积极的控制方法。

3. 监理工程师投资控制工作的前提

（1）投资控制的动力来自投资主体对其投资行为的自我约束、自我控制的愿望和要求。投资主体的“扩张冲动”是从来就有的，他所能支配的资源相对于其无限扩张的需求永远是有限的。投资主体的欲望如果是投机，为了取得巨大收益甘冒巨大的风险，他就不会也不愿意对投资进行控制。如果投资主体是为了投资，他就应该使其投资活动合理、可控。

（2）投资控制的自我约束来自市场机制的约束和责任机制的约束。

在我国，过去工程建设的投资主体是各级政府，在计划经济体制下，投资主体对投资风险以及目标达到的程度缺乏约束。随着社会主义市场经济体制的建立，无偿使用资金改为有偿使用，在市场机制和责任机制的约束下，投资主体产生了强烈自我约束、自我控制的愿望和要求。

（3）投资主体在强烈的自我约束、自我控制愿望的前提下，当其自身力量已不能满足投资控制的有效性时就愿意聘请监理工程师，此时投资控制才能有效、可控。

（三）投资控制的内容

1. 投资决策阶段

这里说的投资决策阶段是指编制项目建议书（初步可行性研究）阶段、可行性研究（含

项目评估）阶段和编制设计任务书阶段。在这个阶段中，主要应发挥政府监理的作用，把项目建设纳入国家长远规划、五年计划和年计划的轨道，进行项目建议书、可行性研究和设计任务书的审批，从而做出投资决策。社会监理单位可承担初步可行性研究和编制设计任务书的工作，进行逐步可靠的投资估算，进行项目评价和审核，以便为政府监理提供投资决策的依据。

2. 设计阶段

进行设计监理的建设项目，监理单位在初步设计阶段提出设计要求，组织设计招标或设计竞赛，组织评选设计方案，选择勘察设计单位并商签委托设计合同，审查初步设计和初步设计概算，以此进行投资控制。

在施工图设计阶段，提出施工图设计的要求，对施工图设计进行中间审查，控制设计标准及主要设计参数，审查施工图预算，参加图纸会审等，进行投资控制。

3. 施工招标阶段

监理单位通过编制与审查标底，编制与审核招标文件，提出决标意见，协助建设单位签订发包合同，审查分包单位的选择等，进行投资控制。

4. 施工阶段

监理单位通过审核设计变更和洽商，核批索赔文件，签发工程付款凭证，审查工程结算，审查主要建筑材料与设备订货，掌握工程进度与工程款发放，对投资计划与实际费用支出进行比较等，进行投资控制。

（四）建设监理投资控制的措施

1. 组织措施

（1）落实项目监理班子中投资控制人员。

（2）明确投资控制人员的任务分工，管理职能分工。

（3）确定投资控制的工作流程。

2. 经济措施

（1）编制投资切块、分解的规划和详细计划。

（2）编制资金使用计划并控制其执行。

（3）投资的动态控制：计划值与实际值的比较，提出控制报表。

（4）付款审核。

3. 技术措施

（1）挖掘节约投资的潜力，这些潜力分别在设计、施工、工艺、材料及设备之中。

（2）进行技术经济比较论证。

4. 合同措施

（1）确定合同结构。

（2）合同中有关投资条款的审核。

（3）参与合同谈判。

（4）处理合同执行中的变更与索赔。

（五）监理工程师投资控制的有效因素

1. 投资控制应是动态的、可控的过程

控制，是当活动过程的任何环节偏离计划目标时进行纠正，使之按计划目标正常进行的一种职能；或者指按着一定的预定目标和条件，对一个过程或一系列事件施加影响，使其达到预定目标的一种组织活动。

在动态控制过程中，人们把实际值与目标值相比较，当发现偏离时，分析偏差的原因，确定下一步对策，但这样做只能是偏离—纠偏—再偏离—再纠偏的控制方法，是被动控制。

2. 投资控制应是一个主动控制的过程

主动控制立足于在项目控制中，事先主动地采取决策措施，以尽可能地减少乃至避免实际值与目标值的偏离。

一般来说，监理工程师在项目建设中的主要任务是对建设项目工期、投资、质量进行有效控制。其监理的结果是使项目建设工期最短、投资最省、工程质量最高，这一理想的目标和要求是几乎不可能实现的。为此，监理工程师应根据业主要求和项目建设的客观条件进行综合分析，突出重点，事先制定出切合实际的衡量标准，使投资控制达到主动控制的目标。

3. 投资控制的因素

在不同阶段，其投资控制的因素也不同，各阶段都必须有：控制目标、施控主体、受控对象、控制信息、调节功能。监理工程师在明确了各阶段的控制因素后，必须对工程价值形成因素的各个方面有明确的、尽可能量化的标准和依据。

监理工程师应从组织、技术、经济、合同与信息管理等多方面采取措施，以实现控制目标，强化施控主体，有效控制施控对象，及时得到执行过程中的各种信息，充分利用采取纠正措施的法定权力和责任。

监理工程师应重视事前控制，同时过程控制和事后控制也是重要的。

二、工程量清单

（一）工程量清单及工程量清单说明

监理工程师必须熟悉技术规范、工程量清单及工程量清单说明的内容，掌握工程具体项目的工作范围和内容、计量方式和方法。

1. 工程量清单数量

工程量清单数量是合同图纸给定的数量，计量时应以实际完成并经监理工程师确认的数量为准。

2. 工程量清单单价说明

监理工程师应要求承包人按照合同规定的内容与时间，报送单价的来源及其构成。

3. 工程量清单的变动

监理工程师按合同规定办理工程变更时，应对工程量清单按下列方式进行相应的修改和补充：

（1）变更工程数量，清单细目内容及单价不变。

（2）工程性质变更引起单价变化，原清单细目内容及数量不变。

（3）清单细目内容、单价、数量全部变更（包括项目整个被取消）。

（4）新增工程，即清单细目、单价、数量全部是增列的。

（二）工程量清单的使用

1. 有具体工程单位的清单栏目

（1）监理工程师必须按工程量清单标明的单价和实际计量的工程数量办理。

（2）实际计量的工程数量与工程量清单给定的数量相比，自然增减幅度在合同规定的范围内，应按第（1）项办理。

（3）工程数量自然增减的幅度超出合同规定幅度，应按合同的有关具体规定办理。

2. 以细目为单位的清单栏目

监理工程师应根据实际情况确定细目计量划分比例。

3. 暂估数量的清单栏目

监理工程师必须严格控制工程数量。

4. 暂定金额的清单栏目

（1）监理工程师应根据实际情况，部分动用、全部动用或根本不动用该项费用。

（2）实际费用超出清单限额，宜通过工程变更办理。

5. 以时间为单位的清单栏目

监理工程师必须根据工程实施的具体情况严格掌握。

（三）工程量清单的编制

1. 工程量清单编制的一般规定

（1）工程量清单应由有具有编制招标文件能力的招标人，或受其委托具有相应资质的中介机构进行编制。

工程量清单是在招投标活动中对招标人和投标人具有约束力的重要文件，是招标投标活动的主要依据，专业性强、内容复杂，对编制人的业务技术水平要求高，能否编制出完整、严谨的工程量清单，直接影响招标的质量。因此，工程量清单编制人的资质和能力是很关键的。

（2）工程量清单应作为招标文件的组成部分。工程量清单体现了招标人要求投标人完成的工程项目及相应工程数量，全面反映了对投标报价的要求。工程量清单是编制招标工程标底和投标报价的依据，也是支付工程进度款和办理工程结算、调整工程量以及工程索赔的依据。

2. 工程量清单编制的原则

（1）满足建设工程施工招标投标的需要，能对工程造价进行合理确定和有效控制。

（2）做到“四个统一”，即统一项目编码、统一工程量计算规则、统一计量单位、统一项目名称。

（3）有利于规范建筑市场的计价行为，促进企业经营管理、技术进步，增加市场上的竞争力。

（4）适当考虑我国目前工程造价管理工作现状，实行市场调节价。

3. 工程量清单的编制依据

（1）招标文件规定的相关内容。

（2）拟建工程设计施工图纸。

（3）施工现场的情况。

（4）统一的工程量计算规则、分部分项工程的项目划分、计量单位等。

（二）投标报价的工程量清单计价格式

（1）工程量清单计价应采用统一格式。

（2）工程量清单计价格式应随招标文件发至投标人。工程量清单计价格式应由下列内容组成：

1）封面。

2）投标总价。

3）工程项目总价表。

4）单项工程费汇总表。

5）分部分项工程量清单计价表。

6）措施项目清单计价表。

7）其他项目清单计价表。

8）零星工作项目计价表。

9）分部分项工程量清单综合单价分析表。

10）措施项目费分析表。

11）主要材料价格表。

三、工程计量

工程计量是根据设计文件及承包合同中关于工程量计算的规定，项目监理机构对承包单位申报的已完成工程的工程量进行的核验。工程计量的范围仅限于承包单位完成的质量验收合格的工程量。未经监理人员质量验收合格的工程量，或不符合施工合同规定的工程量，监理人员应拒绝计量，并拒绝该部分的工程款支付申请。

（一）工程计量的规定

1. 计量范围

（1）工程量清单及修订的工程量清单的内容。

（2）合同文件规定的各项费用支付。

2. 主要计量依据

（1）工程量清单及说明。

（2）合同图纸。

（3）工程变更令及修订的工程量清单。

（4）合同条件。

（5）技术规范。

（6）有关计量的补充协议。

（7）索赔时间 / 金额审批表。

3. 计量原则

（1）不符合合同文件要求的工程，不得计量。

（2）按合同文件所规定的方法、范围、内容、单位计量。

（3）按监理工程师同意的计量方法计量。

（二）工程计量的方式

（1）工程达到规定的计量单位时，监理工程师应审查承包人提供计量所需的资料，并与其共同计量。

监理工程师必须对计量结果做出准确的记录，并将记录的副本抄送给承包人。

（2）监理工程师可根据工程特殊情况增加计量次数，但应提前向承包人发出通知，写明监理工程师准备何时对何工程进行何种计量。

（3）监理工程师对承包人增加计量次数的申请，应要求其提前填写计量申请单，写明要求计量的原因、计量的工程部位和计量的时间。

（三）工程计量的程序和主要文件

1. 计量通知或申请

工程需要计量，监理工程师应审查承包人提出的计量申请或向承包人发出计量通知。

2. 审查有关文件资料

监理工程师必须检查承包人为计量准备的有关资料，发现问题或资料不全时，应退还承包人，暂不进行计量，或计量后暂不予支付。

3. 填写中间计量表

中间计量表必须清楚真实地填写计量结果，对承包人在合同规定的时间内提出的异议，监理工程师应进一步检查计量记录，将复议后的结果通知承包人。

4. 主要文件

（1）《中间计量表》。

（2）《工程分项开工申请批复单》。

（3）《检验申请批复单》。

（4）工程质量检验表及有关的质量评定意见。

（5）《工程变更令》。

（6）《中间交工证书》。

四、工程支付

（一）前期支付

1. 动员预付款

（1）监理工程师收到并确认承包人与业主签订的合同协议、履约保函及动员预付款保函之后，应按照合同规定，签发动员预付款金额的支付证明。

（2）监理工程师应通过《中期支付证书》，对动员预付款按合同规定的方法予以扣回。

2. 履约保函

（1）监理工程师收到并确认承包人提供的履约保函后，应按合同规定签发相当履约保函一定百分比金额的支付证明。

（2）监理工程师签发《工程缺陷责任终止证书》后，应签发解除承包人履约担保责任的证明。

3. 保险

（1）监理工程师必须根据合同规定的保险范围审验承包人的各项保险证明，并按照合同规定，签发相当保险额一定百分比金额的支付证明。

（2）监理工程师应及时从支付证明中，扣除业主代替承包人办理保险所支付的费用。

（二）中期支付

1. 工程款

监理工程师必须对《中间计量表》审查无误后签发《中期支付证书》。

2. 暂定金

监理工程师应根据实际需要动用暂定金，并在下列手续完备之后，签发暂定金支付证明。

（1）审批承包人提交的相应工程的施工组织计划。

（2）审批承包人提交的对应其施工组织计划所需要的工费、材料费、机械费、设备费及计算说明。

（3）与业主和承包人就暂定金的支付进行协商。

（4）审核有关动用暂定金的凭证。

3. 计日工

监理工程师可指令按计日工完成特殊的、较小的变更工程或附加工程，同时应要求承包人提交该项工程的下列报表：

（1）用工清单。

（2）材料清单。

（3）机械、设备清单。

（4）费用清单，包括其付款凭证。

监理工程师审查上述资料时，应注意：未经监理工程师同意不得加班；未经监理工程师认可的材料不得使用；发生故障和闲置的机械、设备不得计入；并根据工程量清单、计日工的价格及其合同中规定的费率，签发有关的支付证明。

4. 材料设备预付款

（1）监理工程师必须在下列要求满足后，签发支付材料设备的预付款证明。

1）材料设备将被用于永久性工程。

2）材料设备已运抵工地现场或监理工程师认可的承包人的生产场地。

3）材料设备的质量和存放均满足合同要求。

4）承包人向监理工程师提交材料设备的订货单或收据。

监理工程师签发材料设备预付款支付证明，不是对该材料设备的质量批准。

（2）监理工程师签发材料设备预付款支付证明时，应注意：

1）累计支付材料设备预付款的金额不应超过合同剩余工作量。

2）累计支付材料设备预付款的材料设备数量，不应超过工程所需的实际总数量。

3）预付款材料设备的品种应与工程计划进度相符合。

4）已支付材料设备预付款的材料设备，所有权归业主。

（3）材料用于永久性工程后，监理工程师必须通过《中期支付证书》将材料设备预付款予以扣回。

5. 工程变更

（1）监理工程师签发变更工程支付证明，必须以工程变更令及其修改的工程量清单为依据。

（2）监理工程师收到《中间计量单》并审查无误后，应依照工程变更令所确定的支付原则，参照其修订的工程量清单办理支付。

6. 保留金

（1）监理工程师对保留金的扣留应按合同有关规定办理。

（2）如果承包人在第一个《中期支付证书》前，提交了一份由业主认可银行出具的银行保函，监理工程师可不再替业主从《中期支付证书》中扣留保留金。

（3）保留金的退还一般应分两次进行。

1）监理工程师颁发全部工程的交接证书后，按合同规定的退还比例签发支付证明。如果颁发的仅是部分工程的交接证书，按该部分工程占整个工程的百分比例计退。

2）监理工程师签发缺陷责任终止证书后，签发退还剩余保留金的支付证明。如果颁发的缺陷责任证书仅是部分工程的缺陷责任证书，监理工程师应继续扣留与完成剩余工作所需费用比例相当的保留金。

7. 索赔

（1）监理工程师必须依据《索赔时间 / 金额审批表》，签发索赔支付证明。

（2）索赔金额支付必须按合同有关规定及《索赔时间 / 金额审批表》所确定的执行。

8. 价格调整

（1）监理工程师必须根据合同规定的价格调整方式，通过《中期支付证书》办理因价格调整引起的费用支付。

（2）如果合同没有规定具体的调整方法，则监理工程师应与业主、承包人协商后，确定进行价格调整的具体方法。

9. 迟付款利息

监理工程师确认业主收到监理工程师签发的支付证书后，没有在合同规定的时间内向承包人付款，应签发迟付款利息的支付证明。

10. 对指定分包人支付

（1）监理工程师应通过承包人对指定分包人进行支付。

（2）监理工程师可要求承包人出示指定分包人得到承包人付款的证明。

（3）承包人无正当理由拒绝向指定分包人付款时，监理工程师必须帮助业主从《中期支付证书》中扣留指定分包人应得到的款项，直接向指定分包人支付。

11. 合同中止后支付

（1）工程遇到战争、叛乱、骚乱等合同规定的特殊风险时，监理工程师应帮助业主澄清下列内容，同业主、承包人协商后，签发合同中止证书：

1）合同中止之日前，承包人收到的已按合同完成的工程的全部费用，以及业主已支付给承包人的款额与细目。

2）承包人依照合同为该工程合理订购的材料、设备及货物的费用。

3）承包人雇佣的所有从事工程施工人员在合同中止时的合理遣返费。

4）承包人机械设备撤离费。

5）承包人为完成整个工程而合理发生的费用，而该费用未包括在其他各项支付之内。

6）承包人应偿还业主的有关设备、材料和工程的预付款余额，以及合同中止之日，按合同规定业主向承包人收回的任何其他款项。

（2）监理工程师确认承包人违约后，应对由于承包人的过失而使业主产生的和随之引起的所有费用的增加按照合同文件的规定，进行估价。在与业主和承包人协商后，签发扣除承包人上述费用的证明。

（3）当监理工程师确认业主不能继续履行合同，或因业主干涉、阻挠、拒绝监理工程师的支付证书致使承包人提出中止受雇合同时，监理工程师应澄清下述内容，同业主和承包人协商后，签发合同中止的支付证书。

1）本款（1）中的全部款项内容。

2）由于合同中止给承包人造成的任何损失或损害的款额。

12. 工程交工支付

监理工程师收到承包大交工财务报告后，应完成对其报告中下列内容的审查，确认后向业主签发《中期支付证书》。

（1）按照合同规定日期完成的全部工程的最终价值。

（2）业主还应支付的任何追加款项。

（3）按照合同应付给承包人的估算总额。

（三）最终支付

1. 准备工作

（1）监理工程师必须处理有关工程和合同方面的一切遗留事宜：

1）确认承包人的遗留工程及缺陷工程已完成并达到规范标准，签发该工程的支付证明。

2）确认承包人已获得全部工程的《工程缺陷责任期终止证明》，签发解除承包人履约担保责任的证明及退回或解除承包人剩余保留金或银行保函的证明。

3）确认已对符合合同文件规定的工程变更、时间与费用索赔、价格调整等事宜，进行了清理与审定，并签发完毕与之有关的支付证明。

（2）监理工程师必须澄清整个工程各个阶段的计量与支付，并完成下列工作：

1）对所有支付的细目进行检查，防止漏项和重复。

2）对所有的工程数量与费用计算进行的复核。

3）对所有有争议的细目与计算进行核实，并与业主和承包人协商，确定最终的处理办法。

2. 最终支付

（1）最终结算清单的说明：

1）最终支付的依据及计算方法。

2）监理工程师确认按照合同最终应付给承包人的款项总额。

3）考虑业主以前所付的款额及业主、承包人各自负责对支付额的影响后，业主还应付给承包人或承包人还要付给业主的余额。

（2）最终结算清单由一系列清单及表格组成，并包含（1）的款项内容。

（3）最终结算清单的附件由一系列图纸、计算资料、文件、发票等组成，并与（2）相对应。

（四）工程支付程序

1. 中期支付程序

（1）中期支付申请

监理工程师收到承包人要求支付的申请后，必须从以下方面进行确认：

1）承包人申请中已详细列明其认为有权得到的款项。

2）申请中所涉及的表格形式经过监理工程师认可。

（2）中期支付申请的审定

监理工程师应在合同规定的时间内完成以下几个方面的审定：

1）申请的格式和内容应满足合同要求。

2）各项资料、证明文件手续齐全。

3）所有款项计算与汇总无误。

（3）签发《中期支付证书》

1）监理工程师审核并修订承包人的支付申请后，应向业主签发《中期支付证书》，副本抄送承包人。

2）除了特殊项外（如计日工、暂定金、费用索赔等），监理工程师签发的《中期支付证书》中的支付数量应基本正确。

3）监理工程师应通过任何一期《中期付款证书》，对已支付工程发现的问题或已颁发的支付证书的错误进行纠正。

4）当工程支付款小于合同规定的限额时，监理工程师可以不按月签发《中期支付证书》。

2. 最终支付程序

（1）最终支付申请

监理工程师应受理承包人在合同规定的时间内提交最终支付申请。

（2）最终支付申请的审定

监理工程师应在合同规定的时间内，完成对最终支付申请的审定：

1）申请的格式和内容，应满足合同规定及监理工程师的要求。

2）相应的系列结算清单，必须齐全、完整，相互关系清晰。

3）相应的系列证明资料有监理工程师的签字认可。

4）确认所有的计量与支付均没有遗漏、重复，且计算准确。

第八章　公路工程监理招投标与合同管理

第一节　公路工程监理招标与投标

一、《公路工程施工监理招标文件范本》简介

1.《公路工程施工监理招标文件范本》的背景

2009 年版《公路工程施工监理招标文件范本》（以下简称《范本》）合同条款分为通用条款和专用条款两部分。招标人在编制招标文件时，对通用条款的文字不应进行任何改动，如果有不同要求应按照合同专用条款的编写原则在专用条款中进行修改、删除或补充。

为了促进监理行业健康发展，促使监理企业提高服务质量，《范本》推荐使用固定标价评分法，鼓励实行监理总承包模式招标。

2.《范本》的适用范围

二级及二级以上公路、独立大桥及特大桥、独立长隧道及特长隧道的新建、改建以及养护大修工程项目，其主体工程的施工监理招标文件，应当使用《公路工程施工监理招标文件范本》。附属设施工程及其他等级的公路工程项目的施工监理招标文件，可参照《范本》进行编制。

3.《范本》的内容构成

第一卷

第一篇招标公告（适用于未进行资格预审）

投标邀请书（适用于已进行资格预审）

投标邀请书（适用于邀请招标）

第二篇投标人须知

第三篇合同通用条款

第四篇合同专用条款

第二卷

第五篇监理规范

第六篇工程专用规范

第七篇技术规范

第三卷

第八篇投标文件格式

第九篇中标通知书格式

第十篇监理合同协议书格式

第十一篇银行预付款保函格式

第十二篇银行履约保函格式

第十三篇支付担保保函格式

第四卷

第十四篇图纸和资料

附录

4.《范本》的通用条款分类

为了深入理解和掌握《范本》通用条款的内容和实质精神，依据条款的属性与作用进行深入分析和研究，按条款编写顺序分类如下：

（1）定义和解释，包括 2 条 22 款内容。

（2）监理人的义务，包括 5 条 21 款内容。

（3）发包人的义务，包括 9 条 13 款内容。

（4）责任与保障，包括 6 条 11 款内容。

（5）监理合同的生效、终止、变更、暂停与解除，包括 6 条 15 款内容。

（6）监理服务的费用与支付，包括 4 条 19 款内容。

（7）其他，包括 6 条 8 款内容。

（8）争端的解决，包括 1 条 1 款内容。

二、FIDIC《施工合同条件》简介

1.FIDIC《施工合同条件》的背景

FIDIC 即国际咨询工程师联合会（Federation Internationale Des Ingenious Consensual），于 1913 年在英国成立，第二次世界大战结束后 FIDIC 发展迅速起来，至今已有 60 多个国家和地区成为其会员，中国于 1996 年正式加入。FIDIC 是世界上多数独立的咨询工程师的代表，是最具权威的咨询工程师组织，推动着全球范围内高质量、高水平的工程咨询服务业的发展。

FIDIC 编制了许多标准合同条件，最基本的和在工程界影响最大的是 FIDIC《土木工程施工合同条件》。1999 年出版的《施工合同条件》共含 20 条 163 款，总结了世界各国

土木工程建设管理数十年的经验，科学地把土建工程技术、经济、法律有机地结合，并用合同的形式加以规定，详细地规定了承包人、业主的义务和权利以及监理工程师的职责和权限。

2.FIDIC 合同条件的使用范围

FIDIC 合同条件作为唯一的国际通用的合同条件被广泛应用。世界银行规定：凡是利用世界银行贷款兴建的工程项目，都必须采用国际性公开招标的方式，并必须采用 FIDIC 合同条件的第一部分通用条件；第二部分专用条件因涉及各国和工程项目的特点，可结合具体工程项目编写。FIDIC 合同条件一般适用于大型土木工程项目，如道路、桥梁、水利工程等。另外它适用于新建工程项目，而不太适用于改建项目。

3.FIDIC 合同条件的内容构成

FIDIC《施工合同条件》包括施工合同的通用条件和专用条件。

（1）通用条件。FIDIC《施工合同条件》中的通用条件是固定不变的，无论是工业还是民用建筑施工、水电工程、路桥工程、港口工程的建筑安装工程施工都可适用。通用条件共分二十大项 247 款。其中二十大项分别是：一般规定；业主；工程师；承包商；指定分包商；员工；生产设备材料和工艺；开工、延误和暂停；竣工检验；业主的接收；缺陷责任；测量和估价；变更和调整；合同价格和支付；业主提出终止；承包商提出暂停和终止；风险和责任；保险；不可抗力；索赔、争端和仲裁。

由于通用条件可以适用于所有建筑安装工程施工，条款也非常具体而明确，因此，当脱离具体工程从宏观的角度讲 FIDIC《施工合同条件》的内容时，仅指 FIDIC 通用条件。

（2）专用条件。专用条件是相对于通用条件而言的，即根据建设项目的专业特点以及项目所在地的政治、经济、法律、自然条件等地域特点，针对通用条件中条款的规定，相应补充、修订或取代其中的某些内容，或适当增补通用条件中没有规定的内容。

三、公路工程招标文件简介

（一）《公路工程标准施工招标文件》简介

1.《公路工程标准施工招标文件》的背景

为了加强公路工程施工招标管理，规范招标文件编制工作，交通运输部在国家九部委联合编制的《标准施工招标文件》基础上，结合公路工程施工招标特点和管理需要，编制了《公路工程标准施工招标文件》（2009 年版）。

2.《公路工程标准施工招标文件》的适用范围

《公路工程标准施工招标文件》，自 2009 年 8 月 1 日起实施，必须进行招标的二级及以上公路工程应当使用《公路工程标准施工招标文件》，二级以下公路项目可参照执行。在具体招标工程中，招标人可根据项目实际情况，编制项目专用条件，与《公路工程标准施工招标文件》共同使用，但不得违反《标准施工招标文件》的规定。

3.《公路工程标准施工招标文件》的内容构成

《公路工程标准施工招标文件》的内容构成包括 4 卷，由 8 章 1 附录组成，具体如下：

第一卷

第一章招标公告（未进行资格预审）

投标邀请书（适用于邀请招标）

投票邀请书（代资格预审通过通知书）

第二章投标人须知

第三章评标办法（合理低价法）

评标办法（综合评估法）

评标办法（经评审的最低投标价法）

第四章合同条款及格式

第五章工程量清单

第二卷

第六章图纸

第三卷

第七章技术规范

第四卷

第八章投标文件格式

附录　工程量清单固化方法说明

4.《公路工程标准施工招标文件》的通用条款分类

《公路工程标准施工招标文件》的通用条款可按条款编写顺序将其进行如下分类：

（1）一般约定，包括 12 条 26 款内容。

（2）发包人义务，包括 8 条 8 款内容。

（3）监理人，包括 5 条 15 款内容。

（4）承包人，包括 11 条 39 款内容。

（5）材料和工程设备，包括 4 条 14 款内容。

（6）施工设备和临时设施，包括 4 条 6 款内容。

（7）交通运输，包括 6 条 8 款内容。

（8）测量放线，包括 4 条 6 款内容。

（9）施工安全、治安保卫和环境保护，包括 5 条 20 款内容。

（10）进度计划，包括 2 条 2 款内容。

（11）开工和竣工，包括 6 条 7 款内容。

（12）暂停施工，包括 5 条 8 款内容。

（13）工程质量，包括6条13款内容。

（14）试验和检验，包括3条6款内容。

（15）变更，包括8条17款内容。

（16）价格调整，包括2条3款内容。

（17）计量与支付，包括6条19款内容。

（18）竣工验收，包括8条19款内容。

（19）缺陷责任与保修责任，包括7条9款内容。

（20）保险，包括6条14款内容。

（21）不可抗力，包括3条8款内容。

（22）违约，包括3条12款内容。

（23）索赔，包括4条6款内容。

（24）争议的解决，包括3条9款内容。

四、公路工程施工监理招标

（一）公路工程施工招标的招标人要求

公路工程施工招标的招标人应当是提出公路工程施工招标项目、进行公路工程施工招标的项目法人。具备下列条件的招标人，可以自行办理招标事宜：

（1）具有与招标项目相适应的工程管理、造价管理、财务管理能力。

（2）具有组织编制公路工程施工招标文件的能力。

（3）具有对投标人进行资格审查和组织评标的能力。

招标人不具备上述规定条件的，应当委托具有相应资格的招标代理机构办理公路工程施工招标事宜。任何组织和个人不得为招标人指定招标代理机构。

招标人应当根据招标项目的特点和需要，编制招标文件。

（二）公路工程施工监理招标方式

公路工程施工监理招标人，应当是依照2006年《公路工程施工监理招标投标管理办法》规定提出公路工程施工监理招标项目、进行招标的公路工程项目法人或者其他组织。招标人可以将整个公路工程项目的施工监理作为一个标一次招标，也可以按不同专业、不同阶段分标段进行招标。招标人分标段进行施工监理招标的，标段划分应当充分考虑有利于对招标项目实施有效管理和监理企业合理投入等因素。

公路工程施工监理招标分为公开招标和邀请招标，公路工程施工监理应当公开招标。

（1）公开招标。招标单位通过报刊、广播、电视等新闻媒介发布招标公告，凡符合规定条件的监理单位都可以自愿参加投标，这种招标方式称为公开招标。采用公开发布招标招标的，招标人应当依法在国家指定媒介上公开发布招标公告，并可以在交通主管部门提供的媒介上同步发布。

公开招标的优点是使招标单位有较大的选择范围，可在众多的投标单位中择优选择；其缺点是招标工作量大、时间长、费用大，投标单位多，难免出现鱼目混珠现象。

（2）邀请招标。符合下列条件之一的项目，经有审批权的部门批准后，可以进行邀请招标：

1）技术复杂或者有特殊要求的。

2）符合条件的潜在投标人数量有限的。

3）受自然地域环境限制的。

4）公开招标的费用与工程监理费用相比，所占比例过大的。

5）法律、法规规定不宜公开招标的。

（3）公开招标与邀请招标在招标程序上的主要区别：

1）招标信息的发布方式不同。公开招标是利用招标公告发布招标信息，而邀请招标则是采用向三家以上具备实施能力的投标人发出投标邀请书，请他们参与投标竞争。

2）对投标人资格预审的时间不同。进行公开招标时，由于投标响应者较多，为了保证投标人具备相应的实施能力，以及缩短评标时间，突出投标的竞争性，通常设置资格预审程序。而邀请招标由于竞争范围小，且招标人对邀请对象的能力有所了解，不需要再进行资格预审，但评标阶段还要对各投标人的资格和能力进行审查和比较，通常称为“资格后审”。

3）邀请的对象不同。邀请招标邀请的是特定的法人或者其他组织，而公开招标则是向不特定的法人或者其他组织邀请投标。

（三）公路工程施工监理招标的程序

公路工程施工监理招标，应当按照下列程序进行：

（1）招标人确定招标方式。采用邀请招标的，应当履行审批手续。

（2）招标人编制招标文件，并按照项目管理权限报县级以上地方交通主管部门备案。采用资格预审方式的，同时编制投标资格预审文件，预审文件中应当载明提交资格预审申请文件的时间和地点。

（3）发布招标公告。采用资格预审方式的，同时发售投标资格预审文件；采用邀请招标的，招标人应直接发出投标邀请，发售招标文件。

（4）采用资格预审方式的，对潜在投标人进行资格审查，并将资格预审结果通知所有参加资格预审的潜在投标人，向通过资格预审的潜在投标人发出投标邀请书和发售招标文件。

（5）必要时组织投标人考察招标项目工程现场，召开标前会议。

（6）接受投标人的投标文件。

（7）公开开标。

（8）采用资格后审方式的，招标人对投标人进行资格审查。

（9）组建评标委员会评标，推荐中标候选人。

（10）确定中标人，将评标报告和评标结果按照项目管理权限报县级以上地方交通主管部门备案并公示。

（11）招标人发出中标通知书。

（12）招标人与中标人签订公路工程施工监理合同。

（四）公路工程施工监理招标文件

1.《公路工程标准施工招标文件》的使用说明

交通运输部《公路工程标准施工招标文件》以《标准施工招标文件》为依据，考虑公路工程施工的招标特点和管理需要编制而成。《标准施工招标文件》规定通用部分，《公路工程标准施工招标文件》不加修改地引用了《标准施工招标文件》的部分只标注相关条款号，其内容详见《标准施工招标文件》。

《公路工程标准施工招标文件》适用于各等级公路和桥梁、隧道建设项目，且设计和施工不是由同一承包人承担的工程施工招标。

招标人根据《公路工程标准施工招标文件》编制项目招标文件时，不得修改“投标人须知”和“评标办法”正文，但可在前附表中对“投标人须知”和“评标办法”进行补充、细化，补充和细化的内容不得与“投标人须知”和“评标办法”正文内容相抵触。

2. 公路工程招标文件的主要内容

（1）招标公告（或投标邀请书）。

（2）投标人须知。

（3）评标办法。

（4）合同条款及格式。

（5）工程量清单。

（6）图纸。

（7）技术规范。

（8）投标文件格式。

（9）投标人须知前附表规定的其他材料。

招标文件所做的澄清、修改，构成招标文件的组成部分。当招标文件、招标文件的澄清或修改等在同一内容的表述上不一致时，以最后发出的书面文件为准。

3. 招标文件的备案

国道主干线和国家高速公路网建设项目的工程施工招标文件应当报交通运输部备案，其他公路建设项目的工程施工招标文件应当按照项目管理权限报县级以上地方人民政府交通主管部门备案。

交通主管部门发现招标文件存在不符合法律、法规及规章规定内容的，应当在收到备案文件后的 7 日内，提出处理意见，及时行使监督检查职责。

招标人如需对已出售的招标文件进行必要的澄清或修改时，应当在投标截止日期 15 日前以书面形式通知所有招标文件收受人，并应当按照上述规定进行备案。

对招标文件澄清或者修改的内容为招标文件的组成部分。

（五）公路工程施工监理招标人资格审查

1. 资格审查的方式

公路工程施工监理招标的招标人应当对潜在投标人进行资格审查。资格审查方式分为资格预审和资格后审。

（1）资格预审。资格预审是招标人在发布招标公告后发出投标邀请书前，对潜在投标人的资质、信誉和能力进行的审查。招标人只向通过资格预审的潜在投标人发出投标邀请书和发售招标文件。

1）招标人采用资格预审时，资格预审一般应按下列程序进行：

① 招标人编制资格预审文件并按项目管理权限报县级以上地方交通主管部门审批。

② 发布招标公告。

③ 发售资格预审文件。

④ 接受投标人的资格预审申请文件。

⑤ 资格审查委员会评审。

⑥ 招标人将资格审查报告和评审结果报交通主管部门备案。

⑦ 招标人应当将资格预审结果通知所有参加资格预审的潜在投标人，并向通过资格预审的潜在投标人发出投标邀请书。

资格预审工作由招标单位主持，由有关专家组成的资格预审评审委员会具体进行。

资格预审工作必须遵循公平、公正、客观、诚信、准确的原则。

拟参加资格预审者必须是具体承担监理工作、持有交通主管部门颁发的监理资质等级证书、具有工商行政部门核发的营业执照的独立法人实体。

2）资格预审文件一般包括下列内容：

① 资格预审邀请书。

② 资格预审申请人须知。

③ 资格预审强制履约标准。

④ 资格预审申请书格式。

⑤ 工程概况及监理合同段简介。

⑥ 符合性审查的标准和办法。

⑦ 强制性资格条件。

资格预审的结果为合格与不合格。合格者有资格参加投标，不合格无权参加投标。资格后审是招标人在收到投标人的投标文件后，对投标人的资质、信誉和能力进行的审查。

2. 资格审查的方法

资格审查方法分为强制性条件审查法和综合评分审查法。

（1）强制性条件审查法是指招标人只对投标人或者潜在投标人的资格条件是否满足招标文件规定的投标资格、信誉要求等强制性条件进行审查，并得出“通过”或者“不通过”的审查结论，不对投标人或潜在投标人的资格条件进行具体量化评分的资格审查方法。

（2）综合评分审查法是指在投标人或者潜在投标人的资格条件满足招标文件规定的最低资格、信誉要求的基础上，招标人对投标人或者潜在投标人的施工监理能力、管理能力、履约情况和施工监理经验等进行量化评分并按照分值进行筛选的资格审查方法。

五、公路工程施工监理投标

（一）投标人的资质要求

招标文件中关于投标人的资质要求，应当符合有关法律、行政法规的规定。招标人不得在招标文件中制定限制性条件阻碍或者排斥投标人，不得规定以获得本地区奖项等要求作为评标加分条件或者中标条件。

投标人的资格要求如下：

（1）投标人应具备承担本标段施工的资质条件、能力和信誉。

（2）投标人接受联合体投标的，除应符合投标人应具备承担本标段施工的资质条件、能力和信誉的要求外，还应遵守以下规定：

1）联合体各方应按招标文件提供的格式签订联合体协议书，明确联合体牵头人和各方权利义务。

2）由同一专业的单位组成的联合体，按照资质等级较低的单位确定资质等级（注意该条款应正确理解：考核资格条件应以联合体协议书中规定的分工为依据，不承担联合体协议有关专业工程的成员，其相应的专业资质不作为该联合体成员中同一专业单位的资质进行考核）。

3）联合体各方不得再以自己的名义单独或参加其他联合体在同一标段中投标。

4）联合体所有成员数量不得超过投标人须知前附表规定的数量。

5）联合体牵头人所承担的工程量必须超过总工程量的 50%。

6）联合体各方应分别按照本招标文件的要求，填写投标文件中的相应表格，并由联合体牵头人负责对联合体各成员的资料进行统一汇总后一并提交给招标人；联合体牵头人所提交的投标文件应认为已代表了联合体各成员的真实情况。

7）尽管委任了联合体牵头人，但联合体各成员在投标、签约与履行合同过程中，仍负有连带的和各自的法律责任。

（3）投标人不得存在下列情形之一：

1）为招标人不具有独立法人资格的附属机构（单位）。

2）为本标段前期准备提供设计或咨询服务的，但设计施工总承包的除外。

3）为本标段的监理人。

4）为本标段的代建人。

5）为本标段提供招标代理服务的。

6）与本标段的监理人或代建人或招标代理机构同为一个法定代表人的。

7）与本标段的监理人或代建人或招标代理机构相互控股或参股的。

8）与本标段的监理人或代建人或招标代理机构相互任职或工作的。

9）被责令停业的。

10）被暂停或取消投标资格的。

11）财产被接管或冻结的。

12）在最近三年内有骗取中标或严重违约或重大工程质量问题的。

13）经审查委员会认定会对承担本项目造成重大影响的正在诉讼的案件。

14）被省级及以上交通主管部门取消项目所在地的投标资格或禁止进入该区域公路建设市场且处于有效期内的。

15）为投资参股本项目的法人单位。

（二）投标人的资格审查

招标人审查潜在投标人的资格，应当严格按照资格预审的规定进行，不得采用抽签、摇号等博彩性方式进行。资格审查分为资格预审和资格后审两类。

1. 资格预审

资格预审是指在投标前对潜在投标人进行的资格审查。通过发布资格预审招标公告，或者投标邀请书，要求潜在投标人提交预审的申请和有关证明资料，通过预审确定投标人是否具备资格参加投标，经资格预审合格的投标人可获取招标文件。

（1）资格预审申请文件。资格预审申请文件应包括下列内容：

1）资格预审申请函。

2）法定代表人身份证明或附有法定代表人身份证明的授权委托书。

3）联合体协议书（组成联合体的）。

4）申请人基本情况表。

5）近年财务状况表。

6）近年完成的类似项目情况表。

7）正在施工和新承接的项目情况表。

8）近年发生的诉讼及仲裁情况。

9）招标人要求的其他材料。

（2）资格预审的办法。资格预审办法由资格审查办法前附表和资格审查办法正文两部分组成，正文部分不得修改，只能在前附表中补充、细化，且不能与正文内容相抵触。资格预审办法分为合格制和有限数量制。资格预审的程序如下：

1）初步审查。审查委员会依据初步审查标准，对资格预审申请文件进行初步审查。有一项因素不符合审查标准的，不能通过资格预审。

2）详细审查。审查委员会依据详细审查标准，对通过初步审查的资格预审申请文件进行详细审查。有一项因素不符合审查标准的，不能通过资格预审。

通过详细审查的申请人，除应满足初步审查标准和详细审查标准外，不得存在下列任何一种情形：

① 不按审查委员会要求澄清或说明的。

② 有“申请人须知”规定的任何一种情形的（参见上述“（一）投标人的资格要求”中（3）投标人不得存在的15种情况）。

③ 在资格预审过程中弄虚作假、行贿或有其他违法违规行为的。

3）资格预审申请文件的澄清。在审查过程中，审查委员会可以书面形式要求申请人对所提交的资格预审申请文件中不明确的内容进行必要的澄清或说明。申请人的澄清或说明采用书面形式，并不得改变资格预审申请文件的实质性内容。申请人的澄清和说明内容属于资格预审申请文件的组成部分。招标人和审查委员会不接受申请人主动提出的澄清或说明。

4）评分（只适合于有限数量制）。通过详细审查的申请人不少于3个且没有超过规定数量的，均通过资格预审，不再进行评分。

通过详细审查的申请人数量超过资格审查办法前附表中所规定数量的，审查委员会依据评分标准进行评分，按得分由高到低的顺序进行排序。

合格制的资格预审办法只需通过初步审查和详细审查即可，不设人数限制并且不进行评分。

2. 资格后审

资格后审是指在开标后对投标人进行的资格审查。招标公告或投标邀请书发出后由潜在投标人购买招标文件直接参加投标，在潜在投标人提交投标文件参加投标开标后，或者经过评标已成为中标候选人的情况下，再对其资格进行审查。

实行资格预审，对施工企业来讲，可以对收集到的招标信息进行筛选，达不到条件的可以放弃投标，节省投标费用。对招标人来讲，可通过预审，减少评审和比较投标文件的数量，了解潜在投标人的实力，筛选出较有竞争力的潜在投标人参与投标。

3. 资格审查结果处理

《公路工程标准施工招标文件》规定，被招标项目所在地省级交通主管部门评为最高信用等级的投标人可以比一般投标人在项目招标中所投标的标段更多，且中标的标段更多。同时，降低履约担保和质量保证金的金额，履约担保的优惠额度约为签约合同价的1% ~ 5%，质量保证金优惠额度约为签约合同价的2%。项目法人应正确使用信用信息，对于省级交通主管部门做出的取消从业单位投标资格或禁止进入区域公路建设市场的行政处罚，要严格按照确定的市场范围和处罚期限执行，不得再以其他任何条件限制潜在投标人参与投标。

（三）公路工程施工监理投标文件

1. 投标要求

监理单位应遵照《中华人民共和国招标投标法》《公路工程施工监理招标投标管理办法》的有关规定，针对业主拟委托监理服务工作的内容、范围、要求等有关条件，为完成监理服务提出技术和财务建议。投标要求具体内容如下：

（1）具有与招标要求相适应的监理资质等级。

（2）具有相应等级公路施工监理业绩。

（3）投标书编制内容完整、合理、可行、有针对性，明确反映监理单位财务状况、投入工程监理的仪器和设备，以及正在承担监理的工程情况。

（4）技术建议书以全面体现拟投标工程的监理人员情况，达到组织严密、结构（包括专业技术和年龄）合理、经验丰富、信誉良好、履约能力强、技术措施完善，全面反映本合同工程提供的管理、技术和服务水平为重点。

（5）财务建议书应填写规范，校对无误，报价合理。

（6）确保投标书资料真实。

2. 投标人须知

（1）投标人须知前附表。投标人须知前附表的内容对应于投标人须知正文相关条款号，主要有：项目概况，资金来源和落实情况，招标范围，计划工期和质量要求，踏勘现场，投标预备会的时间和地点，偏离范围和幅度；构成招标文件的其他材料；投标截止时间，投标有效期，工程量清单的填写方式（固化或书面），投标人须知前附表规定的其他材料；投标人递交投标文件的地点等。

（2）投标人须知正文。投标人须知正文有 10 点，包括：总则，招标文件，投标文件，投标，开标，评标，合同授予，重新招标和不再招标，纪律和监督，需要补充的其他内容。

投标人须知加强了投标人的诚信要求，具体规定为：招标人将进一步核查投标人在资格预审申请文件中提供的材料，若在评标期间发现投标人提供了虚假资料，招标人有权对投标人的投标文件做废标处理，并没收其投标担保；若在评标结果公示期间发现作为中标候选人的投标人提供了虚假资料，招标人有权取消其中标资格并没收其投标担保；若在合同实施期间发现投标人提供了虚假资料，招标人有权从工程支付款或履约保证金中扣除不超过合同总价 10% 的金额作为违约金。同时，招标人将投标人上述弄虚作假行为上报省级交通主管部门，作为不良记录纳入公路建设市场信用信息管理系统。

3. 投标担保形式

投标人必须选择下列任一种投标担保形式：现金支票、银行汇票、银行保函或招标人规定的其他形式。

（1）若采用现金支票或银行汇票，投标人应确保上述款项在投标文件提交截止时间前划到招标人指定的账号上，否则，其投标担保视为无效。

（2）若采用银行保函，则应由国有或股份制商业银行开具，银行级别由招标人根据项目的具体情况在投标人须知资料表中规定。银行保函采用招标文件第三卷中提供的格式。银行保函原件应在投标文件提交截止时间前单独密封递交给招标人。

（3）联合体的投标担保，应由联合体主办人按规定提交。

4. 投标文件的签署和装订

（1）投标人应按规定向招标人递交投标文件，其中一份为正本并标记，其余为副本，副本应是正本的复印件。当正本与副本有不一致时，以正本为准。

（2）投标文件正本应用不褪色的墨水书写或打印，由投标人的法定代表人或其授权的代理人逐页小签或签署，不得用签名章代替。

（3）投标文件的任何一页都不应涂改，不应有行间插字或删除，如果出现上述情况，不论何种原因造成，均应由投标文件签字人在改动处小签或盖法人章。

（4）授权书应由法定代表人签署并由公证机关公证。公证书原件应装订在投标文件的正本之中，且应由公证机关对投标人法定代表人、授权代理人的签字，投标人的公章的真实性做出公证。如果由投标人的法定代表人签署投标文件，则不需提交授权书。

（5）投标文件的正本与副本应分别装订成册，不得采用活页夹。投标文件应编制目录，并且逐页标注连续页码，否则，招标人对由于投标文件装订松散而造成的丢失或其他后果不承担任何责任。

（四）开标

开标由招标人主持，邀请所有投标人的法定代表人或其授权的代理人参加。交通主管部门应当对开标过程进行监督。

开标时，由投标人或者其推选的代表检查投标文件的密封情况，也可以由招标人委托的公证机构进行检查并公证。经确认无误后，当众拆封商务文件和技术建议书所在的信封，宣读投标人名称和主要监理人员等内容。

投标文件中财务建议书所在的信封在开标时不予拆封，由交通主管部门妥善保存。在评标委员会完成对投标人的商务文件和技术建议书的评分后，在交通主管部门的监督下，再由评标委员会拆封参与评分的投标人的财务建议书的信封。

开标过程应当记录，并存档备查。

投标人少于三个的，招标人应当重新招标。

招标人设有标底的，标底应当符合有关价格管理规定。标底应当综合考虑项目特点、要求投入的监理人员、配备的监理设备等因素。标底应当在开标时予以公布。

招标人不设标底且不采用固定标价评分法的，招标人可以在规定的范围内设定投标报价上下限。

（五）评标

评标工作由招标人依法组建的评标委员会负责。

对国家和交通运输部重点公路建设项目，评标委员会的专家应当从交通运输部设立的监理专家库中随机抽取，或者根据交通运输部授权从省级交通主管部门设立的监理专家库中随机抽取；其他公路建设项目评标委员会的专家从省级交通主管部门设立的监理专家库中随机抽取。

评标委员会应当按照招标文件确定的评标标准和方法，对投标文件进行评审和比较。未列入招标文件的评标标准和方法，不得作为评标的依据。

评标可以使用固定标价评分法、技术评分合理标价法、综合评标法以及法律、法规允许的其他评标方法。

（1）固定标价评分法，是指由招标人按照价格管理规定确定监理招标标段的公开标价，对投标人的商务文件和技术建议书进行评分，并按照得分由高至低排序，确定得分最高者为中标候选人的方法。

（2）技术评分合理标价法，是指对投标人的商务文件和技术建议书进行评分，并按照得分由高至低排序，确定得分前两名中的投标价较低者为中标候选人的方法。

（3）综合评标法，是指对投标人的商务文件和技术建议书、财务建议书进行评分、排序，确定得分最高者为中标候选人的方法。其中财务建议书的评分权值应当不超过10%。

（六）中标

招标人确定中标人后，应当及时向中标人发出中标通知书，并同时将中标结果告知所有的投标人。招标人和中标人应当自中标通知书发出之日起30日内订立书面合同。招标人和中标人均不得提出招标文件和投标文件之外的任何其他条件。招标文件中要求中标人提交履约担保的，中标人应当按要求的金额、时间和形式提交。以保证金形式提交的，金额一般不得超过合同价的5%。招标人应当在与中标人签订合同后的5个工作日内，向中标人和未中标的投标人退还投标保证金。

第二节　公路工程合同管理

一、工程变更

1. 工程变更的概念

工程变更是指经监理工程师审查批准并下达变更令后，对工程合同文件的任何部分或工程项目的任何部门所采用的形式上的改变、质量要求上的改变或工程数量上的改变。工程变更涉及的内容比较广泛。

工程施工过程中，工程变更通常是不可预见的。但工程变更一般均会对工程费用、工期产生影响，涉及业主和承包人的利益，因而监理工程师应谨慎地按合同条款实施工程变更管理。

2. 工程变更的规定与范围

（1）工程变更的规定。

1）合同文件是管理和实施工程的依据，总监理工程师是在事先获得业主同意的情况下能就工程形式、质量、数量发布变更令以对合同文件做出变更、增加或省略的唯一权威。

2）发布变更令基本上遵循的一些原则：节约资金、土地，或保证工程进度和质量。

3）进行变更设计，事先应周密调查，备有图文资料，设计深度应符合技术规范要求，并填写《工程变更申请单》，详细申述变更设计理由（包括与原设计技术经济比较），按照审批程序及权限，报请审批，未经正式批准的，不得按变更设计施工。

4）任何工程的形式、数量、质量和内容上的变动，必须由监理工程师签发《工程变更令》，并由监理工程师监督承包人实施。

5）监理工程师认为有必要根据合同有关规定变更工程时，应经业主同意。

6）业主提出变更时，监理工程师应根据合同有关规定办理。

7）承包人请求变更时，须经监理工程师审查，必要时报业主同意后，根据合同有关规定办理。

8）监理工程师应就颁布工程变更令引起的费用增减，与业主和承包人进行协商，以确定变更费用。

（2）工程变更的范围。监理工程师认为有必要对工程或其中任何部分的形式、质量或数量做出任何变更，包括：

1）增加或减少合同中包括的任何工程的数量。

2）取消合同中任何部分的工程细目的工作（若被取消的工作是由业主或其他承包人实施的则除外）。

3）改变合同中任何工作的性质、质量或种类。

4）改变工程任何部分的线型、标高、位置和尺寸。

5）完成工程所必需的任何种类的附加工作。

6）改变工程任何部分施工的顺序或时间。

3. 变更程序

（1）变更通知。监理工程师经批准决定根据有关规定对工程进行变更时，向承包人发出变更通知。其内容主要包括：

1）变更的工程项目、部位或合同某文件内容。

2）变更的原因、依据及有关的文件、图纸、资料。

3）要求承包人据此安排变更工程的施工或合同文件修订的事宜。

4）要求承包人向监理工程师提交他认为此项变更给其费用带来的影响的估价报告。

（2）资料收集。监理工程师将指定专人受理变更，较大的工程变更，必要时邀请设计代表参加。变更通知发出的同时，着手收集与该变更有关的资料：变更前后的图纸（或合同、文件）；技术变更洽商记录；技术研讨会记录；来自业主、承包人、监理部和监理工程师方面的文件与会谈记录；行业部门涉及该变更方面的规定与文件；上级主管部门的指令性文件等。

（3）费用评估。监理工程师根据掌握的文件资料和实际情况，按照合同的有关条款，考虑综合影响，完成下列工作之后对变更费用做出评估：

1）审核变更工程数量或拟修改的合同文件。

2）确定变更工程单价及费率或拟修改合同文件引起的费用。

3）以上评估结果将报监理部审批。

（4）协商价格。监理工程师应根据承包人提交此条变更的费用报告估价，会同承包人和业主就工程变更费用评审及确定支付单价进行协商，对协商一致的单价可确定为工程支付单价。在意见难以统一时，监理工程师根据情况在报业主同意后，定出认为合理的单价或总额价，并通知承包人，抄送业主。为不延误工程进展，变更工程支付单价或总额价一时不能议定的，监理工程师可以确定暂时的单价或总额价作为暂时付款依据，先向承包人发布工程变更指令，使承包人继续施工，在进行施工的同时，与承包人进一步协商变更涉及的费率和价格。

（5）颁布工程变更令。变更资料齐全、变更价格确定并获监理部及业主批准后，监理工程师向承包人发出工程变更令。

4. 工程变更的估价

（1）对于所有按监理工程师指示的工程变更，若属于原合同中的工程量清单上增加或减少的工作项目的费用及单价，一般应据合同中工程量清单所列的单价或价格而定或参考工程量清单所列的单价或价格而定。

（2）当合同的工程量清单中没有包括适用此项变更工作的单价或价格时，则应在合同的范围内使用合同中的费率和价格作为估价的基础。若做不到这一点，合适的价格要由监理工程师与业主和承包商三方共同协商解决而定。如协商不成，不能达成协议，则应由监理工程师在其认为合理和恰当的前提下，决定此项变更工程的费率和价格，并通知业主和承包商。

（3）监理工程师需做出决定的单项造价及费率，是相对于整个工程或分项工程中工程性质和数量有较大变更的、一般用工程量清单中的价格已是不合理的或是不合适的。监理工程师应协调各方调整价格。

二、工程延期

1. 工程延期的概念

工程延期是指按合同有关规定，由非承包人自身原因造成的，经监理工程师书面批准的合理竣工期限的延长。工程延期不包括由于承包人自身原因造成的工期延误。延期的原因主要有以下几种：额外的或附加的工程；一次恶劣的气候条件；由业主造成的延误或阻碍；不是承包人的过失、违约或由其负责的其他特殊情况；合同中所规定的任何延误原因。

如果上述任何一种情况发生，使承包商有理由延期完成工程或其任何区段或部分，则监理工程师应与业主和承包商适当协商后做出公平的延期决定。

2. 工程延期申请程序

如果由于非承包人的责任，工程不能按原定工期完工，则承包人有权根据合同约定按以下程序申请延期：

（1）承包人应在知道或应当知道索赔事件发生后 28 天内，向监理人递交索赔意向通知书，并说明发生索赔事件的事由。承包人未在前述 28 天内发出索赔意向通知书的，丧失要求追加付款和（或）延长工期的权利。

（2）承包人应在发出索赔意向通知书后 28 天内，向监理人正式递交索赔通知书。索赔通知书应详细说明索赔理由以及要求追加的付款金额和（或）延长的工期，并附必要的记录和证明材料。

（3）索赔事件具有连续影响的，承包人应按合理时间间隔继续递交延续索赔通知，说明连续影响的实际情况和记录，列出累计的追加付款金额和（或）工期延长天数。

（4）在索赔事件影响结束后的 28 天内，承包人应向监理人递交最终索赔通知书，说明最终要求索赔的追加付款金额和延长的工期，并附必要的记录和证明材料。

如果承包人未履行上述程序，则监理工程师可以不做出任何延期的决定。如果承包人的延期要求是合理的，而由于监理工程师未能在合理的时间内做出延期的决定，致使承包人的工程进度受到进一步的拖延，将可能导致更多的索赔。

3. 工程延期审批依据

监理工程师审批工程延期的依据主要有以下几个方面：

（1）延期事件是否属实。

（2）延期是否符合合同的规定。

（3）延期事件是否发生在施工进度网络计划图的关键线路上。

（4）延期天数的计算是否正确，证据资料是否充足。

4. 工程延期审批程序

（1）收集资料，做好记录。监理工程师应在收到承包人延期意向后，做好工地实际情况的调查和日常记录，收集来自现场以外的各种文件资料与信息。

（2）审查承包人的延期申请。监理工程师收到承包人正式的延期申请后，应主要从以下两方面进行审查：

1）延期申请的格式满足监理工程师的要求。

2）延期申请应列明延期的细目及编号；阐明延期发生、发展的原因及申请所依据的合同条款；附有延期测算方法、测算细节和延期涉及的有关证明、文件、资料、图纸等。审查通过后，可开始下一步的评估。否则，监理工程师应将申请退回承包人。

（3）延期评估。主要从以下四个方面进行评估：

1）承包人提交的申请资料必须真实、齐全，满足评审需要。

2）申请延期的合同依据必须准确。

3）申请延期的理由必须正确与充分。

4）申请延期天数的计算原则与方法应恰当。

监理工程师应根据现场记录和有关资料，进行修订并就修订的结果与业主和承包人进行协商。

（4）审查报告。审查报告主要由以下文件组成：

1）正文。受理承包人延期申请的工作日期、工程简况；确认的延期理由及合同依据；经调查、讨论、协商、确认的延期测算方法及由此确认的延期天数、结论等。

2）附件。监理人员对该延期的评论。

承包人的延期申请。包括涉及的文件、资料、证明等。

（5）确定延期。监理工程师应在确认其结论之后，签发《索赔时间 / 金额审批表》。

三、工期延误

1. 工程延误的分类

工程延误是指由各种原因造成的工程施工不能按原定时间要求进行，而使总工期延长。引发工程延误的原因有两种：一是承包商自身原因造成的工程延误；二是承包商以外其他原因造成的工程延误。

通常可把延误分为可原谅延误与不可原谅延误（又分为可补偿延误与不可补偿延误）、共同延误与非共同延误、关键延误与非关键延误等。

（1）可原谅延误与不可原谅延误。可原谅延误是指允许延长工期的延误。非承包人过错所引起的工程施工延误，虽然不一定能得到经济补偿，但还是可以原谅的。不可原谅延误是指因可预见的条件，或在承包人控制之内的情况，或由承包人自己的问题与过错而引起的延误。

1）可原谅延误的种类主要有以下几种：

① 不可抗力引起的延误，不可抗力是当事人所无法控制的。

② 不利自然条件或客观障碍引起的延误。

③ 特别恶劣的气候条件引起的延误。

④ 特殊风险引起的延误。

⑤ 罢工及其他经济风险引起的延误。

⑥ 业主或业主代表原因引起的延误。

2）可原谅延误又分为可补偿延误与不可补偿延误。

① 可补偿延误是指承包人有权同时要求延长工期和经济补偿的延误。一般因业主或其代理人的错误疏忽而引起的施工延误都是可补偿的。

② 不可补偿延误是指可给予延长工期，但不能对相应经济损失给予补偿的可原谅延误。这种延误一般不是因双方当事人有错误或疏忽，而是由双方都无法控制的原因造成的。

（2）共同延误与非共同延误。共同延误是指两条或两条以上的单独延误同时发生。主要有两种情况：在同一工作环节同时发生两条或两条以上延误；在不同的工作环节同时发生两条或两条以上延误。

第一种情况比较简单，只要每一项延误的时间相同，它们对整个工程所产生的影响就是相同的。共同延误主要有以下几种基本组合：

1）可补偿延误与不可原谅延误同时存在。在这种情况下，承包商不能要求工期延长及经济补偿，因为即使是没有可补偿延误，不可原谅延误也已造成工程延误。

2）不可补偿延误与不可原谅延误同时存在。在这种情况下，承包商无权要求延长工期，因为即使是没有不可补偿延误，不可原谅延误也已导致工程延误。

3）不可补偿延误与可补偿延误同时存在。在这种情况下，承包商可以获得工期延长，但不能得到经济补偿，因为即使是没有可补偿延误，不可补偿延误也已造成工程延误。

4）两项可补偿延误同时存在。在这种情况下，承包商只能得到一项工期延长或经济补偿。非共同延误是指单一的只发生一条延误，而没有其他延误同时发生的延误。

（3）关键延误与非关键延误。关键延误是指在施工网络计划关键线路上发生的延误。非关键延误是指非关键线路上发生的延误。关键延误肯定会导致整个工程的延误，如果是可原谅的，则承包人可以获得工期延长。非关键延误，由于非关键线路上的活动都有一定的机动时间可以利用，具有一定的灵活性，所以，在该机动时间范围内的非关键延误不会导致整个工程的延误，承包人不能获得工期延长。当然，一旦机动时间用完，则原来的非关键延误也就变成了关键延误。

2. 工期延误处理

（1）非承包人的原因或责任延误工期处理。监理工程师在进度监理过程中，若发现有较大的延误事件，应认真处理好这些延误事件。首先可对进度进行检查，判断其延误是否影响到后续工作的进行及是否影响到总工期，工期将拖延多少。对无误期影响的延误事件一般无须处理，但要极为关注。如经过判断可能会对总工期造成影响，应督促承包商调整工程进度计划，采取措施加快工程进度。其次应通过现场记录和有关文件或资料分析这些延误事件的原因或责任。

由于非承包人原因造成的承包商延误，且这种延误会造成误期，则承包商必须提出延期申请，并在规定的时间内提出延期具体细节，以供监理审查处理。延期获得批准必须同时符合以下条件：

1）符合合同的规定。

2）事件发生在关键线路上，或发生在非关键线路上但延误时间超过总时差会造成进度计划的拖延。

3）符合实际情况。符合以上条件时监理工程师应按规定批准承包人的延期申请。

（2）承包人的原因或责任延误工期处理。

工期拖延影响不大的处理。承包人自身原因的延误引起工期拖延不大，没有超过一定百分比时，承包人一般可通过加强内部管理来自身消化。作为监理工程师应及时提醒或告诫承包人延误工期将受到的处罚，以提高承包人如期完成工程的自觉性，促使承包人自觉地加强内部管理、优化资源调配，在后续的施工中抢回失去的时间。

工期影响较大的处理。从进度计划的检查中反映出的，由于承包人自身原因的延误所引起工期拖延的影响较大、达到或超过危险的百分比时，监理工程师可根据合同规定的程序和权力处理。

在承包人无权取得任何延期的情况下，监理工程师认为实际工程进度过于缓慢，将不能按照进度计划预定的竣工期完成工程时，应指示或通知承包人采取加快措施，以赶上工程进度中的阶段目标和总体目标。承包人提出和采取的加快工程进度的措施必须经过监理工程师批准。监理工程师应从工地掌握第一手资料，以便对承包人提供的加快进度措施进行审批。批准时应注意以下事项：

1）只要承包人提出的加快工程进度的措施符合施工程序并能确保工程质量，监理工程师应予以批准。

2）因采取加快工程进度措施增加的施工费用应由承包人自负。

3）因增加夜间施工或法定节假日施工而涉及业主的附加监督管理（包括监理）费用，

应由承包人负担，费用数额及支付方式由业主、监理工程师及承包人协商确定。

监理工程师对承包人控制进度的手段有误期赔偿和终止合同两种。如果由于承包人自身原因引起的误期，则监理工程师不能批准其延期。对承包人原因造成的延误处理有停止付款、对承包人收取一定金额的拖期违约损失赔偿金、终止雇用等。在施工中，施工进度拖后，承包人不听监理警告，又不采取积极措施，可停止付款予以制约，这是一般的制约手段。当承包人未能按合同规定的工期和条件竣工，承包人应向业主支付投标书附件规定的拖期损失赔偿金。如承包人的进度太慢而又无视监理工程师的警告，不采取加快进度的措施或根本无力按期完工，则业主有权终止或解除对承包人的雇用。

四、费用索赔与反索赔

（一）费用索赔

1. 费用索赔的概念

费用索赔是指在工程实施过程中，非承包人自身原因造成的费用损失或增加，根据合同的有关规定，承包人通过合法的途径和程序，正式向业主提出的认为应该得到额外费用的一种手段。施工索赔具有以下基本特征：

（1）索赔是双向的，不仅承包人可以向发包人索赔，发包人同样也可以向承包人索赔。

（2）只有实际发生了经济损失或权利损害，一方才能向对方索赔。

（3）索赔是一种未经对方确认的单方行为，必须要通过双方确认（如双方协商、谈判、调解或仲裁、诉讼）后才能实现。

2. 索赔产生的原因

（1）合同文件内容出错。

（2）图纸延迟提交。

（3）不可预见的外界障碍或自然条件。

（4）监理工程师提供的水准点、基线等测量资料不准确。

（5）监理工程师指令进行的额外工作量。

（6）由业主风险所造成的损害的补救和修复。

（7）因施工中承包人开挖到化石、文物、矿产等珍贵物品，需停工处理。

（8）由于业主雇用其他承包人而产生的影响，并为其他承包人提供服务。

（9）额外样品与试验。

（10）对隐蔽工程质量的揭露或开孔检查。

（11）工程全部中断或部分暂停。

（12）业主延迟提供用地。

（13）非承包人原因造成的工程缺陷需要修复。

（14）要求承包人调查和检查缺陷。

（15）工程变更。

（16）工程变更使合同总价格超过有效合同价的 15%。

（17）特殊风险引起的工程被破坏和其他条款支付。

（18）特殊风险使合同终止。

（19）合同解除。

（20）业主违约引起工程终止。

（21）物价变动引起的工程成本的增减。

（22）后继法规的变化等。

3. 索赔的处理程序

（1）承包商应按合同的有关规定定期向监理工程师提交一份尽可能详细的索赔清单，对没有列入清单的索赔一般不予考虑。

（2）监理工程师依据索赔清单，建立索赔档案。

（3）对索赔项目进行监督，特别是对提出索赔项目的施工方法、劳务和设备的使用情况进行详细的了解并做好记录，以便核查。

（4）承包商提交正式的索赔文件，内容包括索赔的基本事实和合同依据，索赔费用（或时间）的计算方法及依据、结果，以及附件（包括监理工程师指令、来往函件、记录、进度计划、进度的延误和所受的干扰以及照片等）。

（5）监理工程师审核索赔文件。

（6）如果需要，可要求承包商进一步提交更详尽的资料。

（7）监理工程师提出索赔的初步审核意见。

（8）与承包商谈判，澄清事实和解决索赔。

（9）如果监理工程师与承包商取得一致意见，则形成最终的处理意见。如果有分歧的话，则监理工程师可单方面提出最终的处理意见。若承包商对监理工程师的决定不服，可提出上诉，监理工程师应准备上诉材料。

（10）根据业主授权，对于重大索赔经业主审批同意后，向承包商下达变更指令；对于一般索赔，监理工程师可直接签发变更指令。

（二）反索赔

反索赔是相对索赔而言的，是对要求索赔者的反措施，也是变被动为主动的一个策略性行动。

1. 反索赔的目的

（1）预防对方提出索赔。在合同实施中，积极防御，使自己处于不被索赔的地位，是合同管理的重要任务。

1）严格履行合同规定的义务，防止自身违约发生，使对方找不到索赔的理由和根据。

2）对于不可预见和防范的风险发生时，一方面应积极采取措施，减少风险损失；另一方面，应做好记录、收集证据，着手分析研究，为反索赔做准备。

（2）对索赔者的索赔要求进行评议和批评，指出其不符合合同条款的地方，或计算错误的地方，使其索赔要求被全部或部分否定，或去除索赔计价中不合理的部分，从而大量地压低索赔款额。

（3）利用合同赋予自己的权利，对索赔者的违约之处提出索赔要求，以维护自身的利益。最终可能在索赔处理中双方都做一定的让步，达到互不支付或减少支付索赔款额的目的。

2. 反索赔的种类

（1）工程拖期反索赔。工程施工的原定计划进度及完工日期拖后，可能影响到业主对该工程的投产计划，给业主带来经济损失，按照国际工程标准合同条款的规定，业主有权对承包商进行索赔，即 FIDIC 合同条件中所述的"拖期损失赔偿费"。至于拖期损失赔偿的计价方法，在各个工程项目的合同文件中均有具体规定。一般规定，每拖期完工一天，应赔偿一定款额的损失赔偿费；拖期损失赔偿费的总额，一般不能超过该工程项目合同价格的一定比例（通常为 10%）。

（2）施工缺陷反索赔。承包施工合同条件一般规定，如果承包商施工质量不符合施工技术规程的规定，或使用的设备和材料不符合合同规定，或在缺陷责任期满以前未完成应进行修补的工程时，业主有权向承包商追究责任，要求补偿业主所受的经济损失。如果承包商在规定的期限内仍未完成修补缺陷工作，业主有权向承包商提出反索赔。

（3）承包商不履行的保险费用索赔。如果承包商未能按照合同条款指定的项目进行投保，并保证保险有效，业主可以投保并保证保险有效，业主所支付的必要的保险费可在应付给承包商的款项中扣回。

（4）对指定分包商的付款索赔。在工程承包商未能提供已向指定分包商付款的合理证明时，业主可以直接按照监理工程师的证明书，将承包商未付给指定分包商的所有款项（扣除保留金）付给这个分包商，并从应付给承包商的任何款项中如数扣回。

（5）业主合理终止合同或承包商不正当地放弃工程的索赔。如果业主合理地终止承包商的承包，或者承包商不合理地放弃工程，则业主有权从承包商手中收回由新的承包商完成工程所需的工程款与原合同未付部分的差额。

（6）其他损失反索赔。其他方面损失反索赔，因工程具体条件而变化，常见的有以下几种：

1）承包商运送自己的施工设备和材料时，损坏了沿途的公路或桥梁。

2）承包商的建筑材料或设备不符合合同要求而要重复检验所带来的费用开支。

3）由于承包商的原因造成工程拖期时，在超出计划工期的拖期时段内的监理工程师服务费用，业主要求由承包商承担。

参考文献

[1] 王月华，丁汉飞 . 公路工程监理 [M]. 北京：机械工业出版社，2018：12.

[2] 彭祖祥，姜早龙 . 公路工程监理工作指南 [M]. 大连：大连理工大学出版社，2018：09.

[3] 鲍迎宾 . 公路工程监理研究 [M]. 延吉：延边大学出版社，2018：05.

[4] 史建峰，陆总兵，李诚 . 公路工程与项目管理 [M]. 北京：九州出版社，2018：06.

[5] 王劲松 . 公路工程项目财务运作实务 [M]. 贵阳：贵州大学出版社，2018：04.

[6] 杨涛，周银红，韩春景 . 公路工程建设项目工地试验室建设与管理 [M]. 北京：北京理工大学出版社，2018：01.

[7] 靳翠梅 . 隧道工程施工技术与安全 [M]. 南昌：江西科学技术出版社，2018：01.

[8] 张毅 . 工程项目建设程序第 2 版 [M]. 中国建筑工业出版社，2018：04.

[9] 于宁锋 . 测绘工程监理实用教程 [M]. 徐州：中国矿业大学出版社，2019：03.

[10] 王奎生，罗鸿，武文婕 . 公路工程管理 [M]. 长春：吉林科学技术出版社，2019：05.

[11] 丁雪英，陈强，白炳发 . 公路桥梁建设与工程项目管理 [M]. 长春：吉林科学技术出版社，2019：05.

[12] 任均华 . 公路工程建设项目管理 [M]. 济南：山东大学出版社，2019：09.

[13] 申建，张立华 . 公路工程检测实务 [M]. 北京：北京理工大学出版社，2019：08.

[14] 吴明先，单永体，胡林 . 多年冻土区公路建设环境保护关键技术 [M]. 上海：上海科学技术出版社，2019：03.

[15] 秦兰芳 . 工业碱渣在公路工程中的应用技术 [M]. 郑州：黄河水利出版社，2019：06.

[16] 邱洪兴 . 土木工程概论第 2 版 [M]. 南京：东南大学出版社，2019：08.

[17] 徐静涛 . 公路工程施工监理（第 2 版）[M]. 北京：北京理工大学出版社，2020：07.

[18] 王振峰，张丽，钱雨辰 . 公路工程招投标与合同管理 [M]. 武汉：华中科学技术大学出版社，2020：08.

[19] 段绪胜，黄杨，全宏旭 . 土木工程概论 [M]. 西安：西北工业大学出版社，2020：10.

[20] 黎志忠，颜政，刘佳 . 通信工程施工安全生产操作规范及案例分析 [M]. 西安：西安电子科学技术大学出版社，2020：09.

[21] 周绪利 .《公路工程施工监理规范》实施手册 [M]. 北京：人民交通出版社，

2016：09.

[22] 张晓燕，田国芝 . 公路工程施工监理 [M]. 哈尔滨：哈尔滨工业大学出版社，2016：10.

[23] 张四伟，聂卫林 . 高速公路施工标准化技术指南 [M]. 郑州：河南人民出版社，2016：06.

[24] 朱红兴，段军，白晓波 . 高速公路施工标准化管理手册 [M]. 成都：西南交通大学出版社，2016：07.

[25] 谭正清，夏念恩，汪耀武 . 地基与基础工程施工 [M]. 成都：电子科技大学出版社，2016：05.

[26] 刘磊 . 土木工程概论 [M]. 成都：电子科技大学出版社，2016：08.